리더가 리더에게 들려주고 싶은 이야기

Essay Interpretation of I Timothy

리더가 리더에게 들려주고 싶은 이야기
-디모데전서 에세이

초판 1쇄 인쇄 | 2010년 9월 10일
초판 1쇄 발행 | 2010년 9월 14일
　　2쇄 발행 | 2015년 4월 28일

지은이 | 조병수
발행인 | 성주진
펴낸곳 | 합신대학원출판부
주　소 | 443-791 수원시 영통구 원천동 산 42-3
전　화 | (031)217-0629
팩　스 | (031)212-6204
홈페이지 | www.hapdong.ac.kr
출판등록번호 | 제 22-1-2호
출판등록일 | 1987년 11월 16일
인쇄처 | 예원프린팅
총　판 | (주)기독교출판유통(031)906-9191
값 13,000원

ISBN 978-89-86191-97-4 03230
*잘못된 책은 교환해 드립니다

이 도서의 국립중앙도서관 출판시도록목록(CIP)은 e-CIP 홈페이지
(http://www.nl.go.kr/cip.php)에서 이용하실 수 있습니다.
(CIP제어번호 : CIP 2010003268)

리더가
리더에게

들려주고 싶은
이야기

디모데전서 에세이

우리의 문제는 리더가 없다는 것에 있지 않고 리더가 리더를 기르지 않는다는 데 있다. 앞의 리더와 뒤의 리더 사이에 연속성이 없는 까닭에 교훈이 시원하게 전승되지 않는다. 사도 바울이 믿음으로 낳은 아들이자 진리의 후계자인 디모데에게 보낸 편지는 리더가 리더에게 들려주는 이야기를 담고 있다는 점에 엄청난 가치를 가진다. 큰 리더인 사도 바울은 신진 리더인 디모데에게 목회 일선에서 반드시 알아야 할 가르침을 주고 있다. 그것은 목회가 별 것 아닌 게 아니라는 사실이다.

사실 하나님의 은혜는 그 자체가 별 일이다. 하나님의 아들 예수 그리스도가 육체로 오신 것부터 시작해서 죄인 중의 괴수에게 은혜를 주어 일군 삼은 것이나 일상생활에 충실한 사람들을 교회를 위한 특별한 직분자로 세운 것, 나이 어린 사람을 목회자로 삼은것은 모두 별 일이다. 하나님의 은혜는 영원이 시간에 들어온 것이니 위대한 것이며, 마이너스를 플러스로 만들었으니 위대한 것이며, 보통 사람들을 일군 삼으니 위대한 것이며, 연소한 자를 크게 사용하니 위대한 것이다. 목회는 하나님의 이런 은혜 가운데 시행되니 별 것 아닌 게 아니다. 디모데에게 들려주는 사도 바울의 이야기는 목회와 직분을 별 것 아닌 것으로 생각하는 사람들에게 큰 경고가 된다. 별 것은 하나님의 은혜가 임하면 마이너스에서도 나오고, 보통에서도 나오고, 연소함에서도 나오고, 가난함에서도 나온다.

나는 이 해설을 가지고 성경해석에 새로운 장르를 도입해보고 싶었다. 에세이 성경 해설(Essay Bible Interpretation)이라고 부를 수 있는 것인데, 그냥 머릿속에서 나온 에세이가 아니라 성경을 대본으로 삼는 에세이이다. 이것은 대략 다음과 같은 몇 가지 원칙을 중시한다. 첫째로 목회서신의 전체적인 조망 하에서 그리스어를 면밀히 검토하면서 한 절 한 절에 집중함으로써 본문에서 빗나가지 않는 본문 중심의 해설에 중점을 둔다. 그러나 둘째로 너무나 신학적으로 전문적이지 않은 해설을 시도하여 꼭 필요한 이야기로 제한을 둔다. 셋째로 본문 이해에 도움을 줄 만한 작은 에세이로 해설을 도입하고 접근하기에 용이한 쉬운 설명을 전개한다. 넷째로 명제적 요약언어를 사용하여 본문의 진의를 간단명료하게 정리한다. 이런 방식의 해설은 신학을 익히 아는 독자들뿐 아니라 그렇지 않은 독자들에게도 양면적으로 도움을 줄 것이라고 믿는다.

이 에세이 성경해설을 내면서 지금까지 나를 물심양면으로 끊임없이 격려해주는 전주새중앙교회와 홍동필 목사에게 고마움을 전한다. 그는 목회가 별 것 아닌 게 아니라는 사실을 솔직하게 보여준 나의 소중한 친구이다. 고맙게도 나는 자주 그에게서 평범함의 특별함이 무엇인지를 깊이 배운다.

2010년 여름이 지나가는 길목에서
조병수가 쓰다

차례

1장 **인생을 걸라** … 11

2장 **규형을 잡으라** … 65

3장 **사람이 되라** … 131

4장 **네 자신을 연단하라** … 205

5장 **짐 지우지 말라** … 265

6장 **미래를 준비하라** … 335

1 장

인생을 걸라

계시와 편지

1:1-2 우리 구주 하나님과 우리의 소망이신 그리스도 예수의 명령을 따라 그리스도 예수의 사도 된 바울은 / 믿음 안에서 참 아들된 디모데에게 편지하노니 하나님 아버지와 그리스도 예수 우리 주께로 부터 은혜와 평강이 네게 있을지어다.

특별한 것은 평범한 것에서 위대해진다. 사도 바울은 특별한 인물이다. 왜냐하면 그는 계시의 사람으로서 하나님과의 관계 속에서 살기 때문이다. 사도 바울은 이 사실을 "그리스도 예수의 사도"(딤전 1:1)라는 말로 설명한다. 이것은 사도 바울의 자의식이다. "그리스도 예수의 사도"라는 말에는 두 가지 생각이 들어있다. 첫째로 그는 "그리스도 예수의" 사도*로서 자신의 모든 것을 예수 그리스도와의 관계에서 설명한다. 예수가 없이 바울도 없다. 바울은 단지 예수와 관련되어 있을 때 의미가 있다. 그는 예수께 부속된 사람이다. 예수 그리스도는 사도 바울의 중심이다. 둘째로 그는 예수 그리스도의 "사도"로서 자신의 모든 것을 세상의 사람들과의 관계에서 이해한다. 그는 사도이다. 따라서 그는 예수 그리스도와의 관계에 머물지 않고 세상의 사람들과의 관계로 나아간다. 세상은 바울의 영역이다. 이렇게 예수는 바울의 중심이기에 바울은 예수에게 한없이 집중하며, 세상은 바울의 영역이기에 바울은 세상으로 한없이 전진한다.

그런데 바울이 그리스도 예수의 사도가 된 것은 원인을 가지고 있다. 그것은 "우리 구주 하나님과 우리의 소망이신 그리스도 예수의 명령을 따라"(딤전 1:1) 되었다. 바울이 사도가 된 것은 자발적인 의지에 의한 것이 아니다. 그것은 명령에 의한 것이다. 명령이란 타의적인 것이며 강요적인 것이다. 다시 말하자면 바울의 사도직은 필연성을 가지고 있다. 이 명령은 "우리 구주 하나님과 우리의 소망이신 그리스도 예수"의 명령이다. 이 명령의 발령자는 하나님과 예수이시다. 여기에 하나님은 "구주"로, 그리스도 예수는 "소망"으로 묘사된다. 하나님은 구원의 주체자이시고, 예수 그리스도는 소망의 성취자이시다. 하나님께만 구원이 있고 예수께만 소망이 있다. 따라서 하나님 밖에서 구원을 찾고, 예수 밖에서 소망을 찾는 것은 어리석은 짓이다. 사도 바울은 구원이신 하나님과 소망이신 예수의 명령을 따라 사도의 삶을 산다. 사도 바울은 하나님에 의존하여 사는 사람이며 예수에게 사로잡혀 사는 사람이다. 그는 계시의 사람으로서 특별한 인물이다.

또한 사도 바울은 평범한 인물이다. 왜냐하면 그는 편지의 사람이기 때문이다. 바울에게 특별함은 평범함으로 표현되고, 계시는 편지로 표현된다. 그는 디모데에게 편지를 보냈다. 편지란 예나 지금이나 그 자체가 일상적인 것이다. 그것은 세상 속의 일이며 인간 사이의 일이다. 사도 바울은 디모데에게 편지를 보냄으로써 지극히 평범한 일을 하고 있는 것이다. 이렇게 하여 사도 바울은 사람의 문제를 멀리하지 않고 사람의 문제에 참여한다. 사도 바울은 하나님으로부터 사람에게로 다가간다. 그는 하나님 쪽에만 서 있지 않고 사람 쪽으로 접근한다. 하나님에게 의존하고 있기 때문에 사람에게 관심한다. 하나님을 가까이 하고 있기 때문에 사람을 가까이 한다.

*계시는 감추어진 것을 드러내는 행위 뿐 아니라 그 행위를 통해서 알려진 내용을 의미하기도 한다. 계시는 하나님과 사람 사이를 다리 놓은 역할을 한다. 계시의 주체는 하나님이고 사람은 계시의 수납인데 일반적으로 천사나 사람이 중개자로 일한다. 계시의 내용은 간혹 일상생활에 관한 것도 있으나 대체로 인간의 구원에 관한 것이다. 하나님의 계시가 없으면 인간은 구원에 참여할 가능성이 없다.

　사람에 대한 사도 바울의 관심은 무엇보다도 수신자인 디모데에 대한 표현에서 두 가지로 나타난다. 첫째로 사도 바울은 다른 사람과 친근한 관계를 맺을 수가 있다. 이 때문에 그는 디모데를 "믿음 안에서 참 아들"(딤전 1:2)이라고 부른다. 바울과 디모데 사이에는 나이가 상이하다는 차이점이 있지만 그럼에도 불구하고 믿음이 동일하다는 공통점이 있다. 사도 바울은 이런 공통점으로 말미암아 차이점을 극복하고 디모데를 믿음의 아들로 가까이 한다. 둘째로 사도 바울은 다른 사람에게 놀라운 축복을 말할 수가 있다. "하나님 아버지와 그리스도 예수 우리 주께로부터 은혜와 긍휼과 평강이 네게 있을지어다"(딤전 1:2). 사도 바울은 하나님의 복이 사람에게 주어지기를 기원한다. 그가 보기에 사람은 하나님의 복을 받을만한 대상이다. 세상과 사람은 사도 바울의 관심사이다. 그래서 사도 바울은 세상에서 살며, 사람과 함께 산다. 그는 편지의 사람으로서 평범한 인물이다.

목회서신의 머리에서 바울은 사도라는 점에서 특별한 사람이며 편지를 쓴다는 점에서 평범한 사람임을 보여주고 있다. 그에게서 가장 특별한 것이 가장 일반적인 것으로 표현되었다.

길과 벗

1:3 내가 마게도냐로 갈 때에 너를 권하여 에베소에 머물라 한 것은 어떤 사람들을 명하여 다른 교훈을 가르치지 말며

길은 가기 위하여 있는 것이며, 벗은 나누기 위하여 있는 것이다.

사도 바울은 마게도냐로 간다. 그는 가는 사람이다. 그는 끊임없이 간다. 때때로 그는 자신의 영적 중심지인 예루살렘으로 돌아갔지만 대체로 자신의 복음 사역지를 향해 나아갔다. 소아시아로, 그리스로, 로마로, 그리고 스페인으로. 지금 사도 바울은 마게도냐*로 간다. 마게도냐는 그에게 잠시의 행선지일 뿐이다. 그의 발은 멈추지 않으며, 그의 길은 끝나지 않는다. 바울은 자신의 발에 삶을 실었고, 자신의 길에

> **＊마게도냐**는 발칸 반도의 북부인 마게도냐Macedonia는 알렉산더 대왕의 출신지이다. 여기에는 빌립보와 데살로니가 같은 유명한 도시들이 포진하고 있으며, 그 외에도 네압볼리, 암비볼리, 아볼로니아, 베뢰아 같은 마게도냐의 도시들이 사도행전에 언급된다. 마게도냐는 사도 바울이 2차 전도여행과 3차 전도여행에서 집중적으로 복음 사역을 한 중요한 전도 지역이다.

힘을 드렸다. 그는 서지도 않고 쉬지도 않는다. 바울의 발은 정지하지 않는 발이며, 바울의 길은 휴식하지 않는 길이다. 그의 기쁨은 걷는 발에 있다. 만일 바울이 운동하지 않는다면 그것은 고통이 될 것이다. 그의 휴식은 가는 길에 있다. 만일 바울이 여행하지 않는다면 그것은 노동이 될 것이다. 바울에게는 일하는 것이 휴식이며, 쉬는 것은 노동이다. 그러므로 사도 바울은 가고 또 간다.

＊**에베소**는 현재 터키의 서쪽 해안에 위치하고 있는데 신약시대에는 아시아에서 로마제국의 가장 중요한 도시였다. 사도 바울이 2차 전도여행에서 잠시 에베소를 방문했을 때 교회가 설립된 것처럼 보이며 브리스길라와 아굴라가 사역을 했다. 사도 바울은 에베소를 3차 전도여행에서 가장 중요한 목적지로 삼고 2년 이상 목회를 했다. 에베소 교회는 디모데에게 목회를 받았고, 소아시아의 핵심적인 일곱 교회 가운데 하나가 되었다.

디모데는 에베소에 남는다. 바울은 마게도냐로 가면서 디모데를 에베소*에 남겼다. 마게도냐로 가는 바울에게 에베소는 여전히 그가 책임져야 할 대상이었다. 에베소에는 아직도 일할 것이 많이 남아있다. 사도 바울이 마게도냐로 떠날 때쯤에 에베소에는 많은 문젯거리들이 발생하였다. 특히 다른 교훈을 가르치는 자들이 생겼다. 그렇다고 해서 에베소는 내버려야 할 도시가 아니며, 에베소 교회는 팽개쳐야 할 교회가 아니다. 비록 그곳에 수많은 문제가 벌어진다고 해도 그곳은 여전히 사역해야 할 대상이다. 에베소는 사도 바울에게 사랑과 관심의 대상이다. 사도 바울은 에베소에 관심과 사랑을 보이기 위하여 디모데를 남겨두었다. 그는 디모데가 가야 할 길을 보여주었고, 해야 할 일을 알려주었다. 사도 바울은 자신의 길을 고집하면서도 타인의 길을 열어주었다. 나의 길을 고집하는 사람은 남의 길도 책임져야 한다.

바울에게는 에베소를 맡길만한 동역자가 있었다. 디모데

는 바울의 길에 함께 가는 사람이다. 디모데는 바울의 생각을 닮고, 언어를 닮고, 인생을 닮은 사람이다. 디모데*는 바울의 뜻에 동의할 수 있는 사람이며, 바울의 길에 동행할 수 있는 사람이며, 바울의 삶에 동참할 수 있는 사람이다. 디모데는 바울이 일을 맡겼을 때 의심하거나 거부하지 않고 맡아줄 동역자이다. 디모데는 바울이 에베소를 맡기면 에베소를 맡고, 골로새를 맡기면 골로새를 맡을 사람이다. 그는 바울이 맡기는 곳에 아무리 힘들고 어려운 문제가 있어도 기꺼이 맡을 사람이다. 디모데는 신뢰가운데 바울과 함께 일하는 동역자이다. 사도 바울에게는 이렇게 함께 길을 갈 수 있는 디모데*가 있었다. 그러므로 사도 바울은 자신의 길을 혼자서 가지 않고 더불어 간다. 바울이 가는 길에는 함께 가는 벗이 있었다. 그는 일을 분배하며 사역을 나눈다. 그는 홀로 모든 것을 다하지 않는다. 권면을 받는 동역자를 가지고 있는 바울은 행복한 사람이다.

디모데에게는 에베소를 맡겨주는 지도자가 있었다. 사도 바울은 디모데를 신뢰하였다. 사도 바울은 자신의 뜻에 디모데가 동의하게 하며, 자신의 길에 디모데를 동행시키며, 자신의 삶에 디모데를 동참시켰다. 사도 바울은 디모데를 도전하고 자극하는 지도자였다. 그는 디모데를 가만히 내버려두지 않았다. 디모데에게 일을 시키고 일하도록 만들었다. 사도 바울은 다른 사람이 주님을 위해서 움직이도록 만드는 지도자이다. 역으로 말하자면 디모데에게는 의심하지 않고 일을 맡기는 사도 바울이 있었던 것이다. 디모데에게는 이렇게 함께 길을 가도록 요청하는 바울이 있었다. 디모데는 자신의 뜻을 정리해주는 지도자, 자신의 길을 결정해주는 지도자, 자신의 삶을 인도해주는 지도자를 가지고 있었다. 그러므로 디모데는 자신의 길을 혼자서 가지 않고 더불어 간다. 권면을 하는 지도자를 가지고 있는 디모데는 행복한 사람이다.

사도 바울에게는 기꺼이 가야 할 길이 있고, 사역을 나눌 수 있는 벗이 있다. 그의 길은 그의 벗이 함께 가는 길이며, 그의 벗은 그의 길에 함께 가는 벗이다.

빛에 가까운 어둠

1 : 3 - 4 내가 마게도냐로 갈 때에 너를 권하여 어베소에 머물라 한 것은 어떤 사람들을 명하여 다른 교훈을 가르치지말며 신화와 족보에 끝없이 몰두하지 말게 하려 함이라 이런 것은 믿음 안에 있는 하나님의 경륜을 이룸보다 도리어 변론을 내는 것이라

그림자는 항상 빛과 가장 가까운 곳에 있다. 밝음 바로 곁에는 어두움이 있다. 양지와 음지 사이의 거리는 그리 멀지 않다.

정말 두려운 것은 거짓 교훈이 바른 교훈에 즉시 이어진다는 것이다. 곁길(샛길)은 언제나 큰길에서 갈라진다. 거짓 길은 바른 길에서 시작된다. 이런 현상은 사도 바울이 세운 교회에도 나타났다. 사도 바울이 세운 교회에 다른 교훈이 일어난 것이다. 사도 바울이 에베소를 떠나 마게도냐로 가려고 할 때 이미 거짓 교훈이 교회에 발생하였다. 어떤 사람들이 다른 교훈을 가르쳤던 것이다. 이것이 얼마나 신속한 일인지 사도

바울은 마게도냐로 떠나면서 디모데에게 명령을 할 수밖에 없었다. 더욱 두려운 것은 때로 거짓 교훈이 바른 교훈보다 더 강한 매력을 발휘한다는 것이다. 사람들은 바른 길을 가는 것을 싫어하고 다른 길에 곁눈질을 한다. 사람들은 정로(正路)보다 사로(斜路)에 이상한 매력을 느낀다. 몰래 먹는 떡에서 야릇한 맛을 느끼듯이 몰래 배우는 거짓 교훈에 홀딱 넘어가며 형언할 수 없는 쾌감을 누린다. 이 땅에 이렇게 끊임없이 거짓 교사들이 등장하는 것은 사람들의 이와 같은 경향 때문일 것이다. 사람들에게 곁길을 향한 강한 동경심이 있지 않고야 어떻게 이처럼 계속해서 거짓 교사들이 등장할 수 있겠는가. 사도 바울의 시대에 그랬다면 우리 시대에는 오죽하랴.

사도 바울은 디모데에게 어떤 사람들을 명하여 다른 교훈을 가르치지 말게 할 것을 권면하였다(딤전 1:3). 그러면 다른 교훈은 무엇인가. 사도 바울 자신이 이에 대하여 설명을 주고 있다. 그것은 신화와 족보이다. 이 두 말은 상이한 것이라기보다는 보충적인 것이라고 보는 것이 좋겠다. 신화의 성격은 신약성경에 네 차례 나오는 진술을 살펴볼 때 어느 정도 발견할 수 있다. 무엇보다도 신화는 망령되고 허탄한 것이다(딤전 4:7). 망령되다는 것은 신화가 경건하거나 신앙적이지 않다는 것을 의미한다. 이것은 마치 할머니가 손자에게 들려주는 옛날이야기와 같이 별로 믿을만한 것이 되지 못한다(본래 헬라어에서 "허탄하다"는 말은 나이 많은 노파와 같다는 뜻이다). 따라서 신화는 진리와 반대가 되는 것이다. 그런데 불구하고 말세에는 사람들이 진리에서 돌이켜 신화를 따르게 된다(딤후 4:4). 왜냐하면 신화는 시간이 지날수록 점차로 교묘하게 꾸며지기 때문이다(벧후 1:16). 참으로 놀라운 것은 심지어 유대인들 가운데서도 신화가 횡행한다는 사실이다(딛 1:14). 위에서 말한 바와 같이 신화와 족보가 서로 보충적인 것이라면, 신화의 내용은 족보에 관한 것으로 추측할 수 있다. 족보는 사람의 계보를 가리키는 것일 수도 있고, 창조의 설화를 가리키는 것일 수도 있다. 아마도 본문에서는 후자를 말하는 것이라고 보는 것이 좋을 것 같다. 이것은 하나님께서 세상과 인간을 창조하셨다는 것을 믿지 못하고 다른 창조신화를 따르는 처사를 의미한다. 이런 처사는 결국 변론과 분쟁과 다툼을 불러일으킬 뿐이다(딛 3:9).

밝은 빛에 가장 근접하는 어둔 그늘이 사람들을 유혹하고, 바른 길에서 즉시 파생하는 거짓 길이 사람들을 유인하는 힘은 대단히 강렬하다. 신화와 족보로 이루어진 다른 교훈의 매력은 보통 강한 것이 아니다. 그것은 마약과 같은 것이다. 그래서 사람들은 신화와 족보에 맛이 들면 거기에서 헤어나지 못하고 착념하게 된다. 다른 교훈에 대한 사람들의 집착력은 상상을 초월할 정도로 억센 것이다. 그것은 마약중독과 같은 것이다. 이 때문에 사람들은 거짓 교훈을 바른 교훈보다 더 열정적으로 고집스럽게 추구한다. 본래 악에 대한 추구는 선에 대한 추구 보다 지독하다. 그래서 사람을 바른 교훈에 들어서게 하는 일보다 사람을 거짓 교훈에서 벗어나게 하는 일이 훨씬 더 어려운 것이다. 이런 까닭에 사도 바울은 디모데를 에베소에 남겨두어 사람들이 신화와 족보에 착념하지 않도록 바로잡을 것을 엄중히 명령했던 것이다(딤전 1:4).

　지금도 어두움은 빛에 가장 가까이 있다. 진리와 가장 가까운 곳에 거짓이 있다. 우리가 잠시라도 경성하지 않을 수 없는 것은 바로 이 때문이다. 진리 곁에는 항상 거짓이 있다.

인생을 걸다

1 : 4 신화와 족보에 끝없이 몰두하지 말게 하려 함이라 이런 것은 믿음 안에 있는 하나님의 경륜을 이룸보다 도리어 변론을 내는 것이라

우리는 무엇에 인생을 걸고 있는가? 우리의 심장을 뜨겁게 만들고, 우리의 언어를 힘있게 만들며, 우리의 행동을 강하게 만드는 것은 무엇인가? 우리는 쓸데없는 것을 추구하는 데 아까운 시간을 허비한다. 아무런 유익한 결론이 나지 않을 것을 논의하면서 귀중한 인생을 낭비한다. 초대교회의 성도들에게도 이런 위험이 접근하였던 것이다. 신화와 족보에 관하여 논쟁하느라고 많은 시간을 써버리고 귀한 인생을 소모하는 불행한 일이 초대교회를 망치고 있었다. 초대교회의 성도들은 신화와 족보가 무가치한 천착(穿鑿)을 낳는다는 것을 알지 못하였던 것이다. 신화와 족보는 부질없는 공상을 일으키고 무의미한 추측을 자아낸다. 그래서 사도 바울은 "이런 것은 변론을 내는 것이라"고 지적하였다. 여기에 언급된 변론이란 무익한 연구를 가리킨다. 이것은 얼마나 어리석은 소치인가? 게다가 신화와 족보가

결론 없는 연구를 야기할 뿐 아니라 믿음 안에 있는 하나님의 경륜을 이루지 못하는 것이라면 얼마나 쓸모없는 것인가?

사도 바울이 신화와 족보의 문제점을 지적하면서 믿음 안에 있는 하나님의 경륜을 이루지 못한다고 말하는 것은 이것에 지대한 관심을 가지고 있기 때문이다. 그의 초점은 "하나님의 경륜(오이코노미아)"에 놓여 있다. 하나님의 경륜이란 무엇인가? 사도 바울은 그의 서신에서 여러 차례 "하나님의 경륜"에 관하여 말한다. 하나님의 경륜은 은혜에 근거를 두고 있다. 그래서 그는 이것을 "하나님의 은혜의 경륜"(엡 3:2)이라고 설명한다. 그런데 하나님의 경륜은 본래 비밀이었다. 그래서 이것은 "비밀의 경륜"(엡 3:9)라고 불린다. 이 비밀은 영원부터 만물을 창조하신 하나님 속에 감추어졌던 것이다. 하지만 하나님의 경륜은 시간 속에서 성취되었다. 그래서 이것은 "때가 찬 [시간의 충만의] 경륜"(엡 1:10)이다. 하나님의 경륜은 인간의 구원을 위한 것이다. 그래서 사도 바울은 이것이 "너희를 위하여"(엡 3:2; 골 1:25) 주어진 것이라고 역설한다. 하나님의 경륜은 이 세상에서 하나님의 말씀을 이루기 위하여 그의 사역자들에게 주어진다(엡 3:2; 골 1:25). 하나님의 경륜은 은혜로 말미암아 인간을 구원하시기 위하여 영원한 세계에서 세우시고 시간의 세계에서 실현하시는 하나님의 우주적인 법칙이다.

그런데 하나님의 경륜은 누구든지 찾아서 깨닫는 것이 아니다. 하나님의 경륜은 오직 믿음으로만 알게 되고 이해된다.

이 때문에 사도 바울은 "믿음 안에 있는 하나님의 경륜"이라고 말한다. "믿음 안에 있는"이란 말은 "믿음 안에서 발견되는" 또는 "믿음 안에서 인식되는"이라는 의미이다. 믿음 없이는 결코 하나님의 경륜이 발견되지 않으며, 믿음 외에는 결코 하나님의 경륜이 인식되지 않는다. 믿음 밖에서는 어떤 노력도 하나님의 경륜에 도달하는데 실패할 뿐이다. 오직 믿음이라는 행동반경 안에서만 하나님의 경륜을 추적하고 파악하는 것이 가능하다.

사도 바울이 신화와 족보는 믿음 안에 있는 하나님의 경륜을 이루지 못한다고 말하는 것은 그의 관심이 어디에 있는지를 명확하게 보여주는 것이다. 사도 바울은 믿음 안에 있는 하나님의 경륜을 이루는 일에 인생을 걸었다. 그는 은혜로 말미암아 인간을 구원하시기 위하여 영원한 세계에서 예정하시고 시간의 세계에서 성취하시는 하나님의 우주적인 법칙에 인생을 맡겼다. 하나님의 경륜이 사도 바울의 심장을 차지하고, 언어를 지배하고, 인생을 다스린다. 그에게는 서는 이유도 분명하며 가는 이유도 분명하다. 그는 사는 목적도 분명하게 가지고 있으며 죽는 목적도 분명하게 가지고 있다. 사나 죽으나 사도 바울의 유일한 위로는 하나님의 경륜을 이루는 것이다. 그는 하나님의 경륜을 이룰 수 있다면 사는 것에 연연하지 않으며 죽는 것도 두려워하지 않는다. 사도 바울은 하나님의 경륜에 인생을 걸었다.

우리는 무엇에 인생을 걸고 있는가? 우리의 심장은 왜 뛰고 있으며, 우리의 육체는 왜 움직이고 있는가? 왜 우리의 몸에는 피가 흐르고 있으며, 왜 우리의 입에서 말이 나오고 있는가? 다시 한 번 묻자면 우리는 무엇에 인생을 걸고 있는가?

더욱 근본적으로

1 : 5 이 교훈의 목적은 청결한 마음과 선한 양심과 거짓이 없는 믿음에서 나오는 사랑이거늘

동력이 없으면 동작도 없다. 그래서 동작보다 더 근본적인 것은 동력이다. 사도 바울은 디모데가 어떤 사람들에게 명령을 하도록 에베소에 머물게 하였다. 디모데의 명령은 다른 교훈을 가르치지 말라는 것이다. 그러면 디모데가 이런 명령을 내리는 근본적인 목적은 무엇인가. 그것은 사랑이었다. "교훈(명령)의 목적은 … 사랑이거늘". 명령하는 위치에 서 있는 디모데는 무작정 다른 교훈을 말하는 사람들을 추방하고 말살하는 것을 목적으로 삼아서는 안 된다. 오히려 디모데가 사도 바울에게서 받은 명령의 지위는 다른 교훈을 말하는 사람들까지도 치료하고 회복시키는 것을 목표로 삼는다. 디모데에게 있어서 사랑은 권위보다 더욱 근본적인 것이다. 사랑으로부터 나오는 것이 아니고서는 권위가 교회를 안전하고 안정되게 만들 수가 없다. 사랑은 교회를 움직이는 동력이다. 사랑을 동력으로 하여 교회가 동작한다. 이렇게 볼 때 교회의 문제는 권위가 없는 것이 아니라 사랑에 기반을 둔 권위가 없는 것이다.

그런데 사도 바울은 이야기를 여기에서 그치지 않는다. 그

는 또 한 가지 질문을 던지려는 듯이 보인다. 사랑이 명령하는 권위의 동력이라면, 사랑의 동력은 무엇인가. 다시 말해서 사랑은 어디에서 나오는가. 사도 바울은 이 사랑에 어떤 출처가 있다고 설명한다. 사랑은 "정결한 마음과 선한 양심과 거짓이 없는 믿음에서" 나온다. 사도 바울은 사랑의 기원을 세 가지로 나누어 말한다. 이 구절 외에도 사도 바울은 목회서신에서 자주 마음과 양심과 믿음에 관하여 언급한다(마음 - 딤후 2:22; 양심 - 딤전 1:19; 3:9; 4:2; 딤후 1:3; 딛 1:15; 믿음 - 30번 이상 나옴). 이 세 단어는 짝을 이루어 사용되기도 한다(딛 1:1; 딤전 1:19). 사도 바울은 정확하게 알고 있다. 사랑에는 동력이 있다는 것을. 그가 말하는 사랑은 마음과 양심과 믿음에서 나오는 것이기 때문이다. 마음은 외면과 반대가 되는 것이다. 그래서 사랑은 외면적인 동기로부터 실천되어서는 안 된다. 사랑은 내면적인 이유에 의하여 실천될 때 가치가 있다. 일반적으로 양심은 상식을 비롯하여 기억력을 넘어 자의식에 이르기까지 포괄적인 의미를 가지는 단어이다. 목회서신에서는 양심이 대체적으로 옳은 것을 따르려는 비판적인 의식을 가리키는 것을 사용된다. 사랑은 반드시 진위를 분별할 수 있는 양심을 동인으로 삼아야 한다. 믿음은 단순한 신뢰를 말하는 것이 아니다. 이것은 구원론*적인 성격을 가지는 단어이다. 왜냐하면 믿음은 예수 그리스도와 연관이 있는 것으로 구원에 이르는 지혜가

*구원론 하나님과의 관계가 단절되어 비참한 상태에 빠진 인간을 회복시키기 위하여 영원한 예정, 예수 그리스도의 십자가 사건, 성령의 도우심이 어떻게 근거가 되는지 설명하고, 사람이 구원에 이르기까지 어떤 논리적인 과정을 거치는지 설명하는 이론.

있게 하기 때문이다(참조. 딤전 3:13; 딤후 1:13; 3:15). 사도 바울이 말하는 사랑은 이와 같이 구원론적인 믿음을 출처로 삼는다. 사랑 그 자체가 동력이지만, 사랑은 또한 동력을 필요로 한다. 참된 사랑은 마음과 양심과 믿음에서 나온다. 우리가 자주 잊는 것은 사랑에 동력이 있다는 사실이다. 이런 망각증세 때문에 우리는 사랑보다 더 근본적인 것으로 들어가지를 못한다. 따라서 우리의 사랑은 당연히 값싼 사랑이 되고 마는 것이다.

사도 바울은 근본적인 것을 추구하는 사람이다. 그래서 그는 사랑의 동력인 마음과 양심과 믿음을 말할 때도 그것들이 무엇을 동력으로 삼고 있는지 말하지 않을 수가 없었다. 마음은 정결함을, 양심은 선함을, 믿음은 거짓이 없음을 동력으로 삼는다. 사랑이 내부에서 출원한다는 것이 중요한 것이 아니라, 정결함을 근본으로 삼는 내부에서 출원하는 것이 중요하다. 마찬가지로 사랑은 선함에 바탕을 둔 양심과 거짓 없음에 바탕을 둔 믿음에서 출원해야 하는 것이다. 아는가? 정결함과 선함과 거짓 없음은 오직 하나님의 속성이라는 것을. 사도 바울은 근본적인 것을 추구하는 여정의 마지막 자리에서 하나님을 발견하고 있는 것이다. 모든 것의 가장 궁극적인 동력은 하나님에게 있다. 우리는 오직 하나님으로부터 살 수 있을 뿐이다. 동력이 없으면 동작도 없다. 사도 바울이 하고 싶은 말은 이것이다. 하나님이 없으면 우리도 없다.

어긋남

1 : 6 - 7 사람들이 이에서 벗어나 헛된 말에 빠져 율법의 선생이 되려 하나 자기가 말하는 것이나 자기가 확증하는 것도 깨닫지 못하는도다

어긋남은 인간의 본성가운데 하나이다. 앞으로 가려하지만 뒤로 가고, 올라가려고 하지만 내려가는 것은 인간이 본래적으로 가지고 있는 속성의 일부이다. 오죽하면 사도 바울까지도 고통스럽게 고백했을까. "내가 원하는 바 선은 행하지 아니하고 도리어 원하지 아니 하는 바 악을 행하는도다"(롬 7:19). 인간의 본성 가운데 들어있는 어긋남이란 것은 모든 방패를 뚫는 창과 모든 창을 막는 방패 사이에 일어나는 모순보다도 더욱 악질적인 것이다.

이런 악질적인 현상이 디모데가 목회하는 에베소 교회에도 발생하였다. 사도 바울이 청결한 마음과 선한 양심과 거짓이 없는 믿음을 제시하였지만 어떤 사람들은 도리어 이것들로부터 벗어나 헛된 말에 빠졌다(6절). 언뜻 생각하기에는 사도 바울이 제시한 청결한 마음과 선한 양심과 거짓이 없는 믿음이 사람들의 마음을 사로잡아 열광적으로 환영을 받았을 것이라고 여겨지지 않는가. 아니 그랬어야 옳을 것이다. 사도 바울의 이상(理想)이 열광적인 환영을 받았어야 한다는 것은 두 말할 필요가 없이 너무나도 당연한 일이다. 그러나 문제는 실제로 그렇게 되지 않았다는 것이다. 오히려 사람들은 사도 바울이 제시하는 이상을 외면하고 도리어 헛된 말에 빠졌다. "헛된 말"이란 발언과 관계된 것이다. 신약성경에서 "헛되다"는

단어는 하나님을 믿기 전에 비신앙적인 생활과 풍습을 나타낸다(행 14:15; 벧전 1:18). 사도 바울은 "헛된 말을 하는 사람들"을 복종하지 않는 자와 속이는 자에 병행적으로 묘사하여 질서를 어그러뜨리고 양심을 망가뜨리는 사람들임을 보여준다(딛 1:10). 헛된 말을 하는 사람들은 틀림없이 어리석은 변론과 족보 이야기와 분쟁과 율법에 관한 다툼을 일삼았을 것이다(딛 3:9). 얼마나 놀라운 일인가. 사람들이 사도 바울에게서 제시받은 선명한 고급 이상세계를 버리고 신앙을 갖기 전의 세속적인 저급 언어세계로 돌아가 버리다니. 좋은 것보다는 나쁜 것을 추구하고 선한 것보다는 악한 것을 선호하는 것을 보면, 군자에게서 도적이 나오고 개혁을 부르짖는 무리에게서 허위가 나오는 것을 보면 인간의 어긋남은 부인할 수가 없는 것이다. 이렇게 인간의 본성에는 상위현상이 있다.

그런데 인간의 어긋남 현상은 여기에서 그치지 않는다. 만일에 어긋남을 빚어내는 사람이 최소한 자신의 문제점을 깨닫기라도 한다면, 그래도 그 사람에게서는 어떤 희망을 엿볼 수 있을 것이다. 사도 바울이 좌절하는 것은 불행하게도 어긋남의 현상을 빚어내는 에베소 사람들에게서 이런 희망을 발견하지 못했다는 것이다. 그들은 "율법의 선생이 되려"(7절) 하였다. 어떤 분야에서 교사가 된다는 것은 예삿일이 아니다. 가르침은 깨달음을 전제로 하기 때문이다. 그래서 어떤 분야에서 가르치는 자가 되기 위해서는 깨달은 자가 되는 것이 우선이다. 이렇게 볼 때 율법을 가르치는 자가 되려면 율법을 깨달은 자가 되어야 한다는 것은 두 말할 나위가 없는 것이다. 율법과 관련하여 자신이 무엇을 말하고 있는지, 자신이 무엇에 관하여 확신하고 있는지 깨닫지 못하는 사람이 어떻게 율법을 가르칠 수 있단 말인가. 그러나 참으로 놀랍게도 에베소 사람들 가운데 어떤 이들에게서 이런 무서운 일이 벌어지고 있었다. 그들은 소원과 현실 사이의 엄청난 상위를 조금도 부끄러워하지 않고 드러냈다. "율법의 선생이 되려 하나 자기가 말하는 것이나 자기가 확증하는 것도 깨닫지 못하는도다"(7절). 결국 이런 사람들은 교회를 어지럽히고 진리를 헷갈리게 하고 말았다. 가르치는 자가 되는 것은 매우 좋은 일이지만, 깨닫지 못하고 가르치는 자가 되는 것은 결코 좋은 일이 아니다. 그러므로 알지 못하는 사람은 말하지 말며, 깨닫지 못한 사람은 가르치지 말라. 알지 못하고 말하는 것이나 깨닫지 못하고 가르치는 것은 단지 인간의 불행한 본성가운데 하나인 어긋남을 보여주는 것에 지나지 않는다.

　이 악질적인 인간의 본성에는 예나 지금이나 변함이 없다. 옛날처럼 지금도 여전히 교회와 사회에서는 인간의 어긋남이 천연스럽게 반복되고 있기 때문이다.

사람과 법

1 : 8 - 10 그러나 율법은 사람이 그것을 적법하게만 쓰면 선한 것임을 우리는 아노라 알 것은 이것이니 율법은 옳은 사람을 위하여 세운 것이 아니요 오직 불법한 자와 복종하지 아니하는 자와 경건하지 아니한 자와 죄인과 거룩하지 아니한 자와 망령된 자와 아버지를 죽이는 자와 어머니를 죽이는 자와 살인하는 자며 음행하는 자와 남색하는 자와 인신 매매를 하는 자와 거짓말하는 자와 거짓맹세하는 자와 기타 바른 교훈을 거스르는 자를 위함이니

서론은 이렇다. 사람이 법을 위하여 있는 것이 아니라 법이 사람을 위하여 있는 것이다. 법은 인간의 사회에서 필수적이다. 법이 없으면 사회는 순식간에 파괴되고 말 것이다. 법은 인간이 갈 길을 잃고 방황하는 것을 막는다. 법이 있기 때문에 인간은 안정될 수가 있다. 그러므로 법의 기능은 인간을 행복하게 만드는 것이다. 이런 관점에서 볼 때 법은 매우 좋은 것이다. 사도 바울이 "율법이 선한 것임을 우리는 아노라"(8)고 말한 것은 그가 법의 의미를 가장 정확하게 파악했다는 것을 보여준다. 이 말로써 사도 바울은 율법이 처음부터 사람을 하나님과 다른 사람들 앞에서 바로 세워 사회를 질서 있게 만드는 것을 목적으로 삼아 제정되었다는 것을 알려주는 것이다. 율법은 우리를 지도하여 하나님에 대하여는 의를 지키고 다른 사람들에 대하여는 함께 공존할 수 있게 만든다. 우리는 율법에 의하여 하나님의 뜻으로부터 벗어나지 않고 사람들에 대하여 악한 것을 행하지 않게 된다. 이와 같이 율법은 선한 것이다.

그러나 율법이 선하다는 것에는 어떤 조건이 있다. 그것은 율법을 법대로 사용해야 한다는 것이다. 사도 바울이 율법은 선하다는 말에 "율법은 사람이 적법하게만 쓰면"(8)이라

는 말을 덧붙인 것은 이 때문인 것이 분명하다. 이것은 사도 바울이 때때로 율법이 법 있게 사용되지 않는 것을 알고 있었다는 것을 의미한다. 율법이 법대로 사용되지 않는 것은 무엇인가? 그것은 무엇보다도 율법을 존중하지 않는 것이라고 생각할 수 있다. 율법을 가볍게 여기거나 우습게 여기는 것은 결국 율법의 선한 기능에 문제를 일으킬 것이다. 더 나아가서 율법이 법대로 사용되지 않는 것은 율법을 하나님과 인간사회를 위해서 사용하지 않고 오직 자신의 유익만을 위해서 사용하는 것이다. 이러한 행위는 율법의 조항에서 이탈하는 것이 아닐지는 모르지만 율법의 본래 정신을 잃어버리는 것이 되어 율법의 선한 기능에 장애를 일으키게 된다. 마지막으로 율법이 법대로 사용되지 않는 것은 율법을 적극적으로 악용하는 것을 가리킨다. 요즘처럼 법망을 놀라울 만치 요리조리 잘도 피해서 행복한 삶을 추구하는 어떤 현대인들에게는 이 셋째 의미가 가장 잘 어울릴 것이다. 위에서 언급한 의미들 가운데 어떤 것이든지 간에 율법이 법대로 사용되지 않으면 율법의 기능이 전환되고 만다. 선한 율법이 악한 율법이 되는 것이다. 그러면 율법은 악한 자들에 대하여 싸우는 것이 된다.

사도 바울이 본문에서 갑작스럽게 "율법은 옳은 사람을 위하여 세운 것이 아니요 오직 불법한 자(그리고 그와 비슷한 자들)를 위함이니"(9)라고 말하는 것은 바로 이와 같은 맥락 때문이다. 어떻게 보면 앞에서 "율법은 선한 것"이라고 말해놓고 이제는 "법은 옳은 사람을 위하여 세운 것이 아니라 불법한 자를 위하여 세운 것"이라고 말하는 것은 모순처럼 보인다. 그러나 문맥을 잘 살피면 이런 역접관계가 무엇을 의미하는지 어렵지 않게 파악할 수 있다. 율법은 법대로 사용되지 않으면 그 기능이 전환된다. 율법은 법대로 사용되지 않을 때 선한 기능에서 악한 기능으로 나아간다. 율법은 모든 종류의 악한 자들과 투쟁한다. 사도 바울은 여기에 악한 자들의 대표를 열거하고 있다(9-10). 사도 바울이 말하는 악의 종류는 하나님에 대하여(경건치 아니한 자), 자신에 대하여(행음하는 자), 가정(특히 부모)에 대하여(아비와 어미를 치는 자), 사회에 대하여(사람을 탈취하는 자) 행해지는 것으로 분류된다. 이런 자들에 대하여 율법은 가만히 있지를 않는다. 율법은 모든 악한 자들과 싸우는 하나님의 군사이다. 이렇게 하여 율법은 사람이 길을 잃고 방황하는 것을 막는다. 율법은 하나님에 대하여는 공의를 지키게 하고 사람들에 대하여는 질서를 지키게 한다. 한마디로 말해서 율법은 법의 정신을 충실하게 수행하는 것이다. 그렇다면 우리에게는 서론과 결론이 다를 수가 없다. 결론은 이렇다. 법이 사람을 위하여 있는 것이지 사람이 법을 위하여 있는 것이 아니다.

일과 사람

1 : 11 이 교훈은 내게 맡기신 바 복되신 하나님의 영광의 복음을 따름이니라

일을 보면 사람을 안다. 물론 역도 성립된다. 사람을 보면 일을 안다. 대체로 진실한 사람이 하는 일치고 추잡한 일이 없

는 법이다. 무엇이라고 이름을 붙이든지 간에 오늘날 세상의 모든 구석에서 행해지는 추잡한 일들의 배후에는 그 일들을 하는 사람들이 진실하지 않다는 부인할 수 없는 사실이 있다. 하는 일을 보면 그 일을 하는 사람을 알 수 있다. 일이 일군을 규정하며, 일의 성격이 일군의 품위를 결정한다. 사명인의 인격과 지위는 사명의 종류와 성격에서 드러난다. 작은 일은 그 것을 맡은 사람이 작은 사람임을 보여주듯이, 큰일은 그것을 맡은 사람이 큰 사람인 것을 보여준다. 작은 일을 맡은 사람이 큰 사람인 경우도 드물지만, 큰일을 맡은 사람이 작은 사람인 경우는 더욱 드물다. 그래서 일을 보면 일군이 어떤 사람인지 알 수 있다. 구태여 일군의 성격과 학력을 따져보지 않더라도, 그가 맡은 일과 사명의 성격만 보아도 그가 어떤 사람인지 알 수 있다. 완벽한 비유는 아니겠지만 이것은 열매가 나무를 규정하는 것과도 같다. 열매를 보면 나무를 안다. 좋은 열매는 그것을 맺는 나무가 좋은 열매인 것을 보여준다. 왕의 직분을 보면 다윗이 얼마나 귀한 사람인가를 알 수 있고, 돼지 치는 일을 보면 탕자가 얼마나 천한 사람인가를 알 수 있다. 일을 보면 사람을 안다.

사도 바울은 자신에게 무엇이 맡겨졌는지 말한다. 그것은 "복음"이다. "내게 맡기신 바 … 복음을 따름이니라"(딤전 1:11). 사도 바울은 이렇게 짧은 한마디의 말로 자신이 어떤 사람인지를 선명하게 보여준다. 그에게는 자신을 설명하기 위하여 더 많은 말이 필요하지 않다. 그가 어떤 사람인가 하는 것은 복음을 맡았다는 사실에서 간단하게 증명된다. 사도 바울의 위대함은 그에게 복음이 맡겨졌다는데서 보여진다. 복음을 맡은 자가 귀한 사람이 아니며, 복음을 맡지 못한 자가 천한 사람이 아닌가? 영화와 존귀의 관을 머리에 쓰게 되었다는 것으로부터 사람의 귀함이 나타나고, 만물을 그 발아래 두었다는 것으로부터 인자의 귀함이 나타난다(시 8:5-6). 거룩한 것을 맡기지 않는다는 것으로부터 개의 천함이 드러나고, 진주를 내주지 않는 것으로부터 돼지의 천함이 드러난다(마 7:6).

사도 바울은 두 가지 측면에서 "복음"이 무엇인지를 설명한다. 첫째로 복음은 "하나님의" 복음이다. 이것은 복음의 유래를 지시한다. 복음은 하나님에게서 나온다. 복음이 하나님에게서 나오는 것이라면, 그 복음을 맡은 직분도 하나님에게서 나오는 것이다. 복음의 유래와 사도직의 유래는 동일하다. 복음이 하나님께 걸려있듯이 사도직도 하나님께 걸려있다. 사도 바울의 직분이 위대한 것은 그의 배후에 유래가 되시는 하나님이 계시기 때문이다. 사도직은 신적 위대함과 신적 존귀함을 가진다. 하나님은 "복되신" 하나님이시다. 그러므로 사도 바울의 행복은 하나님과의 관계에서만 성립된다. 둘째로 복음은 "영광스러운" 것이다. 이것은 복음의 속성을 설명한다. 복음은 영광스럽다. 복음은 하나님의 구속 은혜를 내용으로 삼는다. 복음은 인류의 구속이 하나님의 영원한 작정가운데 그리스도의 대속적인 죽음에 근거하여 성령의 확실한 보증으로 성취된다는 것을 전한다. 사도 바울은 이렇게 영광스러운 복음을 맡았다. 그러므로 복음의 영광은 사도의 영광이다. 복음이 영광스럽기에 사도도 영광스럽다. 복음은 유래로 보자면 하나님에게서 나온 것이며, 속성으로 보자면 구속의 영광을 지니고 있는 것이다. 그렇기에 그는 자신에게 맡겨진 복음이 유래한 하나님을 바라볼 수밖에 없으며, 자신에게 맡겨진 복음이 지니고 있는 영광을 기뻐할 수밖에 없다. 사도 바울은 누구인가. 그는 하나님을 바라보는 사람이며, 구속의 영광을 기뻐하는 사람이다. 그가 맡은 복음이 그에게 이 두 가지를 한꺼번에 허락하고 있다.

일을 보면 사람을 안다. 작은 일은 작은 사람에게 맡겨지고, 큰일은 큰 사람에게 맡겨진다. 큰 사람에게 작은 일을 맡기는 법도 드물지만, 작은 사람에게 큰일을 맡기는 법은 더욱 드물다.

엑스트라 노스 extra nos

1 : 12 나를 능하게 하신 그리스도 예수
우리 주께 내가 감사함은 나를 충성되이
여겨 내게 직분을 맡기심이니

인생을 바꾸게 만드는 동기는 여러 가지가 있을 것이다. 불의의 사고나, 자신의 의지와 상관없이 발생하는 사건과 같은 것들을 예로 들 수 있을 것이다. 내 생각으로는 인생을 바꾸게 하는 동기들 가운데 누구로부터 신뢰를 받는 것이 하나의 중대한 동기가 되는 것 같다. 물론 누구에게서 어떤 신뢰를 받느냐에 따라서 변화의 정도에 상당한 차이가 있기는 하겠지만 말이다. 인생을 바꿀만한 결정적인 신뢰를 받아본 적이 있는가? 내가 묻는 것은 어둡고도 어두운 인생에서 밝고도 밝은 인생으로 변화시킨 그런 신뢰이다. 사실상 우리는 과거에 여러 차례 현재의 우리를 빚어내는데 도움을 준 중대한 신뢰를 받았던 적이 있다는 것을 부인할 수가 없다. 단지 과거의 일은 대체적으로 쉽게 잊어버리기 때문에 기억을 못하고 있을 뿐인 것이다. 그래서 이렇게 묻는 것이 옳다. 아무리 시간이 지나도 잊어버릴 수 없을 정도로 결정적인 신뢰를 받아본 적이 있는가? 어둡고도 어두운 인생에서 밝고도 밝은 인생을 변화시킨 그런 신뢰는 아무리 많은 시간이 지나도 잊히지 않을 것이다. 만일 그런 경우가 있다면 과거의 어두운 모습에 대하여 전율하는 것보다 현재의 밝은 모습에 대하여 더 크게 전율할 것이 틀림없다.

사도 바울의 과거는 어둠보다도 더 어두운 것이었다. 사실 그는 이처럼 부끄러운 자신의 옛 모습을 자주 언급했다. "만삭되지 못하여 난 자 같은 내게도 … 나는 하나님의 교회를 박해하였으므로 사도라 칭함 받기를 감당하지 못할 자로다"(고전 15:8-9). "열심으로는 교회를 박해하고"(빌 3:6). "죄인 중에 내가 괴수니라"(딤전 1:15). 의심할 바 없이 사도 바울은 자신의 어두운 과거를 회상할 때마다 몸을 떨었을 것이다. 그는 여기에서도 자신의 옛 모습을 가리켜 "내가 전에는 비방자요 박해자요 폭행자였으나"(13)라고 말한다. 사도 바울은 이제는 입에 담기조차 싫은 말을 하고 있는 것이다. 그는 이 세 마디의 말을 하는데 참으로 힘이 들었을 것이다. 이 세 마디의 말은 사도 바울의 어둡고 부끄러운 과거를 고스란히 드러내고 있다. 그것은 자신의 행위가 악한 것인지도 모르는 전적 무지의 세계였고, 스스로는 도저히 빠져나올 수 없는 전적 무능의 세계였다.

그런데 이런 무지의 그늘과 무능의 어둠에 빠져있던 사도 바울에게 빛이 찾아왔다. 그 빛은 사도 바울이 다메섹으로 가고 있을 때 하늘로부터 비춘 "해보다 더 밝은 빛"(행 26:13)과 비교할 수 없을 정도로 더 밝은 것이었다. 그것은 예수 그리스도의 신뢰였다. "나를 충성되이 여겨"(12). 이 말은 다르게 표현하자면 신뢰를 의미한다. 예수 그리스도께서 바울을 믿어주셨다는 말이다. 바울이 주님을 믿기 전에, 주님이 바울을 믿은 것이다. 바울이 주님을 인정하기 전에, 주님이 바울을 인정한 것이다. 바울에 대한 주님의 신뢰, 이것이 은혜이다. 사도 바울의 새로운 시작의 원인은 그 자신에게 있는 것이 아니라 예수 그리스도께 있었다. 변화의 원인은 사람 안에 있는 것이 아니라 사람 밖에 있다. 그러므로 이제 우리는 사도 바울은 "내가 나 된 것은 하나님의 은혜로 된 것이니"(고전 15:10)라고 말한 것을 명확하게 이해할 수가 있다. 예수 그리스도께서 바울을 신뢰한 것이 어찌 단순한 일이겠는가? 기왕에 주님께서 바울을 신뢰할 바에는 세상에 다시없을 만큼 철저하게 신뢰하셨다. 주님의 신뢰는 세 단계로 이루어졌다. 첫째로 주님께서는 바울을 믿어주셨고, 둘째로 능력을 주셨고, 셋째로 직분을 맡기셨다. 주님의 신뢰는 그저 심정적인 것이 아니라 아주 생동적이고 실제적인 것이었다. 주님께서는 바울에게 자신의 마음을 주셨을 뿐 아니라 더 나아가서 힘을 주시고 결국은 일도 주셨다. 주님의 은혜에는 한 치의 빈틈도 없고 조금의 허점도 없다.

* **extra nos** 라틴어로 extra는 "밖에"라는 뜻이며, nos는 "우리"(목적격)라는 뜻이다. 이것이 종교개혁자들이 구원이 고행이나 헌신 같은 인간의 행위로 이루어지는 것이 아니라 오직 하나님의 은혜로만 이루어진 것을 말하기 위해서 자주 사용했던 어구이다. 다시 말해서 구원은 인간 밖에서 즉 하나님에 의하여 성취된다는 의미이다.

사도 바울은 이렇게 철저한 주님의 은혜 앞에서 전율했다. 그는 자신의 어둡고 부끄러운 과거 앞에서 떨던 것보다도 지금 자신에게 주어진 찬란하고 영광스런 주님의 신뢰 앞에서 더욱 크게 떨었다. 우리 밖으로부터(extra nos*) 오는 주님의 신뢰 앞에서!

밑 빠진 독을 채울 수 있는가

1 : 13 - 14 내가 전에는 비방자요 박해자요 폭행자였으나 도리어 긍휼을 입은 것은 내가 믿지 아니할 때에 알지 못하고 행하였음이라 우리 주의 은혜가 그리스도 예수 안에 있는 믿음과 사랑과 함께 넘치도록 풍성하였도다

밑 빠진 독은 채울 수가 없는가? 사실상 이런 질문은 하나 마나한 것이다. 밑 빠진 독에 한 바가지 물을 부으면 한 바가지 물이 쏟아져나가고, 두 양동이 물을 부으면 두 양동이 물이 쏟아져버린다는 사실쯤은 세 살 먹은 아이도 알고 있는 것이기 때문이다. 그럴 리가 없겠지만 만일에 누군가가 밑 빠진 항아리를 채우기 위해서 하루 종일 물지게를 지고 물통을 나른다면 그를 보고 하품을 금치 못할 것이다. 밑 빠진 독은 채울 수가 없다. 그것은 아무 짝에도 쓸모없이 괜히 자리만 차지하는 거추장스런 폐물에 지나지 않는다.

사도 바울은 밑 빠진 독과 같은 사람이었다. 그는 자신의 과거 모습을 한마디로 이렇게 정리한다. "내가 전에는 비방자요 박해자요 폭행자였으나"(13). 사도 바울은 회심 전에 유익이 되는 사람이 아니었던 것은 물론이고, 있으나 마나한 그

런 사람도 아니었다. 오히려 회심 전의 사도 바울은 엄청나게 손해를 주는 사람이었다. 그가 열거한 세 단어 비방자, 박해자, 폭행자는 나타내고자 하는 의미가 조금씩 다르기는 하겠지만 부인할 수 없는 공통점을 한 가지 지니고 있다. 그것은 어떤 대상에게 상당한 손해를 끼쳤다는 것이다. 사도 바울은 하나님의 교회를 파괴하려고 했던 사람이다(고전 15:8-9; 빌 3:6). 회심 전에 그는 하나님의 교회 편에서 보면 플러스가 아닌 것은 분명하고 제로를 넘어서 마이너스가 된 사람이었다. 사도 바울이 이렇게 마이너스의 인간이 된 까닭은 무지 때문이었다. "알지 못하고"(13). 비록 그가 여기에서 무엇을 알지 못했는지 분명하게 언급하고 있지는 않지만, 그가 알지 못했던 것은 하나님이 구속을 위하여 원대한 계획을 세워놓으셨다는 것, 예수 그리스도께서 십자가에 달려 죽으심으로써 하나님의 뜻을 실현하셨다는 것, 교회는 예수 그리스도의 구속 실현으로 말미암아 건설된 공동체라는 것, 이런 등등이었음을 의심할 수 없을 것이다. 그런데 따지고 보면 사도 바울의 무지는 불신에서 기인한 것이다. "내가 믿지 아니할 때에"(13). 사도 바울에게 있어서 불신은 무지의 바탕이었다. 그의 무지는 단순히 지적 능력의 부족을 의미하지 않는다. 실제로 사도 바울 만큼 지적 능력이 뛰어난 사람이 이 세상에 또 얼마나 있겠는가. 이것은 역설적으로 말해서 지난 이천년 동안 각 시대마다 천재에 가까운 사람들이 그의 글을 하나님의 계시로 믿지 않으면서도 열심히 연구한 것만을 보아도 쉽게 알 수 있다.

그러나 사도 바울은 불신으로 말미암아 무지한 자가 되고 말았다. 불신이 무지를 잉태하고, 무지가 해악을 출산한다. 불신 때문에 무지하고, 무지 때문에 해악이 되었던 사도 바울은 밑 빠진 독과 같은 사람이었다.

하지만 밑 빠진 독과 같은 사도 바울에게 예수 그리스도께서 긍휼을 베푸셨다. "도리어 긍휼을 입은 것은"(13). 이 긍휼은 전적으로 밖에서 온 것이다. 사도 바울은 단지 수동적인 입장에 서 있었을 뿐이다. 불신과 무지와 해악으로 말미암아 밑 빠진 독 같은 폐물이 되어버린 그가 무슨 능동적인 일을 할 수가 있었겠는가. 오직 깨뜨려 내버려지는 것만이 유일한 운명인 이런 쓰레기 같은 사람에게 예수 그리스도의 은혜가 임했다. "우리 주의 은혜가"(14). 상한 갈대를 꺾지 아니하며 꺼져가는 등불을 끄지 아니하는(사 42:3) 은혜가 임한 것이다. 게다가 그 은혜는 신뢰와 사랑으로 장식되어 있었다. "그리스도 예수 안에 있는 믿음과 사랑과 함께"(14). 주님의 신뢰와 사랑과 은혜가 바울의 불신과 무지와 해악을 이겼다. 주님께서는 바울의 불신을 믿음으로, 바울의 무지를 은혜로, 바울의 증오를 사랑으로 이기셨다. 신뢰와 사랑으로 무장한 주님의 은혜는 밑 빠진 독 같은 사도 바울을 잠기게 하고도 모든 시간과 공간에 넘칠 정도로 큰 것이었다. "넘치도록 풍성하였도다"(14). 우리 밖에서 오는 은혜의 규모는 세상의 모든 바다를 합한 것보다도 크다. 사도 바울은 이 은혜의 바다에서 넘치도록 풍성한 은혜로 채워졌다. 그렇다. 밑 빠진 독도 넘치도록 가득 채울 수가 있다. 바다 속에 던져진다면!

일언 一言

1 : 15 미쁘다 모든 사람이 받을 만한 이 말이여 그리스도 예수께서 죄인을 구원하시려고 세상에 임하셨다 하였도다 죄인 중에 내가 괴수니라

온 인생을 걸고 살만한 한마디의 말과 한 토막의 글이 없다는 것은 얼마나 불행한 일인가. 말은 육성에서 기계음으로 발전하고 글은 지면에서 화면으로 발전하여, 일회적이고 단거리적인 소리 대신에 반영구적이며 원거리적인 소리가 횡행하고 보관과 편집이 불편한 책 대신에 보관도 편집도 편리한 전자문서가 유행함으로써 그렇게 많은 말과 그렇게 많은 글이 우리를 상하전후좌우로 두르고 있지만 불행하게도 온 인생을 걸고 살만한 말과 글이 별로 없다. 나를 사로잡을 말과 내가 사로잡힐 글이 없다. 하지만 우리와 두 개의 천년을 사이에 두고 있는 사도 바울은 그리스어로 오직 여덟 개의 단어로 이루어진 말에 완벽하게 나포되었다. "그리스도 예수께서 죄인을 구원하시려고 세상에 임하셨다." 그리고 사도 바울은 이렇게 함으로써 한마디 말과 한 토막의 글에 인생을 걸고 사는 것이 가능하다는 것을 보여주었다.

사도 바울은 자신을 잡아매고 있는 이 말이 어떤 성격을 가지고 있는지 두 가지로 설명한다. 첫째로 이 말은 믿을만한 말이다. "이 말이 미쁘도다." 이것은 누구나 신뢰할만한 말이다. 이 말 앞에는 가슴을 열어놓아도 되고, 인생을 맡겨도 괜

찮다. 이 말 앞에서는 아무 것도 숨길 것이 없고 솔직하게 드러내도 문제가 되지 않는다. 이 말은 조금치도 의심할 필요가 없는 말이며, 가장 안전한 말이며, 복된 말이다. 이 말 앞에서 인간은 순진한 아이가 되고 순수한 백지(白紙)가 된다. 둘째로 이 말은 전포괄적인 말이다. "모든 사람이 받을만하도다."

이것은 누구나 수용할만한 말이다. 이 말은 주께서 나누어 주신 떡과 물고기처럼 모든 사람이 나누어가져도 부족하지 않은 말이다. 얼마나 많은 사람이 받든지 간에 양과 질에 아무런 손실이 없는 말이다. 이 말은 모든 공간의 총합보다도 광활한 것이며, 모든 시간의 총합보다도 장구한 것이다. 이 말은 모든 무게를 더한 것보다도 무거운 것이며, 모든 보화를 모은 것보다도 고귀한 것이다. 이 말로 말미암아 사람은 당당한 장수 (將帥)가 되고 찬란한 광채가 된다.

극치의 신뢰를 허락하며 최대의 수용을 제공하는 말과 글은 그렇게 길어야 할 필요가 없다. 오직 여덟 개의 단어의 집합만으로도 가장 크게 믿을만한 말과 가장 크게 받을만한 글이 될 수 있다. "그리스도 예수께서 죄인들을 구원하시려고 세상에 오셨다". 그리스도 예수는 본래 하나님과 동등하신 하나님의 아들로서 창세전부터 영광을 지니시고 모든 천사들을 다스리시며 이후에 역사에 등장할 왕과 제사장과 선지자를 위한 완벽한 원형을 소유하여 인간과 만물을 창조하신 분이시다. 하지만 그리스도 예수께서는 타락으로 말미암아 하나님에게서 단절된 후에 극심한 부패 속에서 상하고 썩어져 흉측한 모습을 보이고 더러운 냄새를 풍기다가 마침내는 심판과 저주를 받아 파괴되고 멸망당할 세상과 인간을 향하여 낮아지심으로써 육체를 가지고 사람과 같은 모양이 되시며 사람들 사이에 사시는 수평적 이동이 아니라 수직적 하강을 시도하셨다. 그리스도 예수께서 세상에 오신 것은 방문을 위한 것도 아니며 순방을 위한 것도 아니다. 여행이나 관광을 위한 것은 더 더욱이 아니다. 그리스도 예수의 오심은 오직 한 가지 목적을 위한 것 이외에는 아무것도 아니었다. "죄인들을 구원하시려고". 예수의 마음은 쓰레기처럼 버림받은 자들의 가슴에 나누어진다. 예수의 발길은 무덤보다도 더 무서운 죽음에 앉은 백성을 찾는다. 예수의 눈길은 한 가닥의 실낱같은 빛조차도 스며들지 않는 어둠을 뚫는다. 예수의 손길은 죄악 묻은 더러운 손이 부끄러워 깊이 감추고 있는 사람에게 닿는다. 그리스도 예수께서는 죄인들을 구원하시려고 세상에 오신 것이다. 이것이 그리스도 예수께서 세상에 오신 더할 것도 없고 뺄 것도 없는 유일한 목적이다. 이것이 사나 죽으나 예수의 유일한 위로이다!

모든 공간을 합해 보라. 모든 시간을 더해 보라. 이 말보다 광활할 수 있겠으며, 이 말보다 장구할 수 있겠는가. 이 말은 모든 무게를 더한 것보다도 무거운 것이며, 이 글은 모든 보화를 모은 것보다도 고귀한 것이다.

죄인의 명함

1 : 15 미쁘다 모든 사람이 받을 만한 이 말이여 그리스도 예수께서 죄인을 구원하시려고 세상에 임하셨다 하였도다 죄인 중에 내가 괴수니라

나는 아직 한 번도 스스로 내 이름 석 자를 박은 명함이라는 것을 가져본 적이 없다. 별로 소개할 내용이 없는 명함을 가진다는 것이 괜스레 멋쩍게 느껴지기 때문이다. 그래서 가끔 사람들이 명함을 요구할 때면 뭐라 변명할 수 없어 대충 쓴웃음으로 때우고 만다. 게다가 나에게 상대방이 자기의 명함을 건네주기라도 하면 미안함은 더욱 가중된다. 명함을 받을 때마다 드는 생각은 이런 사람이기에 명함을 가지고 다니는구나 하는 것이다. 만일에... 정말로 만일에 누군가가 당신의 손에 쥐어준 명함을 펴보니 그의 이름과 함께 사기, 파손, 절도, 폭행, 살인미수 이와 같은 온갖 악행을 저지른 전과 10범의 사실이 빨간색 글씨로 그 작은 공간을 뒤덮고 있다면, 당신은 그 사람을 어떻게 평가하겠는가.

사도 바울이 우리에게 내밀고 있는 것은 빨간색 글씨에 굵은 밑줄까지 근 것 같은 명함이다. "내가 전에는 비방자요 박해자요 폭행자였으나"(딤전 1:13). 불가피하게 자신의 불량한 과거를 드러내야 하는 상황이라서 완곡하게 한 단어로 슬쩍 얼버무리고 지나가기만 했어도 우리는 그를 솔직하고 진실한 사람이라고 부를 것이다. 하지만 구태여 여러 말을 보태고 보태 자신의 부끄러운 옛 삶을 바닥까지 들춰낸다면 그것은 이미 솔직함이고 뭐고 다 떠나서 미련함에 지나지 않는 것이다. 게

다가 이제는 말이 끝났으리라 싶었더니 그것도 모자라 또 한 마디 최악의 단어를 덧붙인다면 세상에 이렇게 어리석은 사람이 어디에 있는가. 사도 바울은 자신의 명함에 "죄인 중에 내가 괴수니라"(딤전 1:15)는 말을 첨가함으로써 스스로 그런 어리석은 사람이 되었다. 이것은 빨간색 글씨 아래 굵은 밑줄을 긋고 그 주위에 초록색 형광펜을 휘두른 격이 아닌가.

그것도 사도 바울이 자신의 명함을 내준 대상이 아들처럼 사랑하여(딤전 1:2) 사역을 맡긴(딤전 1:3) 나이 어린 제자라는 것을 생각할 때(딤전 4:12) 우리는 저절로 아연해지고 만다. 아비가 아들에게 영광스럽던 과거를 과시하고, 선생이 제자에게 찬란하던 지난날을 드러내며, 선배가 후배에게 용맹스럽던 옛일을 자랑하는 것이 우리의 길이다. 아들에게는 수치스러운 과거를 감추려는 것이 아비이며, 제자에게는 부끄러운 지난날을 숨기려는 것이 선생이며, 후배에게는 비겁하던 옛일을 덮어두려는 것이 선배이다. 그런데 어찌하여 사도 바울은 이렇게 미련하고 어리석게도 자신의 초라하다 못해 비참한 과거를 디모데에게, 아니 만방에 오고 오는 모든 시대의 사람들에게 털어놓는 것인가.

성경은 우리 앞에 온갖 죄인들의 이야기를 쏟아놓는다. 보석이 빛나고 백과가 맺히는 태초의 낙원을 맡기신 하나님의 신뢰를 저버린 아담, 죽음의 홍수 후에 생명처럼 얻은 포도로 담근 술에 취해 자식들 면전에서 벌거벗는 실수를 저지른 노아, 제 한 목숨 살겠다고 두 번씩이나 똑같은 짓을 하며 아내까지 공녀로 팔아넘긴 거짓말의 대명사 아브라함, 형제의 장자권과 축복권을 빼앗기 위해 뻔뻔스럽게 팥죽과 양털로 마음을 칠하고 피부를 도배한 사기꾼 야곱, 얼마나 심한 욕정에 사로잡혔으면 며느리인줄도 모르고 도장과 허리띠와 지팡이까지 약조물로 주며 쾌락을 즐겼던 유다, 남의 아리따운 아내를 빼앗고 그 충성스런 남편까지 전쟁터에 몰아넣어 죽이는 무서운 간계를 꾸민 다윗, 주님을 위해서라면 목숨이라도 내놓겠다던 호언장담도 일순간에 내던진 베드로... 이것이 모든 시간을 차지하고 모든 공간을 넘나드는 종교가 자신의 경전으로 자랑하는 책이 담고 있는 내용들이다. 이것이 기독교의 명함이다. 왜 기독교는 구역질나는 인물들을 만방에 오고 오는 모든 시대의 사람들에게 털어놓는 것인가.

그것은 사도 바울이나 성경의 인물들이나 세상의 누구보다도 못한 사람들이었지만 하나님의 은혜로 새로운 생명을 얻었다는 것을 말하려는 오직 한 가지의 이유 때문이다. 이것이 기독교의 진실이다. 그래서 우리는 죄인이었던 것을 숨기지도 않지만, 또한 하나님의 은혜로 살게 된 것을 감추지도 않는다. 우습게도 그들보다는 조금 낫다는 생각이 드니 이제 나도 명함을 하나 만들어볼까.

시작의 연속

1 : 16 그러나 내가 긍휼을 입은 까닭은 예수 그리스도께서 내게 먼저 일체 오래 참으심을 보이사 후에 주를 믿어 영생 얻는 자들에게 본이 되게 하려 하심이라

시작은 연속에서 의미가 있다. 무엇이든지 시작으로만

끝나는 것은 최소한의 가치를 가질 뿐이다. 그것은 단회적인 발생으로서 그 다음에 바로 이어지는 시간에 아무런 연속성을 가지지 않기 때문이다. 그런 사건은 메마른 땅에 떨어지는 한 두 방울 비와 같은 것이라 기억되기도 어렵고 또 기억해야 할 이유도 없다. 시작은 미래적인 연속에서 더욱 큰

＊종말론 죽음으로 말미암는 사람의 개인적인 종말과 예수 그리스도의 재림으로 말미암는 인류의 역사적인 종말을 다루는 이론이다. 그런데 사람은 아직 살아있는 동안에도 그리고 아직 역사가 유지되고 있는 동안에도 자신의 죽음과 역사의 종말을 인식함으로써 지금 벌써 종말을 경험할 수 있다. 이것을 가리켜 종말론적인 삶이라고 부른다.

의미가 있다. 만일에 어떤 일이 시작되어 아주 먼 미래까지 힘 있게 계속된다면 그것은 대단한 가치를 가진다. 그런 시작은 한참이나 흘러도 물살이 약해지지 않을 정도로 많은 물을 펑펑 쏟아내는 샘물과 같은 것이어서 사람들의 뇌리에서 오랫동안 사라지지 않을 것이다. 시작은 종말론*적인 연속에서 가장 큰 의미를 가진다. 무엇인가가 시작된 이후로 주님의 날까지 지치지 않고 끊임없이 연속되는 사건이 있다면 그런 것을 가리켜 생수의 강 물 같은 것이라고 부르며 절대적인 가치를 부여해도 잘못이 아닐 것이다. 왜냐하면 그것은 역사의 시간 저편에서 하나님께 기억될만한 위대한 사건이기 때문이다.

　사도 바울이 주님의 긍휼을 입은 것은 사실상 기독교의 역사에서 하나의 사건에 불과하다. 그 이전이나 그와 동시대에 주님으로부터 긍휼을 입은 사람은 한 두 명이 아니다. 하지만 주님의 긍휼이 사도 바울에게 임한 사건은 지나가는 구름에서 어쩌다가 한 두 방울 떨어져 메마른 땅의 가장 작은 부분도 적시지 못하고 만 빗방울이 아니다. 어떻게 보면 사도 바울

이 긍휼을 입은 것은 이렇게 무의미한 단회적인 사건으로 오해될 소지가 없지 않다. 특히 "예수 그리스도께서 첫째인 나에게(NASB: in me as the foremost; Luther: an mir als erstem) 전적인 인내를 보이셨다"는 사도 바울 자신의 말을 정확하게 이해하지 못하면 그렇다. 문맥으로 볼 때 "첫째"라는 말은 바로 앞 절에 나온 "죄인 중에 첫째"(개역성경에는 "죄인 중에 괴수")라는 말에 연관되는 것으로 생각할 수 있다. 그렇다면 이 말은 죄인들 가운데 가장 극악한 사도 바울에게도 주님께서 전적인 인내를 보이셨다는 뜻이 된다. 하지만 이 말을 그냥 바로 이 구절에서만 해석하면 장래에 주님을 믿을 사람들에 대하여 첫째 사람이라는 뜻이 되기도 한다. 바로 여기에서 사도 바울이 주님의 긍휼을 입은 사건은 무의미한 단회적인 사건이 아니라는 것을 명확하게 알 수 있다. 주님께서 사도 바울을 긍휼히 여기신 이유는 "장차 주님을 믿을 사람들의 본보기가 되도록" 하기 위함이었다. 주님의 긍휼이 사도 바울에게 임한 사건은 미래적인 연속성을 넘어 틀림없이 (!) 종말론적인 연속성을 가진다. 그 이전에도 그와 동시대에도 주님의 긍휼을 입은 사람들이 한 두 명이 아닌 것은 분명하지만 사도 바울은 자신을 가리켜 장차 주님을 믿을 사람들의 본보기가 되는 첫째 인물이라고 부른다. 왜냐하면 그는 비방자요 박해자요 폭행자로서 죄인 중에 괴수이기 때문이다.

사도 바울은 예수 그리스도께서 전적인 인내를 보이시는 일에서 자신을 시작점으로 삼으셨다고 생각한다. 예수 그리스도께서는 사도 바울을 시작점으로 하여 장차 주님을 믿어 영생을 얻을 사람들에게 전적인 인내를 보이신다. 주님의 은혜는 아무리 흘러도 물살이 약해지지 않는 강일 뿐 아니라 흐르면 흐를수록 넓어지고 깊어지고 많아지는 생수의 강이다. 주님의 은혜는 사도 바울 한 사람에게서 시작되었지만 그 이후로 걷잡을 수 없이 전진하여 온 땅에 충만하게 되었다. 우리는 모두 사도 바울에게 연결되어 있다. 사도 바울이 주님의 긍휼을 입은 첫 번째 사람이라면 오늘 우리는 억 만 번째 사람일 것이다. 그러나 사도 바울의 시작은 우리에게서 끝나지 않는다. 우리는 우리 뒤에 또 다른 연속이 있을 것을 믿는다. 우리는 사도 바울의 억 만 번째 연속이지만 동시에 우리 뒤에는 우리의 억 만 번째 연속이 있을 것이다. 주님의 날이 올 때까지 이 연속은 그치지 않을 것이다. 그리고 그 날이 오면 역사의 저편에서 이 모든 연속은 위대한 사건으로 하나님께 기억될 것이다. 주님의 시작은 반드시 연속된다.

이제는 알겠다

1 : 17 영원하신 왕 곧 썩지 아니하고 보이지 아니하고 홀로 하나이신 하나님께 존귀와 영광이 영원무궁하도록 있을지어다 아멘

물속은 끈적거렸다. 허우적거리는 몸에 젖은 옷이 달라붙어 맘대로 손발을 놀릴 수가 없었다. 가슴에 들어있던 마지막 산소까지 타버리고 몇 번이나 흙탕물을 들이키며 죽음이란 이렇게 오는 것이로구나 느끼는 최후의 의식 앞에서 누군가가 뒷덜미를 잡아당기는 것

이 희미하게 느껴졌다. 뱃속에 가득하던 더러운 물을 토해내고 다시 정신을 차렸을 때 주위에는 많은 사람들이 둘러서서 내려다보고 있었다. 조금 더 분명하게 의식이 돌아왔을 때 좌우에 위엄스러운 의관을 갖춘 사람들이 줄지어 서있고 앞에는 영광의 왕께서 보좌에 앉아있고 그 곁에는 머리가 물에 젖은 채 숨을 가쁘게 몰아쉬고 있는 왕자가 서있는 것이 보였다. 그때 한 사람이 다가와서 부드럽게 일러주었다. "그대를 살려내기 위해 왕자님께서 몸소 깊은 죽음의 물속으로 뛰어들으셨소." 그 말을 듣는 순간 시위 끊어진 활처럼 튀어 땅에 엎드려 왕께 절하지 않을 수가 없었다.

개가 나를 물속에서 끌어냈더라도 그 주인에게 절하지 않을 수 없을 텐데, 노예가 나를 물속에서 건져냈더라도 그 주인에게 절하지 않을 수 없을 텐데… 왕자께서 친히 물속에 뛰어들어 나를 살려내셨다니 어찌 왕께 절하지 않을 수 있으랴. 이것이 예수 그리스도의 은혜에 관하여 말하던 사도 바울이 갑자기 하나님께 찬송을 쏟아내고 있는 까닭이다. 비방자요 박해자요 폭행자이며 죄인 중에 괴수인 사도 바울은 자신을 살려내기 위하여 십자가의 죽음을 당하신 하나님의 아들 예수 그리스도의 긍휼과 은혜 앞에서 하나님께 찬송을 토해내고 있다. "영원하신 왕 곧 썩지 아니하고 보이지 아니하고 홀로 하나이신 하나님께 존귀와 영광이 영원무궁하도록 있을지어다 아멘." 사도 바울은 사망의 깊은 물속에서 구원받고 문득 눈을 들어보니 왕이신 하나님께서 앞에 계신 것이 보였던 것이다. 사람의 몸을 가진 왕에게도 구원의 감격을 표현한다면 하물며 어찌 영원의 세계에 계신 하나님께 구원의 감격을 토로하지 않으랴. 시간적으로는 하나님은 만세의 왕이시며, 질적으로는 썩지 아니하시는 분이시며, 형태에 있어서 보이지 아니하시는 분이시며, 수효에 있어서 단일하신 분이시다.

사도 바울은 몸이 녹아내리는 것을 느꼈다. 만세의 왕 곧 썩지 아니하고 보이지 아니하고 홀로 하나이신 하나님께서 비방자요 박해자요 폭행자이며 죄인 중의 괴수인 사람을 상대하고 있기 때문이다. 가장 영광스러운 존재가 가장 비참한 존재를 상대하고 있다. 이것은 가장 낮은 인격이 가장 높은 인격 앞에 서 있는 것이며, 최대의 마이너스가 최대의 플러스 앞에 서있는 것이다. 제일 차가운 얼음이라도 제일 뜨거운 불 앞에서는 순식간에 녹아내릴 수밖에 없듯이 지존하신 하나님 앞에서 비천한 인간은 무릎을 꿇지 않을 수가 없다. 인간이 하나님 앞에서 할 수 있는 것은 찬송밖에 없다. 찬송은 강제도 아니며 억지도 아니다. 찬송은 단순히 구원의 감격에서 나오는 것이 아니라 엄밀하게 말해서 구원의 원인이 되시는 하나님의 존엄에 관한 인식에서 나오는 것이다. 구원의 감격을 넘어 하나님의 존엄에 관한 인식이 있기까지는 어떤 것도 찬송이 될 수가 없다. 존엄하신 하나님이 구원받은 인간을 상대하고 있다는 인식이 찬송의 시작이다. 그래서 찬송은 소리가 아니다. 다시 말하자면 찬송은 소리 이전의 것이다. 찬송은 발성보다도 앞서는 것이며 노래보다도 앞서는 것이다. 찬송은 모든 방면에서 음악의 차원보다 선행하는 것이다. 하나님의 존전에 서 있다는 것을 인식하지 못하는 사람의 찬송은 어떤 방식으로 표현되든지 간에 이미 찬송이 아니다. 찬송은 만세의 왕 곧 썩지 아니하고 보이지 아니하시고 홀로 하나이신 하나님이 나를 상대하고 있다는 의식에서 출발하며 진행되며 종결된다. 그러므로 우리는 누가 우리를 상대하고 있는지 분명하게 알아야 한다.

이제는 알겠다. 정말 이제야 알겠다. 사망의 물속에서 끌려나와 정신을 차리고 보니 지존하신 하나님께서 내 앞에 계시다. 죽음에서 건짐을 받은 것만도 찬송해야 할 터인데, 앞으로는 지존하신 하나님이 상대해주시는 가운데 살게 되었으니 얼마나 더 찬송해야 할 것인가!

싸움, 그러나 선한 싸움

1 : 18 - 19a 아들 디모데야 내가 네게 이 교훈으로써 명하노니 전에 너를 지도한 예언을 따라 그것으로 선한 싸움을 싸우며 믿음과 착한 양심을 가지라 어떤 이들은 이 양심을 버렸고 그 믿음에 관하여는 파선하였느니라

나는 어릴 때부터 별로 싸워본 적이 없다. 괜히 누가 시비라도 걸면 나는 지레 겁을 먹고 슬슬 피해버리는 겁쟁이였다. 지금도 누구하고 말싸움이라도 할 모양이면 벌써 간이 콩알만 해지고 목소리가 모기소리만큼 줄어들고 만다. 그런데도 이상하게 나는 어린아이였을 때 싸움대장이라는 별명을 가진 적이 있다. 어느 날 또래친구로서 동네에서 정말 싸움대장으로 이름난 준봉이와 시비가 붙어 서로 부둥켜안고 언

덕 아래로 구르게 되었는데 어떻게 하다 손을 뻗친 것이 정확하게 그 녀석의 콧등에 맞아 코피를 쏟게 만들었다. 그때 주위에서 구경하던 아이들이 우르르 몰려들어 나를 대장으로 삼았던 것이다. 생각만 해도 우스운 일이 아닐 수 없다.

그러나 가만히 되돌아보면 지금까지 나의 인생은 싸움이었다. 비록 욕질하고 주먹질하며 싸우지는 않았지만 고비마다 단락마다 숨이 멈추고 간이 떨어질 정도로 어려운 일들이 많았다. 하지만 나의 인생이 아무리 힘들고 어려운 것이었어도 사도 바울의 인생만큼 처절한 싸움이었을까. 예수 그리스도의 은혜를 입고 하나님의 존전에 서기까지 사도 바울의 인생은 형언할 수 없는 싸움 속에 있었다. 사도 바울은 죄인 중에 괴수로 살았던 그 길고 어두운 터널을 뚫고 나와 찬란한 하나님의 영광 앞에 섰을 때 다시는 지나간 세월의 싸움을 반복하지 않으리라고 다짐했을 것이다. 그래서 그는 그 시점으로부터 죽을 때까지 선한 싸움을 하였다(딤후 4:7).

이런 차원에서 사도 바울이 예수 그리스도의 은혜를 입은 자로서 하나님께 존귀와 영광을 돌리며 디모데에게 선한 싸움을 싸우라고 권면한 것은 충분히 납득이 간다. 사도 바울의 인생이 싸움이었듯이 디모데의 인생도 싸움일 수밖에 없고 그처럼 우리의 인생도 싸움일 수밖에 없다. 사도 바울이 싸워야 했듯이 디모데도 싸워야 하며 그렇게 우리도 싸워야 한다. 하지만 중요한 것은 그것이 무슨 싸움이냐 하는 것이다. 사도 바울은 그것을 "선한 싸움"이라고 불렀다. 이 "선한"이라는 한마디의 작은 수식어 속에는 엄청난 내용이 함유되어 있다(디모데전서에만 이 단어가 자그마치 16번 사용되고 있다는 점에 주의하라). 거두절미하고 말하자면 그것은 세상 사람의 추구와는 질적으로 다른 것을 지시하며, 하나님의 요구와는 질적으로 같은 것을 의미한다. 선한 싸움이란 세상 사람은 내심 멀리하지만 하나님이 참으로 기뻐하시는 삶이다.

사도 바울은 디모데에게 선한 싸움을 싸울 것을 권면하면서 아울러 방법도 제시하였다. 그것은 적어도 두 가지 조건을 가진다. 첫째로 선한 싸움은 예언을 규범으로 삼아야 한다. 여기에 언급된 예언이 신비적인 성령은사를 가리키는지 아니면 직분적인 성경해설을 가리키는지 분명하지는 않지만 한 가지 부인할 수 없는 것은 영적인 차원의 것이라는 사실이다. 선한 싸움은 물질적인 것이나 육체적인 것이나 세상적인 것과 관련된 것이 아니다. 선한 싸움은 영적인 것이다. 물질이든 육체든 세상이든 무엇이나 하나님을 위한 일에 관련되면 그것은 이미 영적인 일이 된다. 둘째로 선한 싸움은 믿음과 착한 양심을 도구로 삼아야 한다. 믿음은 하나님과의 관계이다. 믿음은 하나님 앞에 서는 것이다. 믿음을 가지고 있기 때문에 하나님이 보시기에 의로운 자가 선한 싸움을 싸운다. 양심은 사람과 관련된다. 양심은 사람 앞에 서는 것이다. 양심을 가지고 있기 때문에 사람이 보기에 정직한 자가 선한 싸움을 싸운다. 하나님이 보시기에 의롭지 않은 자나 사람이 보기에 정직하지 않은 자는 선한 싸움을 할 수가 없다. 선한 싸움을 싸우기 위해서는 믿음과 양심이 반드시 조화를 이루어야 한다. 믿음과 양심 가운데 어느 한 가지든지 결여되면 선한 싸움을 할 수가 없다.

모든 인생은 싸움이다. 그러나 그리스도인의 인생은 선한 싸움이다. 사도 바울처럼 디모데가 선한 싸움을 싸웠듯이, 디모데처럼 우리도 선한 싸움을 싸워야 한다. 나는 지금 다시 한 번 굳게 결심한다. 어릴 적부터 싸움이라면 지레 겁을 먹고 도망하던 사람이지만 이 선한 싸움만큼은 용기를 내서 참여하리라고.

신자의 방정식

1 : 19b 믿음과 착한 양심을 가지라 어떤 이들은 이 양심을 버렸고 그 믿음에 관하여는 파선하였느니라

만사에 법칙이 있다. 눈에 보이는 것들에 뿐 아니라 눈에 보이지 않는 것들에도 법칙이 있고, 물질적인 세계에서처럼 영적인 세계에도 법칙이 있으며, 세속적인 것과 마찬가지로 성스러운 것에도 법칙이 있다. 법칙이 깨지면 만사가 깨진다. 신자의 삶에도 엄격한 법칙이 있다. 신자는 기분 내키는 대로 아무렇게나 사는 것이 아니다. 신자는 분명한 법칙을 따라서 산다.

사도 바울이 디모데에게 선한 싸움을 싸우기 위해서는 믿음과 양심을 가져야 한다고 말했을 때 믿음과 양심은 선한 싸움을 위한 법칙이 된다는 것을 알려준 것이다. 믿음은 수직적인 성격을 가진다. 믿음은 하나님에 대한 것이기 때문이다.

이에 비하여 양심은 수평적인 성격을 가진다. 양심은 사람과 사람 사이에서 성립되는 것이기 때문이다. 이렇게 수직적인 성격의 믿음과 수평적인 성격의 양심이 잘 어우러질 때 그리스도인은 선한 싸움을 싸울 수가 있다. 하나님에 대한 믿음은 좋은데 사람에 대한 양심이 좋지 않다거나, 사람에 대한 양심은 좋은데 하나님에 대한 믿음이 좋지 않다면, 그것은 결코 선한 싸움이라고 부를 수가 없다.

믿음과 양심은 그리스도인의 선한 싸움을 결정하는 중대한 요소들이다. 마치 수직선과 수평선이 십자로 만나면서 한 점을 결정하듯이, 믿음과 양심이 교차하는 지점에서 그리스도인의 선한 인생이 결정된다. 믿음과 양심은 그리스도인의 인생 방정식의 두 차원이다. 그래서 믿음과 양심 가운데 어느 하나라도 제외시키면 그리스도인의 선한 인생은 성립될 수가 없다. 만일 그렇게 된다면 그리스도인의 인생은 수직 없는 수평이 되거나 수평 없는 수직이 되고 만다. 양심을 무시하고 신앙만을 강조하는 것은 과도한 경건이며, 신앙을 무시하고 양심만을 강조하는 것은 부족한 경건이다. 우리의 주위에는 하나님에 대한 믿음을 너무나 지나치게 강조하다가 사람에 대한 양심을 무시하거나, 사람에 대한 양심을 유별나게 강조하다가 하나님에 대한 신앙이 시들어버린 사람들이 많이 있다. 이것은 신자의 법칙을 기형적으로 만들어버린 것이다.

그런데 과도한 경건도 문제이며 부족한 경건도 문제가 되지만 이보다 더 심각한 것은 파괴된 경건이다. 사도 바울은 디모데에게 믿음과 양심이 조화된 신자의 삶을 권면하는 시간에 경건을 파괴해버리는 위험에 처한 사람들을 발견하였다. 어떤 사람들은 선한 싸움을 싸우기 위하여 절대적으로 필요한 두 요소인 믿음과 양심을 한꺼번에 망가뜨렸던 것이다. "어떤 이들은 이 양심을 버렸고 그 믿음에 관하여는 파선하였느니라"(19b). 한편으로 그들은 양심을 버렸다. 그들은 사람들 가운데서 부끄러운 일을 해도 부끄러워하지 않았고 수치스러운 일을 해도 수치스러워하지 않았다. 그들은 그런 일에 대하여 무감각하였을 뿐 아니라 아예 그런 일을 정당하고 당연한 것으로 생각하였던 것이다. 그들의 사전에는 부끄러움이나 수치스러움이란 단어가 없었다. 다른 한편으로 그들은 믿음에 관하여 파선하였다. 그들은 하나님에 대한 신앙을 무가치한 것으로 여겼고 무의미한 것으로 간주하였다. 그들은 하나님을 믿는 것을 우습고 가벼운 것으로 생각할 정도가 아니라 하나님을 믿는 일을 거부하기 위하여 온 몸을 부딪쳐 깨어졌던 것이다. 이런 사람들에게는 신앙인의 법칙이란 것이 아무런 중요성이 없었다. 우리의 시대에도 어떤 사람들이 언젠가 잠시 기독교 신앙에 접근했다가 도리어 양심과 믿음에서 파선하는 것을 볼 수 있다. 이런 사람들은 양심을 버리는 언어를 말하는 것과 믿음에서 파선한 행위를 행하는 것을 서슴지 않는데, 그렇게 하는 것이 마치 조금 맛보았던 기독교 신앙에 대한 정당한 반작용인 것처럼 생각한다.

믿음과 양심은 신자의 삶을 위한 엄격한 법칙이다. 믿음과 양심의 교차는 신자의 방정식이다. 믿음과 양심의 조화로 결정되는 삶이 우리를 안전하게 항구로 인도한다. 우리는 안전하게 항구에 도착하려면 신앙의 수직 차원과 양심의 수평 차원을 행로의 법칙으로 삼아야 한다. 만일 그렇게 하지 않는다면 폭풍우가 치는 바다에서 소용돌이에 빨려들어 파선할 위험이 있다는 것을 기억하라.

오명

1 : 20 그 가운데 후메내오와 알렉산더가 있으니 내가 사탄에게 내준 것은 그들로 훈계를 받아 신성을 모독하지 못하게 하려 함이라

얼마나 두려웠을까. 사도 바울이 후메내오와 알렉산더의 이름을 호명하면서 그들을 사탄에게 내어준다고 말했을 때. 사도 바울은 양심을 버리고 믿음에 파선한 사람들 가운데 후메내오와 알렉산더가 대표적인 사람들이라고 지적하였다. 사실 우리는 이 사람들이 어떻게 이와 같은 자리에 도달하게 되었는지 알지 못한다. 아마도 이 구절의 마지막 말인 "모독하지 못하게"라는 표현은 이 사람들이 어떤 방식으로든지 믿음과 양심을 근간으로 삼는 기독교의 진리를 훼방하였다는 것을 보여준다. 사도 바울이 디모데에게 보낸 둘째 편지와 연관하여 볼 때 후메내오는 진리에 관하여 그릇된 사람이며(딤후 2:17-18 참조) 알렉산더는 사도 바울에게 많은 해를 보인 사람이다(4:14 참조). 어쨌든 분명하게 추측할 수 있는 것은 지금 그들의 마지막 자리가 믿음을 파괴하고 양심을 포기한 상태라는 것으로부터 그들은

매우 극악한 행위를 저질렀다는 것이다. 그들의 행위가 얼마나 악질적인 것이었으면 사도 바울이 두 사람의 이름을 명시하기까지 했을까.

비록 후메내오와 알렉산더의 이름이 성경에 기록되기는 했지만 좋은 의미로 기록된 것이 아니라는 데 문제가 있다. 구약 성경에 기록된 가인이나 고라나 발람의 이름과 같이 이 사람들의 이름도 성경에 기록되기는 했지만 그것은 오명이다. 성경책을 읽다가 이 단락에 이를 때마다 눈살을 찌푸리게 만들 수치스런 이름이다. 이 땅에서 성경책의 마지막 한 권이 사라질 때까지 남을 부끄러운 이름이다. 차라리 성경에 기록되지 않은 사람들의 이름보다도 훨씬 못한 더러운 이름이다. 사도 바울 자신도 이 사람들의 이름을 기록하면서 역겨움을 숨길 수가 없었을 것이다. 그래서 사도 바울은 이 사람들을 사탄에게 내어준다고 말했다.

후메내오와 알렉산더는 사도 바울이 사탄에게 내어줄 정도로 문제가 심각한 사람들이었다. "사탄에게 내 준다"는 말은 사도 바울이 겨우 한두 번 사용한 희귀한 말이다(고전 5:5 참조). 이것은 기독교로부터의 출교라든가 질병이나 죽음에의 양도를 의미할 것이다. 그러나 이보다도 더 확실한 것은 "사탄에게 내 준다"는 말이 단절과 악화를 의미한다는 것이다. 사탄에게 내어진 사람은 기독교회로부터 끊어지고 악한 상황에 말려든다. 그는 더 이상 하나님의 은혜를 맛볼 수 없으며 도리어 이제부터 사탄의 고통을 체험하게 된다. 이와 같은 표현이 절대적이며 종국적인 파멸을 의미하는 것이 아니기를 바라지만 아무런 보장이 없다. 그저 사탄에게 내 주는 목적이 "훈계를 받아 훼방하지 말게 하려 함이라"는 사도 바울의 부연이 정말 만에 하나 긍정적인 해석을 가하게 할 뿐이다. 만일에 사도 바울이 후메내오와 알렉산더를 사탄에게 내어준 목적이 그들을 멸망에 처하게 하려는 것이라고 말했더라면 더 이상 아무 말도 할 것이 없었을 것이다. 사도 바울이 "훈계를 받아…"라고 말한 것은 참으로 다행스런 일이다. 여기에서 사도 바울이 이처럼 극악한 무리에게도 일말의 소망을 걸었던 것을 엿볼 수 있다.

후메내오와 알렉산더의 이름들이 오명인 까닭은 그것들이 발음하기 힘들거나 이해하기 어렵기 때문이 아니었다. 이름의 모양이나 이름의 의미가 중요한 것이 아니다. 이름이 아무리 발음하기에 좋고 기가 막힌 뜻을 가지고 있다 손치더라도 그 이름을 달고 있는 사람이 조금도 가까이 하고 싶지 않을 만큼 악한 사람이라면 그의 이름에는 아무런 가치가 없는 것이다. 그것은 더러운 이름에 지나지 않는다. 중요한 것은 이름이 아니다. 정말로 중요한 것은 이름보다도 그 이름을 달고 있는 사람의 됨됨이이다. 사람이 훌륭한가 못났는가에 따라서 그의 이름도 훌륭한지 못났는지 결정되기 때문이다.

우리는 얼마나 두려워해야 할까. 믿음과 양심에 조화를 이루어 선한 싸움을 싸우지 않으면 우리도 결코 오명에서 벗어나지 못하리라는 것을 생각할 때. 주님께서 주님의 이름으로 영적인 세력들을 항복시키고 돌아온 제자들을 향하여 "너희 이름이 하늘에 기록된 것으로 기뻐하라"(눅 10:20)고 하신 말씀을 절대로 잊어서는 안 된다.

<u>2 장</u>

균형을 잡으라

첫째로

2 : 1 그러므로 내가 첫째로 권하노니 모든 사람을 위하여 간구와 기도와 도고와 감사를 하되

지독한 감기로 여러 날을 자리에 누워 끙끙 앓고 난 다음 간신히 혀를 놀려 말할 수 있게 되었을 때 가장 먼저 무슨 말을 할 것인가? 집안에 악독한 도적이 들어 몸싸움을 하느라고 가구란 가구는 다 깨지고 온 몸이 터지고 멍든 탈진한 상태에서 겨우 정신을 차리고 한마디 말을 할 수 있게 되었을 때 제일 먼저 할 말은 무엇인가? 사도 바울은 지금 막 지독한 독감을 벗어난 것 같고, 악독한 강도를 물리친 것 같은 상황에 있었다. 양심을 버리고 믿음에 관하여는 파선한 후메내오와 알렉산더는 온 몸을 쑤시게 만드는 감기나 온 집을 망치는 도적과 같은 사람들이었다(딤전 1:19-20). 교회를 파괴하고 성도를 유린하는 이런 악한 사람들을 이제 막 정리한 사도 바울의 입에서 가장 먼저 나온 말은 무엇인가?

그것은 기도하라는 말이었다. 바로 앞에서 독감과 강도 같

은 후메내오와 알렉산더의 문제를 지적한 사도 바울은 "그러므로 내가 첫째로 권하노니"라고 말하면서 기도를 권면하였다. 이 시점에서 사도 바울이 가장 중요한 권면으로 여긴 것은 기도였던 것이다. 기도는 교회가 영적인 감기에 걸리고 성도가 영적인 도적을 만났을 때 첫째로 해야 할 일이다. 기도의 가치는 이렇게 높다. 사도 바울은 사람들 사이의 수평적인 관계의 요건인 양심을 버리고 하나님과의 수직적인 관계의 중심인 믿음에 파선한 후메내오와 알렉산더 같은 인물들의 문제에 직면한 교회와 성도가 가장 먼저 해야 할 중요한 일은 기도라고 생각하고 있는 것이다. 그렇다,

이런 상황에서는 기도 외에 다른 아무것도 더 중요하지 않다. 이런 상황에서 기도하는 것이 얼마나 중요했으면 사도 바울이 "내가 첫째로 권하노니"라고 말해놓고는 기도에 관한 여러 가지 비슷한 단어들을 늘어놓았을까. "간구와 기도와 도고와 감사." 이 단어들의 의미를 구별하기란 좀처럼 쉽지 않다. 특히 구별이 어려운 까닭은 본서에서 사도 바울이 간구와 기도를 한 짝으로 묶고(딤전 5:5), 도고와 감사를 한 짝으로 묶고(딤전 4:3-5) 있기 때문이다. 하지만 본서를 자세히 살펴보면 이 네 가지 단어가 조금씩 다른 의미를 담고 있다는 느낌을 얻을 수 있다. 아마도 간구는 개인적인 형편을 아뢰는 일반적인 청원을 가리키며, 기도는 하나님의 도움을 구하는 구체적인 소원을 의미한다(딤전 5:5). 예를 들어 한 과부가 외로운 형편을 하나님께 말하는 것은 간구이며, 그런 중에 오직 하

나님의 도움만을 소망하여 아뢰는 것은 기도이다. 도고는 믿음을 표현하는 고백적인 내용을 담은 기도라면(딤전 4:5), 감사는 고마움을 드러내는 찬송의 내용을 지닌 기도이다(딤전 4:3,4). 예를 들어 모든 음식은 하나님께서 주신 것이라고 믿고 기도하는 것은 도고이며, 모든 음식을 주신 하나님께 찬양을 드리는 기도는 감사이다. 기도의 종류는 이렇게 많다. 어쨌든 사도 바울이 이렇게 네 가지 단어를 열거하는 것은 그 미묘한 뉘앙스를 보여주기 위함이 아니라, 기도하는 것이 얼마나 중요한 일인지를 증명하기 위함이라는 것을 잊어서는 안된다. 다시 말하자면 이것은 사도 바울이 "내가 첫째로 권하노니 기도하라, 기도하라, 기도하라, 기도하라"고 말하는 것과 다를 바가 없다. 이만큼 기도는 중요한 일이다.

그런데 사도 바울은 이렇게 기도에 관하여 권면하면서 기도는 모든 사람을 위한 것이 되어야 한다고 말한다. "모든 사람을 위하여." 기도의 규모는 이렇게 크다. 사도 바울은 기도의 크기를 최대한 확대시키고 있는 것이다. 기도의 대상이 되지 못할 사람은 이 세상에 아무도 없다. 기도는 이미 전세계적인 폭을 가지고 있다. 기도 앞에서는 인종도 방언도 나라도 모두 장벽이 되지 않는다. 기도는 우주적인 것이어서 언어와 족속과 백성의 한계를 초월한다. 바로 여기에서 기도의 중요성이 또 다시 드러난다. 기도가 모든 사람을 위한 것이라면 얼마나 위대하고 중요한 것인가. 사도 바울이 영적인 독감을 이기고 영적인 도적을 물리친 마당에 이렇게 세계적이며 우주적인

기도를 첫째로 권하는 것에 대하여 무슨 항의를 할 수 있겠는
가?

왕을 위한 기도

2 : 2a 임금들과 높은 지위에 있는 모든 사람을 위하여 하라 이는 우리가 모든 경건과 단정함으로 고요하고 평안한 생활을 하려 함이라

기독교를 낮은 자들만을 위한 종교로 이해하는 것은 오해 중에 큰 오해이다. 물론 기독교가 낮은 자들에 대하여 깊은 관심을 가지고 있다는 사실은 부인할 수 없는 것이다. 예수 그리스도께서는 이 땅에 계시는 동안에 낮고 병들고 가난한 사람들을 만나주시는 것을 마다하신 적이 없다. 그래서 예수 그리스도는 세리와 죄인의 친구라는 이름을 얻으셨다(마 11:19). 물이 합세하여 땅 아래로 흐르듯이 예수 그리스도는 낮은 사람들을 향하여 가셨다. 이런 태도는 사도들에게서 어렵지 않게 발견된다. 모든 사도들이 동일하게 가졌던 마음은 가난한 자들을 생각하는 것이었다(갈 2:10). 그래서 사도들은 낮은 자들을 변호하고 병든 자들을 방문하고 가난한 자들을 구제하는 일에 힘을 기울였다. 기독교가 언제라도 낮은 자들을 외면하고 무시하는 것을 정당한 일로 허락한 것이 있었던가.

하지만 기독교를 단지 낮은 자들만을 위한 종교로 이해하는 것은 절대로 옳지 않다. 기독교는 낮은 자들에 대하여 지대한 관심을 가지는 것처럼 높은 자들에 대하여도 지대한 관심을 가진다. 하나님께서 세상을 위하여 독생자 예수 그리스

도를 보내셨다면, 그 세상은 낮은 자와 높은 자를 모두 포함하는 것이다. 기독교가 낮은 자 뿐 아니라 높은 자도 상대한다는 것은 바로 다음에 이어지는 내용에서도 분명하게 입증된다. "하나님은 모든 사람이 구원을 받으며 진리를 아는 데에 이르기를 원하시느니라"(딤전 2:4). 물은 항상 아래로만 흐르는 것이 아니다. 때때로 물은 증발하여 땅위를 덮는다. 마찬가지로 기독교는 오직 낮은 자들에 대하여만 관심을 가지는 것이 아니다. 기독교는 높은 지위에 있는 자들에 대하여도 관심을 가진다.

사도 바울은 양심을 버리고 믿음에 파산한 후메내오와 알렉산더 같은 사람들로 말미암아 심각한 영적 질병을 겪은 교회를 향하여 무엇보다도 기도를 권면하면서 왕과 높은 지위에 있는 모든 사람들을 위하여 기도하라고 조언하고 있다. 이것은 결코 우연이 아니다. 사도 바울이 생각하는 기도의 대상은 낮은 자들 뿐 아니라 높은 자들도 포함한다. 왕과 높은 지위에 있는 모든 사람들도 신자들이 기도해야 할 대상이다. 통치자와 권세자라고 해서 기도의 대상 밖에 놓일 수는 없다. 모든 권세는 하나님에게서 나온 것이다(요 19:11; 롬 13:1). 어떤 통치자와 권세자도 하나님의 허락 없이는 존재할 수가 없다. 그러므로 신자가 왕과 높은 지위에 있는 사람들을 위하여 기도하는 것은 당연한 일이다. 왕과 높은 지위에 있는 사람들을 위한 기도는 두 가지 효과를 가진다. 첫째 효과는 이러한 기도로 말미암아 우리가 왕과 높은 지위에 있는 사람들도 하나님의 은총 아래서만 존재할 수 있다는 것을 고백하는 것이다. 우리는 낮은 사람들은 하나님의 은혜를 받아야 살지만 높은 사람들은 하나님의 은혜 없이도 살 수 있다고 믿지 않는다. 우리는 높은 사람들을 위하여 기도함으로써 그들도 하나님의 은혜로만 산다는 것을 고백하는 것이다. 둘째 효과는 이러한 기도로 말미암아 왕과 높은 지위에 있는 사람들에게 그들이 하나님의 은총 가운데서만 존재할 수 있다는 것을 알려 주는 것이다. 만일에 우리가 높은 사람들을 위하여 기도하지 않는다면 그들은 스스로 하나님의 은혜가 아니라 자신들의 능력에 의하여 산다고 생각하게 될 것이다. 우리가 높은 사람들을 위하여 기도하지 않는 것은 그들로 하여금 하나님의 은혜 없이도 살수 있다고 생각하게 만드는 오류를 저지르는 것이 된다.

우리는 낮은 사람들을 위하여 기도하는 만큼이나 높은 사람들을 위하여도 기도해야 한다. 가장 낮은 사람이 우리의 기도 대상에서 제외될 수 없듯이 가장 높은 사람도 우리의 기도 대상에서 제외될 수 없다. 낮은 사람들에게 우리의 기도가 필요한 것처럼 높은 사람들에게도 우리의 기도가 필요하다. 특히 왕과 높은 지위에 있는 사람들의 안정은 우리의 신앙생활의 평안을 위하여 절대적으로 중요하다는 것을 생각할 때(딤전 2:2b) 우리는 그들을 위하여 부지런히 기도하지 않을 수 없다.

시끄러운 기독교

2 : 2b 임금들과 높은 지위에 있는 모든 사람을 위하여 하라 이는 우리가 모든 경건과 단정함으로 고요하고 평안한 생활을 하려 함이라

과거의 어느 시대를 뒤돌아 보아도 요즘처럼 기독교가 시끄러웠던 때가 없었다. 각 교회의 집회는 물론이고 기독교의 이름을 표방하는 매스컴과 심지어는 인터넷의 영상물까지도 모두 기독교를 시끄럽게 만들고 있다. 교회마다 예배를 비롯하여 모든 집회가 소리를 크게 하기 위하여 오디오 시스템을 시설함으로써 청각을 괴롭히더니, 이에 질세라 교인들은 시도 때도 없이 마구 소리를 지르는 통성기도로 눈살을 찌푸리게 만들고, 이제는 별별 악기를 모조리 대동시킨 가수들이 찬양인지 괴성인지 알 수 없는 소리로 귀를 소란스럽게 만든다. 예배는 물론이고 라디오를 틀거나 텔레비전을 틀어도 기독교의 "기" 자를 달고 있기만 하면 영락없이 소란스러운 소리가 위세를 떨친다. 하다못해 길거리에서 전도하는 청년들이나 지하철에서 구걸하는 사람들도 시끄러운 가락에 맞춘 노래를 사용한다. 오늘날 기독교는 마치 이렇게 시끄럽고 소란스러운 것이 기독교의 본질인 것처럼 자랑스럽게 생각하며 장려하고 그렇게 하지 못하면 무엇인가 잘못된 것처럼 안타까워한다. 나는 사람이 만들어낸 소리가 싫다.

사도 바울은 디모데에게 기도에 힘을 쓰되 모든 사람을 위하여 기도하고 특히 왕과 관리들을 위하여 기도할 것을 당부하였다. 사도 바울은 이런 기도가 신자들에게 중요한 유익을

가져다준다고 믿었다. "이는 우리가 모든 경건과 단정함으로 고요하고 평안한 생활을 하려 함이라"(2b). 사도 바울이 왕과 관리를 위한 기도로 말미암아 생기는 유익으로 생각한 것은 신자들의 고요하고 평안한 생활이었다. 이것은 참으로 깊이 살펴보아야 할 말이다. 사도 바울이 생각하는 신앙생활은 고요함과 평안함이었다. 고요함과 평안함은 내면적인 성격과 외면적인 성격을 가진다. 그것은 내면적으로는 마음의 평정과 안정을 나타내고 외면적으로는 소음과 괴성의 제거를 나타낸다. 어쨌든 고요함과 평안함은 부인할 수 없는 공통점을 가진다. 그것은 조용함이다. 내면적으로나 외면적으로나 조용한 것을 가리켜 고요함과 평안함이라고 부를 수 있다.

그런데 사도 바울이 생각한 신자의 고요하고 평안한 생활은 종교생활과 사회생활에서 실현되어야 하는 것이었다. 신자는 내면적으로든지 외면적으로든지 맹목적으로 고요하고 평안한 생활을 추구해서는 안 된다. 신자의 고요하고 평안한 생활은 경건함과 단정함에서 실현되어야 한다. 경건함은 영적인 생활을 의미하며(딤전 4:7), 단정함은 사회적인 생활을 의미한다(딤전 3:4,8,11). 신자는 영적인 생활에서나 사회적인 생활에서나 조용한 모습을 보여야 한다. 신자의 조용한 모습은 이방종교와 세속사회에 큰 도전을 주게 될 것이기 때문이다. 사도 바울이 살았던 당시의 이방종교는 무척 시끄럽고 세속사회는 매우 소란스러웠다는 것을 상기할 때 종교적인 삶에서나 사회적인 삶에서 신자의 이런 조용한 모습은 엄청난 도전을 주었을 것이다. 실제로 불신자들은 이런 신자들의 모습에서 낯설고 질 다른 모습을 보았던 것이 틀림없다(벧전 4:4).

사도 바울은 신자들이 종교생활과 사회생활에서 고요하고 평안한 생활을 하기를 원했다. 신앙생활에서는 경건함으로, 사회생활에서는 단정함으로 신자의 고요하고 평안한 모습은 실현되어야 한다. 한마디로 말해서 조용함은 신자의 기본적인 모습인 것이다. 물론 이 말을 신자에게서 감동과 열정을 박탈하는 것으로 받아들여서는 안 된다. 조용함과 열정은 결코 상치되는 것이 아니다. 소리 높여 설교하고 기도하고 찬양하는 것은 감동적이고 열정적인 것이지만, 그 반대로 하는 것은 감동도 열정도 없는 것이라고 말할 수가 없는 것이다. 작은 소리의 설교에도, 묵상 중의 기도에도, 마음속의 찬양에도 강풍의 타격 같은 격정과 불처럼 타오르는 뜨거움이 있을 수 있다. 우리는 한 번 시도해보아야 한다. 감동과 열정을 가지고 작은 소리의 설교를, 묵상 중의 기도를, 마음속의 찬양을 할 수 있도록. 그렇게 할 수 없다면 사도 바울은 요즘 같은 시대에는 기도의 유익을 "우리가 … 시끄럽고 소란스러운 생활을 하려 함이라"고 말해야 할 것이다.

신앙정신

2 : 3 이것이 우리 구주 하나님 앞에 선하고 받으실 만한 것이니

오늘날 우리의 현실을 보면 의식(意識)이 뒤죽박죽 된 신

자들과 정신(精神)이 흐리멍덩한 신자들이 얼마나 많은지 개탄하게 된다. 의식이 없는 것은 기독교 신앙이 아니다. 기독교 신앙은 절대적인 정신을 불러일으킨다. 호랑이에게 물려가도 정신만 차리면 된다는 말이 있듯이 기독교가 초기로부터 수많은 핍박과 시험가운데서도 건재하고 또한 앞으로도 변함없이 건재할 것은 의식과 정신을 지니고 있기 때문이다. 사실상 기독교만큼 사람을 철저하게 의식화시키는 종교도 없다. 기독교 신앙은 어떤 타종교와도 비교할 수 없을 정도로 정신무장에 가장 선명한 길을 보여준다. 그래서 자고로 진정한 기독교인들은 몸이 쪼개지는 것도 두려워하지 않으며 살이 찢어지는 것도 무서워하지 않는다.

사도 바울이 기도를 권면하는 단락에서 갑작스럽게 "이것이 우리 구주 하나님 앞에 선하고 받으실만한 것이라"(딤전 2:3)고 천명한 것은 그의 의식과 정신 속에 어떤 상황에서도 절대로 상실할 수 없는 무엇인가가 박혀있었다는 것을 보여준다. 그것은 무엇인가? 그것은 내용적으로 볼 때 "선한 것과 받을만한 것"을 추구하는 것이며, 관계적으로 볼 때 "하나님 앞에서"의 입장을 실현하는 것이다. 사도 바울의 의식과 정신은 하나님 앞에서 선하고 받으실만한 것을 추구하고 실현하는 일에 몰두해 있었다. 그것은 기도를 권면하는 자리에서도 마찬가지로 표현되었다. "이것이 우리 구주 하나님 앞에 선하고 받으실만한 것이라"는 말에서 "이것"은 기도를 가리킨다. 신자들이 모든 사람을 위하여 기도하는 것(1)은 모든 사람이 구원받기를 원하시는 하나님에게(4) 선하고 받으실만한 일이다. 역으로 말하자면 모든 사람이 구원받기를 원하시는 하나님께 선하고 받으실만한 일은 신자들이 모든 사람을 위하여 기도하는 것이다.

그런데 기도와 관련하여 다양한 방식이 표현되고(간구, 기도, 도고, 감사: 1), 다양한 대상이 언급되며(모든 사람, 임금들과 높은 지위에 있는 사람들: 1-2), 다양한 목적이 제시되고(경건함과 단정함 속에서 신자의 고요하고 평안한 생활: 2) 있기 때문에 이 모든 것이 하나님에게 선하고 받으실만한 것이라고 포괄적으로 말해야 할 것이다. 우선 하나님께서는 우리가 여러 방식으로 기도하는 것을 좋아하신다. 개인적인 형편을 아뢰는 일반적인 청원을 의미하는 간구와 하나님의 도움을 구하는 구체적인 소원을 말하는 기도(딤전 5:5), 오직 하나님의 도움만을 믿는 신앙을 표현하는 고백적인 내용을 담고 있는 도고(딤전 4:5)와 고마움을 드러내는 찬송의 내용을 지닌 감사(딤전 4:3,4)는 모두 하나님 앞에 선하고 받을만한 것이다. 또한 하나님께서는 우리가 여러 대상을 위하여 기도하는 것을 기뻐하신다. 가난하고 낮은 자리에 놓여 있는 모든 사람을 위하여 기도하는 것을 비롯해서 권력과 세도를 지니고 나라를 다스리는 임금들과 높은 지위에 있는 사람들을 위하여 기도하는 것은 하나님 앞에 선하고 받을만한 것이다. 마지막으로 하나님께서는 우리가 여러 가지 목적을 위하여 기도하는 것을 좋아하신다. 특히 신자들이 경건함으로 이루어지는 신앙생활에서나 단정함으로 이루어지는 사회생활에서나 내적으로도 외적으로도 고요하고 평안한 삶을 사는 것을 위하여 기도하는 것은 하나님 앞에 선하고 받을만한 것이다.

＊ 신전의식 "하나님 앞에서"(coram Deo)는 종교개혁자들의 표어와 같은 것이었다. 신자는 사상, 언어, 생활, 모든 것이 하나님 앞에 투명하게 드러나도록 살아야 한다. "하나님 앞에서" 산다는 의식을 가질 때 비로소 신자는 신실함, 겸손함, 담대함 등을 제대로 실현할 수 있다.

이렇게 사도 바울은 기도에 관한 권면에서조차도 "하나님 앞에 선하고 받을만한 것"을 의식하였다. 사도 바울의 의식과 정신은 "선하고 받을만한 것"을 추구하는 것에 집착하고 있었으며 "하나님 앞에서"의 생활을 실현하는 것에 집중하고 있었던 것이다. 그리고 사도 바울은 이런 의식과 정신을 자신만 소유하는 것이 아니라 믿음의 아들 디모데에게도 분명하게 심어주려고 했다. 사도 바울은 디모데가 신전의식*(神前意識)으로 의식화되고 신앙정신으로 무장하기를 원했던 것이다. 다른 종교는 정신을 흐리게 하는 아편일지 모르지만 기독교는 의식을 깨우치는 각성제이다. 그러므로 진정한 그리스도인이라면 신전의식을 소유하라, 신앙정신으로 무장하라.

하나님의 소원

2 : 4 하나님은 모든 사람이 구원을 받으며 진리를 아는 데에 이르기를 원하시느니라

어린 시절에 부모님이 집을 한 채 지으셨는데 어쩐 일인지 담을 세우고도 대문을 달지 아니하셨다. 그 통에 휴일에는 말할 것도 없고 평일에도 학교에 다녀오면 거의 예외 없이 집에는 손님들이 와 있었다. 이웃사람들로부터 시작해서 지나

가던 장사꾼들까지 대문이 없으니 거칠 것이 없이 찾아들었다. 나는 집안에 사람들이 마구 드나드는 것이 싫어서 부모님께 대문을 달자고 몇 번이나 졸라댔다. 하지만 사람들과 이야기하는 것을 유난히 좋아하셨던 어른들께서는 그때마다 대문이 없으니 누구나 들어와 쉬어갈 수 있어 좋지 않으냐고 대답하셨다. 어른들의 생각은 깨닫지 못하고 내 생각만 했던 것이다. 나는 지금 또 다른 식으로 이런 실수를 반복하고 있다. 하나님의 소원은 깨닫지 못하고 내 소원을 관철하기 위해서 몸부림을 친다. 아니 많은 경우에 하나님의 소원이 무엇인지 알아보지도 않고 단지 내 소원이 마치 하나님의 소원인 것처럼 살고 있다.

하나님의 소원은 모든 사람이 구원을 받으며 진리를 아는데 이르는 것이다. 하나님께서 인간의 구원에 관한 소원을 가지시는 까닭은 그분이 구주이시기 때문이다. 사도 바울은 바로 앞 절에서 하나님을 가리켜 "구주 하나님"(딤전 2:3)이라고 불렀다. 하나님은 구주이시기 때문에 사람들이 구원받는 것을 소원하신다. 소원의 성격은 소원하는 사람의 신분에 달려있는 것 같다. 소원을 보면 그 사람이 어떤 신분을 가지고 있는지 추측할 수 있고, 신분을 보면 그 사람이 어떤 소원을 가지고 있을지 짐작할 수 있다. 어린 아이에게서는 역시 유치한 소원이 나온다. 하지만 물질도 시간도 재능도 그리고 모든 것을 나라를 위해 헌신적으로 바친 진정한 정치가는 나라가 안녕하고 번영하기를 바라는 광대한 소원을 가진다. 하나님의 소원은 하나님의 신분에 적합하다. 하나님께서 모든 사람이 구원을 받기를 소원하신 것은 구주이시기 때문이다.

하나님은 모든 사람이 구원을 받으며 진리를 아는 데 이르기를 원하신다. 구원을 받는 것과 진리를 아는 데 이르는 것은 하나님의 두 가지 소원이라기보다는 한 가지 소원을 다르게 설명하는 동의어적인 표현이라고 생각하는 것이 좋겠다. 다시 말하자면 구원을 받는 것은 진리를 아는 데 이르는 것이다. 이것은 구원에 관한 중요한 이해이다. 구원은 죄악으로부터 나오는 것일 뿐 아니라 진리에 도달하는 것이기도 하다. 전자가 구원의 소극적인 의미를 가리킨다면, 후자는 구원의 적극적인 의미를 가리킨다. 죄악의 용서도 큰일이지만 진리의 인식은 더욱 큰일이다. 죄악을 용서받는 것이 사탄의 암울하고 비참한 세계로부터 나오는 것이라면, 진리를 아는 것은 하나님의 광명하고 영광스런 세계로 들어가는 것이기 때문이다.

구원과 진리에 관한 하나님의 소원은 "모든 사람"을 향한 것이다. 이것은 이런 소원을 가지신 하나님이 얼마나 위대하신 분인지 알려준다. 하나님은 모든 사람을 향하여 소원을 가지실 만큼 위대하신 분이다. 사실상 우리는 인격과 성품의 크기에 따라서 소원을 가진다. 마음이 가정에 매어있는 사람은 가정을 위한 소원을 가지고, 마음이 나라에 매어있는 사람은 나라를 위한 소원을 가진다. 앞의 사람은 가정 크기의 소원에서 벗어나기 힘들고, 뒤의 사람은 나라 크기의 소원에서 벗어나기 힘들다. 전자는 가정 크기의 사람이고, 후자는 나라 크기의 사람이다. 하나님께서 모든 사람을 향하여 소원을 가지시는 것은 모든 사람을 포괄하고도 남을 정도로 위대하신 분이기 때문이다. 하나님은 우주보다 크시고 영원보다 크시다. 그래서 하나님의 소원은 시간과 공간과 인종이라는 모든 범위를 포괄할 정도로 큰 소원이다.

하나님은 모든 사람이 구원을 받으며 진리를 아는 데 이르시기를 소원하신다. 하지만 우리는 지금도 하나님의 소원에 무지한 채 우리의 소원에 집착하고 있다. 우리는 하나님의 소원을 이루는 것에는 관심이 없고 우리의 소원을 이루어 달라고 하나님께 조른다. 우리의 사소한 소원을 위해서 하나님의 위대한 소원을 무시하고 배격하면서도 우리는 여전히 대단한 소원을 가지고 있는 것처럼 행세하고 있다.

신적 단수 神的單數

2 : 5a 하나님은 한 분이시요 또 하나님
과 사람 사이에 중보자도 한 분이시니 곧
사람이신 그리스도 예수라

작은 수도 경이롭고 신비하
다. 오늘날처럼 다수와 복수
를 좋아하는 시대에는 작은 수가 그저 천더기로 여겨진다. 많
은 수와 큰 수에는 엄청난 의미가 부여되지만 소수와 단수는
외면당하고 멸시를 받는다. 사람들은 모든 형태의 복수가 단
수의 집합이며, 모든 종류의 다수가 소수의 결합이라는 사실
을 잊어버리고 있다. 예를 들어 실수 중에 가장 작은 수인 하
나(일)로부터 둘이 시작되고 셋이 형성되는 것이다. 그래서
소수와 단수의 가치를 잊어버리고 다수와 복수에만 집착하는
것은 인격의 균형을 깨뜨리고 마침내는 인격에 변형을 일으킨
다. 오늘날 우리의 시대에 발생하는 불행의 배후에는 바로 이
런 수 개념의 편향성이 숨어있다.

그런데 참으로 경이롭고 신비한 것은 가장 큰 수보다도 더
큰 가장 작은 수가 있고, 가장 많은 수보다 더 많은 가장 적은
수가 있다는 것이다. 그것은 신적 단수이다. "하나님은 한 분

이시다". 이것은 하나님에게 해당되는 단수이며, 하나님만이 가질 수 있는 단수이다. 신적 단수에 관한 선언은 구약과 신약을 관통하는 사상이다(예를 들면, 신 6:4; 고전 8:6). 이 사상은 하나님을 설명하기 위하여 가장 작은 수를 택하고 있다. 우리가 신앙하는 대상은 많은 하나님이 아니라 한 하나님이라는 것이다. 우리는 다수적이며 복수적인 하나님을 믿는 것이 아니라 유일하고 단수적인 하나님을 믿는다. 그런데 신적 단수는 가장 큰 수보다도 크고, 가장 많은 수보다도 많은 것이다. 가장 큰 수라도 신적 단수 앞에 서면 없는 것 같을 뿐이고, 가장 많은 수라도 신적 단수 앞에 서면 빈 것 같을 뿐이다(사 40:17). 신적 단수 앞에서는 모든 것이 아무 것도 아니다. 가장 작은 수로서 가장 큰 수를 포함하며, 가장 적은 수로서 가장 많은 수를 총괄하는 신적 단수는 하나님이 어떤 분인지 선명하게 보여준다.

무엇보다도 한 분이신 하나님은 존재하신다. 하나(일)는 비록 가장 작은 수이지만 존재를 의미한다. 그것은 존재의 시작이다. 모든 다른 수가 하나(일)로부터 출발하기 때문이다. "하나님은 한 분이시다"라고 말하는 것은 존재로서의 하나님을 말하는 것이다. 하나님은 우리가 인식할 수 없는 "그때", "거기에", "그대로" 계신다. 인간의 인식을 초월하는 하나님 존재의 시간과 공간과 방식은 가장 어려운 비밀언어 가운데 하나인 하나님의 존재를 계시하는 단락에 넌지시 암시되어 있다(출 3:14). 더 나아가서 한 분이신 하나님은 자존하신다. 세상에는 어떤 것과도 관계하지 않고 오직 홀로 존재할 수 있는 것이 아무것도 없다. 모든 것이 다른 것과의 관계 속에서 존재한다. 그러나 신적 단수는 이런 관계를 초월한다. "하나님은 한 분이시다" 라고 말할 때 그것은 혼자로도 존재하시는 분, 어떤 것에게도 의존하지 아니하시는 분을 의미하는 것이다. 하나님의 자존성은 하나님이 무한하시다는 것을 설명한다. 오직 한 가지만이 무한할 수 있다. 왜냐하면 우리가 두 개의 무한한 존재가 있다는 것을 허용하는 순간, 즉시 하나는 다른 하나에 의하여 제한을 받게 되기 때문이다(Zwingli, Expositio, 5).

셋째로 한 분 하나님은 충분하시다. 하나님이 많을 필요가 없는 것은 한 분으로서 충분하시기 때문이다. 그래서 하나님은 한 분일지라도 모든 사람이 구원을 받으며 진리를 아는 데 이르기를 소원하실 수 있는 것이다(딤전 2:4). 하나님께서 모든 사람을 향하여 소원을 가질 수 있는 이유는 모든 사람을 포괄하고도 남을 정도로 위대하신 분이기 때문이다.(본 단락 딤전 2:1-7에서 여러 번 "모든 사람" 이라는 표현을 반복하면서 "한 하나님" 에 대하여 말하는 기법에 주의하라). 하나님은 모든 공간을 합한 것보다도 크시고 모든 시간을 더한 것보다도 크시다. 하나님의 충분성은 모든 것이 하나님에게서 나왔다는 것을 증명한다. 마지막으로 하나님은 모든 것을 상대하시지만 한 분이시기 때문에 모든 것에 관심하면서 동시에 작은 것과 적은 것에도 귀하게 여기신다(잃은 양의 비유). 그래서 우리는 작고 적은 수를 귀하게 여기지 않는 것에 대하여 부끄러

위해야 한다.

신적 복수 神的複數

2 : 5b 하나님은 한 분이시요 또 하나님과 사람 사이에 중보자도 한 분이시니 곧 사람이신 그리스도 예수라

숫자 속에는 무엇인가 신비가 있다. 그래서 수비학(數秘學, numerology)이라는 것이 아직도 사람들에게 흥미를 끄는가 보다. 수비학은 수의 비밀스런 법칙과 조직으로 인간의 운명을 계산해보려는 일종의 수학적 점술로서 밀의종교(密儀宗敎, esotericism)와 같은 것이다. 그런데 방향을 완전히 바꾸어 성경적 입장에서 보면 세상의 어떤 수비학과도 비교할 수 없는 절대적인 수의 신비가 하나님에게 있다는 것을 발견하게 된다. 그것은 이른 바 신의 수비학으로서 삼위일체 진리이다. 한 하나님이 세 위격을 가지고 있다는 하나님의 단수적 복수 또는 복수적 단수가 바로 신의 수비학이다. 일찍이 어거스틴은 삼위일체 하나님에게서 나타나는 이러한 수의 신비를 설명하기 위해서 다음과 같이 말했다. "삼위일체에서는 위대한 동등성이 있기 때문에 그 신성에 있어서 성부가 성자보다 크지 않으며, 성부와 성자가 합하여도 성령보다 크지 않다. 또한 삼위일체에서는 어느 위격도 삼위일체보다 작지 않다."

동그란 세모나 모난 동그라미를 생각하는 것이 쉽지 않고 차가운 불이나 뜨거운 얼음을 상상하는 것이 간단하지 않은 것처럼 삼위일체 신비를 이해하는 것은 매우 어려운 일이다. 사실상 삼위일체 신비는 성경진리의 가장 난해한 것들 중에서도

가장 난해한 진리이다. 삼위일체 진리는 배타하는 조화와 조화하는 배타를 이해하는 것보다도 힘들고 내포하는 외연과 외연하는 내포를 파악하는 것보다도 어렵다. 하나님의 삼위일체에서는 하나가 셋보다 작지 않고 셋이 하나보다 크지 않다. 하나님의 삼위일체에서는 하나가 셋이며 셋이 하나이다. 우리 인간에게 복수보다 작지 않은 단수와 단수보다 크지 않은 복수를 이해하는 것과 언제나 단수인 복수와 언제나 복수인 단수를 이해하는 것이 어떻게 가능하겠는가? 인간의 수비학 가운데 이보다도 더 신기하고 오묘한 수의 법칙과 조직이 있겠는가?

사도 바울은 하나님에 대한 이야기에서 예수 그리스도에 대한 이야기로 전진한다. 사도 바울은 하나님은 한 분이라고 말한 후에 중보자*인 예수 그리스도도 한 분이라고 말한다. "하나님과 사람 사이의 중보도 한 분이시니 곧 사람이신 그리스도 예수라." 하나님에 대한 언급이 예수 그리스도에 대한 언급이 아니며, 예수 그리스도에 대한 언급이 하나님에 대한 언급이 아니다. 이 두 가지 언급 사이에는 분명한 구분이 있다. 그러나 하나님에 대한 언급은 바로 예수 그리스도에 대한 언급으로 이어지며, 예수 그리스도에 대한 언급은 바로 하나님에 대한 언급에 연결된다. 이 두 가지 언급 사이에는 아무런 분리가 없다. 두 이야기는 구분되

*중보자 예수 그리스도만이 하나님과 인간 또는 성도 사이에서 중보자이시다. 먼저 예수 그리스도는 구원의 문제에서 하나님과 인간을 연결시키는 분이다. 오직 예수 그리스도를 통해서 하나님은 인간에게 오시고, 인간은 하나님께 나아간다. 더 나아가서 예수 그리스도는 중보자로서 성도를 위하여 하나님 아버지께 기도하신다. 예수 그리스도는 하나님의 은혜가 성도와 교회에 임하는 통로이시다.

지만 분리되지 않는다. 하나님은 한 분이시다. 그런데 한 분 하나님 곁에 그와 동격인 또 한 분이 있다. 무한자 곁에 그와 구분되는 동격의 무한자가 있는 것이며, 절대자 곁에 그와 다른 동격의 절대자가 있는 것이다. 그런데 이런 존재의 방식은 양립적인 대결적 구도도 아니며 종속적인 흡수적 구도도 아니다. 이것은 상호간에 구분과 동등이 표현되는 관계적 구도이다. 한 무한자와 다른 무한자의 마찰적 충돌이 아니라 조화적 관계이다. 따라서 이것은 양자의 외적 대립을 뜻하는 것이 아니라 내적 조화를 뜻하는 것이다.

한 하나님 안에 세 위격이 있다. 하나님은 자신을 한 분이라고 설명하시며 동시에 세 인격으로 구분하여 고려되어야 한다고 주장하신다(Calvin, Inst. 1.13.2). 여기에서 우리가 주의해야 할 것은 한 하나님에게 세 가지 본질이 중첩되어 있다고 생각하는 것이나(triplex Deus), 한 하나님이 세 인격으로 분할되었다고 생각하는 것을(tribus personis lacerari) 피해야 한다는 것이다. 세 하나님이 있는 것이 아님은 물론이고, 한 하나님이 삼중적 본질이나 삼분할적 인격으로 있는 것도 아니다. 삼위일체의 신비에 접근하는 우리는 작은 수를 자랑할 것만이 아니며 적은 수로 만족할 것만도 아니다. 삼위일체의 신비에 경악하는 우리는 큰 수를 꿈꾸지 못하는 것을 부끄러워해야 하며 큰 수를 이루지 못하는 것을 부끄러워해야 한다.

하나님과 사람 사이

2 : 5c 하나님은 한 분이시요 또 하나님
과 사람 사이에 중보자도 한 분이시니 곧
사람이신 그리스도 예수라

지금은 기억이 희미하지만 언젠가 들은 이야기로는 아주 오래 전에 나이아가라 폭포 가까이에 미국과 캐나다를 잇는 다리를 놓기 위하여 연날리기 대회를 열었다고 한다. 여간해서는 끊어지지 않을 정도로 질긴 연줄 끝에 연을 달아 폭포 저쪽 땅으로 날려 보내는 사람에게 상을 주는 대회였다는 것이다. 연이 땅에 떨어지자 연줄에 조금 더 굵은 줄을 묶어 다시 연을 날린 쪽으로 끌어당기게 하고, 또 그 줄에 조금 더 굵은 줄을 묶어 반대쪽으로 끌어당기게 하고, 이런 식으로 여러 차례 반복하여 결국 쇠줄이 오가고 다리를 놓게 되었다는 정말 믿어지지 않는 동화와 같은 이야기이다. 어쨌든 이야기의 요점은 이 다리를 건설하는 것이 매우 어려운 일이었다는 것이리라.

앞으로 인간의 기술이 발달하면 적도를 따라 태평양을 좌우로 가로지르는 다리를 놓을 수 있을까? 언젠가 인간의 능력이 향상되면 시간분기선을 따라 태평양을 상하로 관통하는 다리를 만들 수 있을까? 과연 지구와 달을 연결하는 가교를 건설할 수 있으며, 지구와 해를 연결하는 교각을 건설할 수 있을까? 물과 불을, 빛과 어둠을 붙여 놓을 수 있을까?

하나님과 사람 사이의 간격은 바다의 좌우나 상하보다도 넓고 우주의 피차나 원근보다도 넓다. 하나님과 사람 사이의 차이는 물과 불보다도 크고 광명과 암흑보다도 크다. 하나님과 사람 사이는 창조주와 피조물의 간격이며, 절대와 상대의 간격이며, 빛과 어둠의 간격이며, 거룩함과 더러움의 간격이며, 의와 죄의 간격이며, 영광과 비참의 간격이다. 왜냐하면 하나님과 사람에는 차이가 아니라 단절이 있기 때문이다. 그래서 하나님과 사람의 간격을 메우느니 무한과 유한의 간격을 메우는 것이 나으리라. 생명과 죽음의 간격을 채우는 것이 하나님과 사람의 간격을 채우는 것보다 쉬우리라.

그러면 어떻게 하나님과 사람 사이에 다리를 놓을 수 있을까? 하나님과 인간 사이를 연결할 수 있는 것은 하나님이면서 사람이신 분에게만 가능한 일이다. 이런 분만이 하나님과 사람 사이에 중보자가 될 수 있다. 그분이 바로 신성과 인성을 지니신 예수 그리스도이시다. 예수 그리스도는 참 하나님이면서 참 사람이시고, 참 사람이면서 참 하나님이시다. 그분의 한 인격 안에 두 본성이 있다. 그분은 신성에 있어서도 완전하시며 인성에 있어서도 완전하시다. 그리스도의 인격은 분리되지 않으며, 그리스도의 본성은 혼합되지 않는다. 그리스도의 인격은 통일되며, 그리스도의 본성은 병존한다. 이것이 예수 그리스도에게 있어서 인격의 단일성과 본성의 이중성이다.

하나님과 사람 사이에 중보자는 하나님이시며 사람이신 예수 그리스도 한 분밖에 없다. 그러므로 사도 바울은 말한다. "하나님과 사람 사이에 중보자도 한 분이시라"(딤전 2:5). 본 절에서 사도 바울은 중보자 사상을 묘사하기 위하여 그림 같은 언어를 사용한다(하나님 … 하나님과 사람 … 사람). 이 것은 언어 속에 들어있는 그림으로서 시각적인 효과를 준다. 중보자는 한 분이면 족하다. 그분은 참 하나님으로서 하나님 의 모든 것을 가지고 있으며 참 사람으로서 사람의 모든 것을 가지고 있기 때문이다. 중보자이신 예수 그리스도를 통하여 하나님의 모든 영광이 사람에게 임하며, 사람의 모든 비참이 하나님에게 알려진다. 이 분을 통하여 사람은 하나님의 은혜 를 충만하게 받으며, 하나님은 사람의 고통을 분명하게 아신 다. 이 분을 통하여 하나님이 사람에게 오시고, 사람이 하나 님에게로 간다. 예수 그리스도는 세상의 모든 사람을 하나님 께로 인도하기에 충분하신 중보자이시며, 하나님의 모든 은 혜를 사람들에게 제공하기에 충분하신 중보자이시다.

하나님과 사람 사이에 유일한 중보자이신 예수 그리스도 를 통하여 하나님은 우리에게 오시고 우리는 하나님께 나아간 다. 그러므로 예수 그리스도는 사나 죽으나 우리의 유일한 위 로이시다. 이때쯤 우리는 아직도 죽음의 그늘에서 방황하고 있는 사람들에게, 여전히 사망의 음지에서 헤매고 있는 사람 들에게 아무라도 끊을 수 없는 연줄에 구원의 연을 달아 날려 보내야 하지 않을까?

사람 예수

2 : 5d 하나님은 한 분이시요 또 하나님 과 사람 사이에 중보자도 한 분이시니 곧 사람이신 그리스도 예수라

손톱사이마다 까맣게 때 낀
어린아이들의 조막손을 매

만지며 이마로 흘러내린 머리카락을 귓바퀴 뒤로 곱게 빗겨 주시며 쓰다듬던 예수는 사람이셨다. 때 구정물에 찌든 꾀죄죄한 옷에서 비린 냄새가 물씬 풍겨나는 갈릴리 아이들을 그대로 덥석 안아주신 예수는 사람이셨다. 사람 예수는 아이들, 이방 여자, 따돌림 당하는 세리들, 살이 썩어 문드러지는 문둥병자, 가난한 사람들, 바리새인, 어부들, 청년, 마음이 상한 사람들, 아이의 죽음 앞에서 통곡하는 사람들, 누구든지 가리지 않고 만나주셨다. 예수는 사람들을 물리칠 줄 몰랐다. 예수는 십자가에 달려 온 몸에 힘이 모조리 빠져나간 고통스러운 상태에서도 강도에게 하늘의 소망을 말해 주셨다. 사람 예수의 중심에는 연민과 동정이 있다.

늦은 밤 대화를 신청한 바리새인을 앉혀놓고 참된 생명이 무엇인지 조목조목 가르쳐주신 예수는 사람이셨다. 사람 예수는 이야기를 그칠 줄 몰랐다. 회당에 들어가면 회당에서, 바닷가에 서면 바닷가에서, 산에 올라가면 산에서, 집안에 앉으면 집안에서 어느 곳이든지 사람들이 있는 곳이면 예수께는 말할 수 없는 장소가 아닌 곳이 없었다. 왁자지껄한 잔치자리에서 이런 사람들 저런 사람들과 함께 음식을 나누며 이야기하기를 좋아하셨던 예수는 사람이셨다. 예수는 하늘에 나는 새, 들녘에 피는 꽃, 씨 뿌리는 사람, 양치는 목자, 혼인잔치, 포도원, 맷돌질하는 것, 반죽덩어리, 하인들의 모습, 전쟁하러 나간 왕, 모래와 반석에 지은 집 … 사람들 사이에는 일어나고 사람들의 눈에 보이는 것이면 무엇이든지 이야기의 소재로 삼았다.

예수의 이야기 속에서는 아버지의 재산을 탕진하고 돌아온 아들을 위하여 흥겨운 풍악이 울리고, 기름을 준비하지 못한 처녀들이 혼인잔치에 들어가지 못하여 문을 두드리며 슬피 우는 소리가 들리고, 자기만을 위하여 창고를 짓고 모든 수확물을 산더미처럼 쌓아놓고 흐뭇해하다가 하룻밤에 목숨을 잃는 어리석은 부자의 모습이 나오고, 일하러 간다, 안 간다 하며 아버지의 속을 썩이던 아들들의 괘씸한 행동이 나온다. 사람들의 시시콜콜한 일상생활을 들먹을거리는 것처럼 보이는 예수의 이야기 속에는 놀라운 진리가 들어있다. 예수는 인생사에 관하여 말하는 듯싶더니 어느새 하나님의 나라에 관하여 말씀하신다.

웃는다는 것은 얼마나 좋은 일인가? 하나님의 뜻이 어린 아이들에게 나타나는 것을 보고 기뻐하며 웃던 사람 예수. 울 수 있다는 것은 얼마나 인간적인가? 나사로가 죽었다는 말을 듣고 앞뒤 안 가리고 달려갔을 때 우르르 몰려나와 슬피 우는 그의 누이동생이며 이웃집 여자들 앞에서 그냥 눈물을 쏟으신 사람 예수. 태양 아래 걷고 걸어 더 이상 한 걸음도 걸을 수 없을 정도로 죽음처럼 무거운 몸을 주체할 수 없어 우물곁에 그대로 주저앉은 사람 예수. 십자가의 죽음 앞에서 고난의 처절함을 영혼과 육체로 느끼며 잔이 옮겨지기를 피땀으로 기도하신 사람 예수.

예수는 사람이셨다. 예수는 참으로 사람이셨다. 예수는

우리와 똑같이 영혼과 육체를 가지신 인간이셨다. "그는 육신으로 나타난 바 되시고 영으로 의롭다 하심을 받으셨다"(딤전 3:16). 예수는 참 사람이기에 하나님을 향하여 완전한 희생물이며 인간을 위하여 완전한 대언자이시다. 하나님께서는 참 사람이신 예수에게서 사람들의 문제를 해결하는 완전한 희생물을 발견하시고, 사람들은 참 사람이신 예수에게서 자신들의 문제를 표현하는 완전한 대언자를 발견한다.

만일 예수께서 사람이 아니었다면 우리에게는 하나님과 사람 사이의 중보자가 없는 것이다. "하나님과 사람 사이에 중보도 한 분이시니 곧 사람이신 그리스도 예수라"(딤전 2:5).

돌길에 상하고 흙탕물에 더럽혀진 제자들의 발을 씻기기 위해 그 귀하신 손을 아끼지 않고 내미신 예수, 베데스다 못에 반평생을 불구의 몸으로 누워 불신과 원망으로 얼룩진 영혼을 자비로운 눈으로 바라보신 예수, 그 예수는 사람이셨다. 오늘도 부드러운 손과 자비로운 눈을 가지신 사람 예수께서 어루만지시도록 죄악으로 때 묻은 육체와 영혼을 나는 내놓는다.

어리석은 예수

2 : 6a 그가 모든 사람을 위하여 자기를 대속물로 주셨으니 기약이 이르러 주신 증거니라

대학시절 잠시 과외를 지도한 일이 있었다. 수업이 중도에 도달하면 일하는 아주머니가 과일접시를 내밀 뿐 이상하게

도 학생의 어머니는 한 번도 나타나지 않았다. 속으로 무척 궁금했지만 물어볼 수는 없는 일이었다. 그러다가 여러 가지 사정으로 과외지도를 그만두게 되었는데, 마지막 수업을 하던 날 학생의 어머니를 보게 되었다. 아, 나는 움찔 놀라고 말았다. 그 어머니의 얼굴이 차마 눈뜨고 볼 수 없을 정도로 흉하게 일그러져 있었기 때문이었다. 이야기를 들어보니 아이가 어렸을 때 목조로 된 집에 불이 났는데 아이를 끄집어내려고 뛰어들었다가 그만 심한 화상을 입어 얼굴이 엉망이 되고 말았다는 것이다.

하나님과 사람 사이의 중보자이신 예수 그리스도는 모든 사람을 위하여 자기를 속전으로 주셨다(딤전 2:6a). 이 한 토막의 짧은 진술에서 우리가 놓쳐서는 안 될 것은 예수께서 모든 사람을 위한 속전으로 내주신 것이 다름 아닌 "자기" 자신이었다는 사실이다. 구속을 이루기 위하여 예수께서는 창조자의 권위를 가진 분으로서 빛을 창조할 때처럼 한마디 말씀을 하시면 안 되었을까? 옛날 여호와 이레의 산에서 아브라함을 위하여 준비하셨던 것처럼 양이나 한 마리 주시면 안 되었을까? 광야를 걸어가는 이스라엘에게 시은소를 베푸셨던 것처럼 신령하고 천상적인 물건을 내주시면 안 되었을까? 인류의 구속을 이루기 위하여 거룩한 제사장 아론이나 위대한 성군 다윗 같은 인물을 대신 죽이면 안 되었을까? 아니, 가브리엘이나 미가엘 같은 찬란하게 광채 나는 천사를 인류구속을 위한 희생물로 내놓으면 안 되었을까?

예루살렘의 시릴(Cyril)에게 귀를 기울여 보라: "우리를 위하여 죽은 것은 아무런 가치가 없는 어떤 자가 아니었습니다. 그것은 비이성적인 짐승도 아니었고, 평범한 사람도 아니었고, 심지어 천사도 아니었습니다. 그것은 성육신하신 하나님이셨습니다"(Cat. 13,33). 그렇다! 예수 그리스도는 모든 사람을 위하여 자기를 속전으로 내주셨다. 이것은 얼마나 어리석은 처사인가? "만일 온 천하를 얻고도 제 목숨을 잃으면 무엇이 유익하리요 사람이 무엇을 주고 제 목숨을 바꾸겠느냐"(마 16:26)고 가르치신 예수께서 사람들을 구속하겠다고 자신의 목숨을 내놓았으니 이 얼마나 모순되는 일인가? 예수께서는 인류 구속을 위하여 더욱 지혜로운 방법을 찾지 못하고 가장 어리석은 방식을 택하신 것이다. 말구유에 어린 아기로 오신 것도 미련한 일이요, 가난하고 병약한 자들을 친구로 삼으신 것도 어리석은 일인데, 인류를 구속하겠다고 마침내 십자가 위에서 못에 박히고 창에 찔리어 피를 쏟고 살이 찢겨 처참하게 죽었으니 예수 그리스도는 참으로 어리석은 자이다. 그가 행한 모든 것이 어리석은 일이다. 게다가 그가 구원하기를 소원했던 인류가 무슨 보배라도 된단 말인가? 죄인들, 악인들, 사특한 자들, 범법자들, 불의한 자들, 무법자들, 영적으로나 육적으로나 아무 짝에도 쓸데없는 인간들을 위하여 예수 그리스도는 자신의 목숨을 내주었으니 정말 어리석고도 어리석은 자이다.

어리석은 예수! 그 못난 행위에, 그 미련한 방법에, 그 어리석은 처신에 손가락질하며 비웃어라. 먼지 같고 벌레 같은 인생을 구하겠다고 하나님의 신분을 내버린 어리석은 예수를 향하여 마음껏 비웃어라. 어리석은 예수를 비웃는 자는 아기를 구하려고 불 속에 뛰어든 어머니를 비웃는 자이다. 아이를 구하기 위하여 자신의 목숨을 불 속으로 내던진 어머니를 누가 감히 어리석다고 하는가? 어머니의 어리석음이야말로 아이에게 가장 큰 은혜인 것을 모르는가? 예수의 어리석음이 은혜이다, 절대적인 은혜이다. 예수께서 인류를 구원하기 위하여 언어를 사용하든지 물건이나 짐승이나 사람이나 천사를 내주는 지혜를 발휘했다면 그것은 부분은혜에 지나지 않을 것이다. 영원히 멸망 받을 수밖에 없는 인생을 구원하기 위하여 자신을 내주신 예수의 어리석음이 절대은혜이다. 먼지와 같고 벌레와 같은 나를 위하여 "자기"를 속전으로 내주신 예수 그리스도의 은혜 앞에서 가슴이 떨리는 것을 숨길 수가 없다.

적시 適時

2 : 6b 그가 모든 사람을 위하여 자기를 대속물로 주셨으니 기약이 이르러 주신 증거니라

나는 여느 사람들과 마찬가지로 시편 1편을 즐겨 암송한다. 기도하는 중에도, 아침에 잠에서 깨어나거나 저녁에 잠자리에 들 때도 이 시를 암송한다. 이 시는 길을 걷거나 운전을 하는 중에도 자주 내 입술에 오르내린다. 전에는 전동차를 타고 가는 동안 주로 책을 읽었다. 그렇게 안 하면 뭔가 불안하고 시간을 낭비하는 것 같아서 죄송스러웠기 때문이다. 하

지만 시력이 여러모로 나빠진 후로는 차내에서 무엇인가를 읽는 것이 너무나 불편하고 힘들어서 아예 성경 구절을 암송하는 것으로 습관을 바꾸어버렸다. 나는 많은 성구 가운데 시편 1편을 즐겨 암송한다. 그런데 이 시를 암송하면서 늘 깊이 생각하게 되는 것은 "철을 따라"라는 문구이다. 이것은 "제 시간에"라는 뜻으로 아마도 "적시에"라고 이해해도 큰 무리가 없을 것이다. 시냇가에 심은 나무는 적시에 열매를 맺는다.

하나님과 사람 사이의 중보자이신 예수 그리스도께서 많은 사람을 위하여 자기를 속전으로 주신 것은 하나님의 구속계획을 위한 놀라운 증거이다. 하나님의 구속계획은 예수 그리스도께서 많은 사람을 위하여 자기를 속전으로 주신 사건에서 가장 완벽한 증거를 얻었다. 예수 그리스도의 자기희생은 하나님의 구속계획을 입증하는 증거 중의 증거이다. 하나님의 구속계획을 입증하는 데 이보다도 더 큰 증거는 있을 수가 없다. 예수 그리스도의 희생은 언어나 사물 또는 사람이나 천사를 통하여 이루어진 것이 아니라 참 하나님이시며 참 사람이신 자기를 속전으로 주심으로써 이루어진 것이기 때문이다. 그런데 하나님의 구속계획을 가장 명확하게 입증하는 예수 그리스도의 자기희생은 약간의 시간오차도 없이 일어났다. 하나님과 사람 사이의 중보자이신 예수 그리스도께서 많은 사람을 위하여 자기를 속전으로 주신 것은 조금도 늦지 않고 조금도 이르지 않게 가장 적절한 시간에 일어난 일이다. 예수 그리스도는 하나님의 구속계획을 이루기 위하여 시간적으로 약간의 오차도 없이 자기를 속전으로 주셨다. 하나님의 구속에서 시간오차가 전적으로 배제된다는 것이 은혜이다.

하나님은 모든 구속의 일을 적시에 이루신다. "때와 시기는 아버지께서 자기의 권한에 두셨다"(행 1:7). 만물과 인간의 창조 그 자체가 적시에 이루어진 것이다. "하나님이 모든 것을 지으시되 때를 따라 아름답게 하셨다"(전 3:11). 하나님께서 이스라엘 왕국을 세우신 것도 적시에 일어난 일이며, 이스라엘 왕국을 멸망하게 하신 것도 적시에 일어난 일이다(마 1:17). 세상과 인간의 종말 그 자체도 적시에 이루어질 것이다. "그 날과 그 때는 오직 아버지만 아시느니라"(마 24:36). 하나님께서 자기의 말씀을 나타내신 것도 제 때에 된 일이며(딛 1:3), 하나님께서 그리스도를 나타내실 것도 제 때에 될 일이다(딤전 6:15). 예수 그리스도에게 있어서 탄생도 적시의 사건이며(갈 4:4), 죽음도 적시의 사건이다(딤전 2:6). 무엇보다도 예수 그리스도의 십자가 사건은 하나님의 적시를 위한 가장 분명한 증거이다. 하나님과 사람의 중보자이신 예수 그리스도께서 모든 사람을 위하여 자기를 속전으로 내주신 것은 가장 적절한 때에 이루어진 증거이다.

자주 우리는 우리가 원하는 때에 일이 이루어지지 않는다고 불평을 한다. 그러나 사실은 지금까지의 인생을 돌이켜보면 모든 일이 적시에 일어났을 뿐이다. 우리의 인생에서 모든 일은 적시보다 조금도 일찍 일어나지 않았고 조금도 늦게 일어나지 않았다. 단지 우리의 만족하지 못하는 마음이 언제나 이르다 아니면 늦다고 생각하게 만들고 있는 것이다. 우리를 위한 하나님의 계획에는 모든 것이 때가 있다. 하나님은 모든 일을 적시에 이루신다. 단지 우리에게 중요한 것은 시냇가에 심긴 나무처럼 생명의 근원이신 하나님에게 심겨져 있는 것이다. 그러면 하나님께서 정하신 때에 반드시 열매를 맺게 될 것이기 때문이다.

오늘도 나는 시편 1편을 여러 번 반복해서 암송했다. 여느 때나 마찬가지로 "철을 따라"라는 문구에 도달하면 무엇인가 영혼을 소생시키는 찡한 것이 가슴속에 솟아오른다.

나

2 : 7a 이를 위하여 내가 전파하는 자와 사도로 세움을 입은 것은 참말이요 거짓말이 아니니 믿음과 진리 안에서 내가 이방인의 스승이 되었노라

"그는 바울이 걸어오는 것을 보았다. 바울은 작은 체구에 벗겨진 머리와 구부정한 다리를 가지고 있었다. 그의 양 눈썹은 서로 붙을 것처럼 짙은 모습을 하였고 코는 약간 툭 튀어나온 모양새를 가지고 있었다." 이것은 초대교회 시대의 어느 문서에 나오는 사도 바울의 생김새에 대한 설명이다. 성경 밖의 이야기이기 때문에 얼마나 신빙성이 있는지는 의문스럽지만, 사도 바울 스스로가 자신의 연약함에 대하여 증거하고 있는 것을 미루어 볼 때 조금은 수긍할 수 있을 것 같다. 외모로만 보자면 사도 바울에게서 별로 건질 것이 없다. 사실상 사도 바울은 육체에 박혀 있는 사탄의 가시로 말미암아(고후 12:7) 몸이 매우 약하여

(갈 4:13) 추측하건대 안질이든 뭐든(갈 4:15) 어떤 질병으로 고생을 했을 뿐 만 아니라, 심지어 대적자들로부터 강한 비난을 받고 또한 자기의 입으로도 스스로 고백할 정도로 말이 어눌하고 시원하지 않았다(고후 10:10; 11:6). 게다가 내면적으로 볼 때 사도 바울은 매우 심약해서 사람들 앞에 서면 약해지고 두려워하며 떨었다(고전 2:3). 오죽하면 사도 바울은 자기에게 자랑할 것이라고는 약한 것 외에 아무것도 없다고 말했을까(고후 11:30; 12:5).

그러나 왜소하고 흉측한 외모와 병약하고 초췌한 신체와 그리고 심약하고 소심한 마음을 지니고 있는 사도 바울은 놀랍게도 지금 자기를 대단히 힘 있게 드러내고 있다. "내가…" (딤전 2:7. 본문에는 "나"를 강조하는 대명사 ego가 사용되었다). 사도 바울은 자신의 "나"(ego)를 조금이라도 부끄러워하기는커녕 도리어 자신의 "나"를 서슴지 않고 분명하게 드러내고 있는 것이다. 사도 바울이 이렇게 자신의 "나"를 거리낌이나 주저함이 없이 표명하는 이유는 무엇 때문인가? 첫째로 그것은 사도 바울이 자아의 원인을 정확하게 알고 있었기 때문이다. 사도 바울의 자아는 그가 능동적으로 스스로 자신의 능력으로 빚어낸 것이 아니라 누군가에 의하여 강압적으로 만들어진 것이다. 그래서 그는 "내가 세움을 입은 것은…"이라는 말을 쓰고 있다. 사도 바울의 "나"는 수동적 자아이다. 사도 바울은 본래 스스로는 획득할 수 없는 직책을 하나님에 의하여 얻게 되었다. 사도 바울의 자아의 근원은 하나님의 은혜이다. "나의 나 된 것은 하나님의 은혜로 된 것이니"(고전 15:10). 둘째로 사도 바울이 자아를 이렇게 강하게 드러내는 까닭은 자아의 목적이 무엇인지 똑바로 알고 있었기 때문이다. 그의 자아는 자신을 목적으로 하지 않는다. 사도 바울의 존재는 오직 하나의 목적을 가지고 있다. 따라서 그는 "이를 위하여 내가 세움을 입은 것은…"이라고 말한다. 바울의 자아는 목적적 자아이다. 바울의 존재목적은 하나님의 구속을 증거하는 것이다. 이 목적이 아니라면 밥을 먹는 것도 옷을 입는 것도, 잠을 자는 것도 돈을 버는 것도 아무런 의미가 없다. 이 목적을 위하는 인생이라면 굶주리고 헐벗어도, 잠을 자지 못하고 돈을 벌지 못해도 영광스럽고 가치가 있다. 바울의 자아의 목적은 하나님의 영광이다(고전 10:31). 그러므로 사도 바울은 말했다. "우리 중에 누구든지 자기를 위하여 사는 자가 없고 자기를 위하여 죽는 자도 없도다 우리가 살아도 주를 위하여 살고 죽어도 주를 위하여 죽는다"(롬 14:7-8).

사도 바울의 자아는 근원적으로는 하나님의 구속은혜에 결부되고, 목적적으로는 하나님의 구속사업을 지향한다. 사도 바울의 에고(ego)는 하나님의 은혜에 의하여 비로소 존재하는 자아이며, 하나님의 영광을 위하여 드디어 활동하는 자아이다. 하나님의 은혜는 자아의 의미를 설정하고, 하나님의 영광은 자아의 가치를 설정한다. 이 둘을 한마디로 묶어서 말하자면 사도 바울의 자아는 종속적인 자아이다. 사도 바울의 자아는 뒤쪽으로는 하나님의 은혜에 종속되고 앞쪽으로는 하나님의 영광을 지향하기 때문이다. 그러므로 지금 사도 바울은 하나님에 의하며 하나님을 위하는 종속적 "나"를 언급하는 것을 조금도 부끄러워하지 않는다.

돈 될 것 없는 신분

2 : 7b 이를 위하여 내가 전파하는 자와 사도로 세움을 입은 것은 참말이요 거짓말이 아니니 믿음과 진리 안에서 내가 이방인의 스승이 되었노라

전도사 시절이었다. 어느 날 독일문학을 전공하는 절친한 친구(나의 첫 번째 헬라어 성경은 그가 선물한 것이었다)와 둘이서 점심식사를 하면서 대화를 나누고 있었다. 요즘 어떻게 지내느냐는 친구의 질문에 뭔가 멋진 인상을 심어주고 싶어서 괴테를 읽고 있다고 대답을 했다. 그리고 나는 거기에다 침까지 튀어가면서 괴테를 읽는 이유를 덧붙여 말했다. 그것은 좋은 설교를 하려면 문학을 비롯하여 다방면에 학식과 조예가 있어야 할 것 같기 때문이라는 것이었다. 친구는 내 이야기가 끝나기가 무섭게 수저를 탁자 위에 내려놓고 자세를 바로 잡더니 눈을 부릅뜨면서 소리를 쳤다. "내가 설교시간에 너한테 듣고 싶은 것은 괴테가 아니라 성경이야". 이제는 꽤 오래된 대화이지만 아직도 귓가에 쟁쟁하게 울리는 친구의 음성은 나의 신분을 깨우치게 하는 천둥소리였다. 그렇다, 나는 괴테를 말하는 사람이 아니라 성경을 말하는 사람이다!

사도 바울은 피를 토하듯이 목청을 돋우어 자신의 신분에 관하여 진실을 말하고 있다. "내가 전파하는 자와 사도로 세

움을 입은 것은 참말이요 거짓말이 아니라"(딤전 2:7b). 사도 바울의 자기의식 한가운데는 돈 될 것이라고는 하나도 없는 직분에 대한 의식이 자리 잡고 있었다. 사도 바울은 전도자와 사도와 교사일 뿐이었다. 그 외에는 아무것도 아니었다. 하나 님이 사도 바울을 세우신 것은 이 신분 때문이었고, 사도 바울 이 자신에 대하여 자랑스러운 것도 이 신분 때문이었으며, 사 람들이 사도 바울을 사랑하는 것도 이 신분 때문이었다. 이 신 분은 목숨과도 바꿀 수 없는 것이었다. 이 신분 때문에 사도 바울은 환난과 핍박도 두려워하지 않고 굶주림과 헐벗음도 무 서워하지 않으며 칭찬과 영광을 즐거워하지 않고 손해와 빈곤 앞에서 괴로워하지 않았다. 그렇다, 사도 바울은 전도자요 사 도요 교사일 뿐이지 그 외에 아무 것도 아니다!

얼마 전 남쪽 어느 작은 도시에 성경을 가르치기 위하여 내 려갔을 때 요즘은 사람들이 신학대학과 같이 공인된 기관에서 발급하는 자격증을 수여하지 않으면 이런 성경교육장소에 오 려고 하지 않는다는 말을 들으면서 억장이 무너지는 것 같았 다. 이제는 사람들이 성경을 배우는 것보다 자격증을 얻는 것 을 더 중요하게 생각하는구나. 하긴 성도들을 탓할 수만도 없 는 것이 심지어 목사들까지 무슨 박사니 무슨 회장이니 하는 명칭을 가지고 있는 것을 자랑스레 여기고 있기 때문이다. 그 들은 총회장이니 위원장이니 이사장이니 하는 명칭을 지니고 있을 때 성도들로부터 더 존경을 받을 것처럼 착각하고 있다. 그래서 이런 목사들은 목사 외의 신분을 얻기 위하여 기를 쓰고 별별 치사한 방법과 너절한 수단을 다 동원한다. 이것은 우리의 몰락을 의미한다. 그렇다, 우리는 실없는 성도들과 천박한 목사들에 에워싸여 스스로 몰락하고 있다!

제대로 된 성도가 목사에게 기대하는 것은 하나님의 말씀을 가르치는 것이며, 제대로 된 목사가 성도에게 기대하는 것은 하나님의 말씀을 배우는 것이다. 바른 성도 치고 목사의 다른 신분에 관심을 가지는 사람이 없고, 바른 목사 치고 성도의 다른 자격에 관심을 가지는 사람이 없다. 만일 그런 성도와 목사가 있다면 그것은 성도도 아니며 목사도 아니다. 우리가 몰락하는 중대한 원인은 성도와 목사라는 신분에 대한 자부심을 잃어버리고 성도 아닌 다른 신분, 목사 아닌 다른 신분을 향해서 곁눈질을 하고 있다는 데 있다. 비록 이것이 아무런 돈도 되지 않는 신분이라 할지라도 이 신분이야말로 우리가 목숨과도 바꿀 수 없는 진정한 프라이드가 아닌가(고전 4:1; 벧전 2:9). 우리가 이 몰락의 내리막길에서 떨어지는 속도를 줄이고 다시 오르막길로 돌아설 수 있는 방법은 이 프라이드를 회복하는 것 밖에는 없다.

그렇다, 아무리 생각해도 이 방법 밖에는 없다! 예수 그리스도의 구속을 증거하기 위하여 전도자와 사도와 교사로 세움을 받았다는 사도 바울의 자랑이 우리의 것이 되지 않는 한, 우리에게는 회복의 소망이 없다. 그래서 내가 전하고 싶은 것은 괴테가 아니라 예수이다!

균형

2 : 7c 이를 위하여 내가 전파하는 자와 사도로 세움을 입은 것은 참말이요 거짓 말이 아니니 믿음과 진리 안에서 내가 이 방인의 스승이 되었노라

기독교계 신문지상을 통해 지금은 꽤 이름 있는 목사인 것을 알게 되었지만 두 번 다시 만나본 적이 없는 그 사람과의 첫 대면은 내가 대학입시를 준비하고 있던 여름이었다. 겨우 한낮의 더위가 물러나 마음을 추슬러 책을 잡았을 때 열린 창문을 넘어 어디선가 솔솔 들려오는 찬송소리에 이끌려 발이 닿은 곳은 동네 교회였다. 사십 세가 훨씬 안 된 듯한 설교자는 말끝마다 자신이 정통교회의 목사라는 것을 강조하면서 믿음을 가져야 한다고 "믿습니까, 믿습니까"를 연속적으로 수없이 반복하였다. 물론 청중이 중년의 설교자의 말이 끝나기도 전에 목이 터져라 아멘을 외쳐댔을 것은 말할 필요도 없다. 나는 한 시간도 넘게 그 자리에 앉아서 귀를 기울였지만 소란스러운 설교와 아멘 소리에 속만 울렁거릴 뿐 아무 진리도 얻지 못하였다. 그 날 나는 한 가지 다짐한 것이 있다. 그것은 앞으로 다시는 이런 무의미한 집회에는 참석하지 않으리라는 것이었다.

믿음이 중요하다는 사실은 굳이 말하지 않아도 뭐라 할 사람이 없을 것이다. 주님께서 얼마나 자주 믿음이 없는 패역한 세대를 꾸중하셨는지 우리는 잘 알고 있다. 믿음이 겨자씨만큼만 있어도 산을 명하여 옮길 수 있다고 주님께서는 가르치셨다. 그래서 사람들은 믿음 없는 것을 도와달라고 주님께 간구했던 것이다. 주님의 생각은 사도들에게 그대로 계승되었

다. 대표적으로 사도 바울이 믿음을 얼마나 중요하게 생각했는지는 디모데에게 보내는 첫째 편지의 앞부분을 조금만 읽어보아도 쉽게 알 수 있는 문제이다. 사도 바울은 디모데를 "믿음 안에서 참 아들"(딤전 1:2)이라고 부르면서 "믿음 안에 있는 하나님의 경륜"(딤전 1:4) 대신 변론을 일으키는 잘못된 교훈을 피할 것을 권면하고 "거짓 없는 믿음으로 나는 사랑"(딤전 1:5)을 제시하였다.

그러나 믿음은 절대로 홀로 서서는 안 된다. 믿음은 반드시 진리와 함께 가야 한다. 그렇지 않으면 믿음은 매우 위험한 것이 된다. 진리 없는 믿음은 우신(愚信)이며 맹신이며 광신이다. 이것은 의심과 소신(小信)과 불신만큼 위험한 것이다. 그래서 산을 옮길만한 모든 믿음이 있을지라도 사랑이 없으면 아무것도 아니라고 말한(고전 13:2) 사도 바울의 말은 진리가 없으면 아무것도 아니라고 바꾸어 써도 무리가 없을 것이다. 믿음을 바른 믿음으로 잡아주는 것은 진리이다. 진리는 믿음의 지팡이이며 신앙의 길잡이이다. 그래서 사도 바울은 "믿음과 진리 안에서 내가 이방인의 스승이 되었노라"(딤전 2:7c)고 말했던 것이다. 틀림없이 자신들의 종교에 심취해있던 이방인들에게 믿음을 충동하는 것은 쉽지만 진리를 설명하는 것은 어려웠을 것이다. 그러나 사도 바울은 쉽다고 해서 감정적으로 믿음만을 충동하지 않고 어렵기는 하지만 지성적으로 진리를 설명했다. 믿음과 진리는 항상 같이 가야한다는 것을 알았기 때문이다. 그러므로 사도 바울은 디모데에게 보내는 첫째 편지를 써내려 갈수록 진리에 관하여 중요한 언급을 하는 것이다. 예를 들자면 하나님은 모든 사람이 진리를 아는데 이르기를 원하신다는 것(딤전 2:4), 교회는 진리의 기둥과 터라는 것(딤전 3:15), 성도는 믿음과 진리에 균형 잡힌 사람들이라는 것이다(딤전 4:3).

오늘날 적지 않은 경우에 우리에게는 믿음만 있고 진리가 없다. 입버릇처럼 목사는 설교 중에 "믿습니까"를 연발하고 성도는 기도 중에 "믿습니다"를 반복하지만 진리는 누구에게도 존재하지 않는다. 분명히 우리는 설교에서든지 기도에서든지 기독교적인 것을 수없이 반복적으로 주절거리며 뇌까리고 있는데 그 가운데 진리는 없다. 어쭙잖은 시사 실력을 뽐내며 길거리 약장수처럼 이야기를 늘어놓는 목사 그리고 우스개소리에 만족하고 희학을 즐기는 성도가 즐비한 것이 우리의 현실 기독교이다. 오해의 소지가 있는 위험한 발언인 줄 알지만(!) 조금 극단적으로 말하자면 정통교회라는 곳에는 진리추구가 없고 이단집회라는 곳에는(물론 잘못된 것이지만) 진리추구가 있다. 우리는 지금 균형을 잃은 채 표류하고 있는 것이다.

남자의 길

2 : 8a 그러므로 각처에서 남자들이 분노와 다툼이 없이 거룩한 손을 들어 기도하기를 원하노라

고대신화의 세계에서 남자는 돌발적인 자연현상을 헤쳐 나가고 무시무시한 괴물과 싸워 이김으로써 초자연적인 힘과 용맹을 떨치는 영웅적인 모습으로 묘사되었다. 참으로 우스운 일은 지성을 그렇게도 강조했던 르네상스 시대조차도 고대신화의 사상적 반경을 벗어나지 못한 채 남자를 심지어 운동과 체조의 만능적인 존재로 이해하여 두 다리를 묶은 상태에서 사람들의 어깨를 뛰어 넘었다던가 아무리 사나운 말이라도 올라타기만 하면 몸을 부들부들 떨었다는 남자에 대한 이야기를 전해주고 있다. 이런 남자의 상은 우리 시대라고 해서 예외가 아닌 것 같다. 지금도 많은 경우에 남자는 근육질의 상징으로 여겨지고 있기 때문이다. 이것이 오랜 인류 역사의 오솔길을 따라 남자가 걸어온 길이다.

역시 고대신화의 물리적인 울타리 속에서 살았던 사도 바

울도 남자의 길에 관하여 말하고 있다. 믿음을 가진 남자는 이 방세계의 남자들이 가는 길을 가지 않는다. 사도 바울이 믿음의 남자들에게 원하는 것은 초자연적, 만능적, 근육질적인 존재가 되는 것이 아니다. 거두절미하고 간단히 말하자면 사도 바울은 남자들이 기도하기를 원한다. 사도 바울에 의하면 신앙적인 남자의 길은 이방적인 신화정신이 보여주는 남자의 길과 달리 기도로 성립된다. "그러므로 각처에서 남자들이 분노와 다툼이 없이 거룩한 손을 들어 기도하기를 원하노라"(딤전 2:8a). 이것은 힘과 용맹을 자랑하는 남자의 상이 지배하던 세계에 전혀 어울리지 않는 뜻밖의 요구이다. 사도 바울 자신도 인정하듯이 기도란 힘없는 여성이 하는 것이라면(딤전 5:5) 남자에게 기도를 요구하는 것은 정말 너무나도 우스운 일이지 않는가.

기도는 무엇인가? 기도는 두 가지 의미를 가진다. 첫째로 기도는 기도하는 사람이 자신의 힘과 능력을 포기하는 것을 의미한다. 기도는 사람이 무엇인가 할 수 있다는 것을 솔직하게 부정하는 것이다. 기도는 자신의 힘을 근본적으로 의심하고 자신의 능력을 철저하게 비판하는 사람에게서 시작된다. 그래서 기도는 기도자의 자기부인이다. 이 때문에 기도하는 사람은 자신을 낮추고 때리며 죽인다. 둘째로 기도는 기도하는 사람이 하나님의 도움과 은혜를 의지하는 것을 의미한다. 기도는 하나님이 무엇이든지 할 수 있다는 것을 인정하는 것이다. 기도는 하나님의 도움에 전적으로 의존하고 하나님의 은혜를 절대적으로 대망하는 것이다. 따라서 기도는 기도자가 하나님 앞에서 낮아지고 복종하며 항복하는 것이다. 이렇게 기도는 양면적인 성격을 가진다. 기도란 기도자가 한편으로는 자신의 불능성을 고백하는 것이며 다른 한편으로는 하나님의 가능성을 수용하는 것이다. 한마디로 말해서 자신에의 불신과 하나님에의 신뢰가 기도의 두 요소이다.

신의 능력에 호소하는 것에 머물지 않고 자신의 능력을 확신하며 자부하던 신화세계의 남자들이 볼 때 사도 바울이 신앙의 남자들에게 기도를 요구하는 것은 매우 어리석고 유치하며 수치스런 일로 여겨질 수 있었을 것이다. 하지만 분명하게 사도 바울은 남자들이 기도하기를 원한다. 사도 바울은 남자들이 세상의 눈에 어리석고 유치하며 수치스런 길을 가기를 원한다. 사도 바울은 남자들이 기도함으로써 하나님 앞에서 낮아지고 겸손해지며, 기도함으로써 하나님께 매이고 붙잡히기를 원한다. 사도 바울이 남자들에게 기도하라고 요구함으로써 바라는 것은 높아지는 것이 아니라 낮아지는 것이며, 강해지는 것이 아니라 약해지는 것이다.

하지만 사도 바울은 중요한 것을 알고 있었다. 남자는 기도함으로써 낮아지지만 높아지며, 약해지지만 강해진다는 것을! 기도는 사람이 비록 자신을 신뢰하지 않기에 약한 것처럼 보여도 하나님을 신뢰하기에 강한 것이기 때문이다. 기도야말로 진정한 능력이다. 기도는 신앙의 남자가 걸어가야 할 길이다. 신앙의 남자로서 기도하는 것이 영광이며, 신앙의 남자로서 기도하지 않는 것이 수치이다. 그래서 사도 바울은 남자들에게 오직 이 한 가지 일, 기도할 것을 요구하는 것이다. 남자들이여, 그대들은 신화의 길을 갈 것인가 아니면 신앙의 길을 갈 것인가?

남자의 손

2 : 8b 그러므로 각처에서 남자들이 분노와 다툼이 없이 거룩한 손을 들어 기도하기를 원하노라

동화에서 만지는 것마다 금으로 바꾸는, 그래서 결국은 하나밖에 없는 소중한 딸까지 금 덩어리로 만들어버린 황금의 손을 가진 왕에 대한 이야기를 읽을 때 남자들은 자신의 자화상을 읽고 있는 것이다. 이것은 부귀를 추구하다가 파멸의 수갑에 채인 남자에 관한 이야기이기 때문이다. 고금을 통틀어 여자가 미모를 열망한다면 남자는 재물을 갈구한다. 남자는 재물로써 여자의 미모를 사들이고, 여자는 미색으로 남자의 재물을 빼앗는다. 참으로 두려운 일이지만 재물은 하나님과 경쟁하는 힘을 가지고 있다(마 6:24). 그래서 사도 바울이 이 편지의 뒤쪽에서 두세 차례 "돈을 사랑함이 일만 악의 뿌리가 된다"(딤전 6:10)든가 "정함이 없는 재물에 소망을 두지 말라"(딤전 6:17)고 말하는 것은 아무런 이유가 없는 것이 아니다.

남자들은 재물에 대한 욕심 때문에 손을 더럽히게 된다. 이것을 위하여 역사와 현실 가운데 얼마든지 많은 예를 찾아낼 수 있겠지만, 일일이 열거할 것 없이 성경의 이곳저곳에서 한

두 가지 예를 살펴보는 것으로도 충분할 것이다. 아합은 나봇의 포도원을 탐하여 피를 흘렸고(왕상 21:1-16), 유다는 은 삼십 때문에 예수 그리스도를 팔았다(마 26:15). 땅을 빼앗기 위해서 백성의 피를 흘린 임금이나 돈을 얻기 위해서 선생의 피를 부른 제자나 모두 남자들이 가지고 있는 물욕이 얼마나 무서운 죄악을 야기하는지 또 다른 예를 제시할 필요가 없을 정도로 역력하게 보여주는 예가 된다. 하지만 남자들은 이렇게 변명할 것이다. 사회생활을 해봐라. 사회는 어차피 재물과 관련하여 불법과 부조리가 횡행하는 곳이지 않은가. 사회에서는 모든 남자들은 구조의 악에서 벗어날 수 없이 거짓말과 속임수, 편법과 아부, 등쳐먹기와 짓밟기, 증오와 배신, 이런 것들이 반복되는 가운데 살고 있다. 그렇다면 어떻게 나라고 그런 생활을 하지 말란 법이 있는가. 나 혼자서 거룩하고 순결한 손을 가지고 산다고 해서 사회가 조금이라고 새로워지겠는가. 그렇지 못할 바에는 차라리 구조의 악에 파묻혀 남들과 같이 사는 것이 속 편한 일이 아닌가. 부조리한 사회에서 더러운 손을 가지고 사는 것은 어쩔 수 없는 일이 아니겠는가. 이렇게 남자들은 자신의 부조리한 행위가 사회생활을 하는 동안에 필연적으로 발생하는 일이라고 정당화할 것이다.

하지만 남자들은 하나만 알고 둘은 모르는 것이다. 이런 사회생활에 동참할 때 그의 손에는 잠시 동안 무엇인가 번쩍이는 것이 들려지겠지만 순환되는 죄악 속에서 언젠가는 다시 누군가에 의해 그것을 강탈당할 것이며, 비록 아직은 그것이 자기 손에 들려있다 할지라도 언젠가는 빼앗기리라는 불안감이 그의 마음을 지배하게 될 것이라는 것을. 그러나 이보다도 남자들이 모르고 있는 또 하나의 결정적인 사실은 모든 인생의 성패가 벨사살 왕이 앉은 맞은 편 벽면에 메네 메네 데겔 우바르신이라고 기록한 하나님의 손끝에 달려있다는 것이다 (단 5장). 사회에서 성공하고 실패하는 것은 사람의 일이 아니라 하나님의 일이다. 그러므로 신앙의 남자는 자신의 손을 사회에 내맡기는 것이 아니라 하나님께 내맡기는 법이다. 신앙의 남자에게는 사회의 악에 거침없이 손을 대는 것이 용기가 아니다. 신앙의 남자의 진정한 용기는 부조리한 사회에서 활동하는 동안에도 하나님께 거룩한 손을 내보일 수 있다는 데 있다. "만일 네가 마음을 바로 정하고 주를 향하여 손을 들 때에 네 손에 죄악이 있거든 멀리 버리라"(욥 11:13-14). 그는 손에 불의한 피가 묻으면 하나님을 향해 손을 펼지라도 하나님께서 눈을 가리실 것을 알고 있는 것이다(사 1:15).

남자는 그 손에 황금을 가지고 있을 때 위대한 것이 아니라 성결을 가지고 있을 때 위대한 것이다. 하나님께서 신앙의 남자들에게 원하시는 것은 더러운 큰 손보다 거룩한 작은 손이다. 그러므로 신앙의 남자들이 구해야 할 것은 황금의 손이 아니라 거룩한 손이다. 사도 바울은 말한다. "그러므로 남자들이 거룩한 손을 들고 기도하기를 원하노라"(딤전 2:8).

남자의 화

2 : 8c 그러므로 각처에서 남자들이 분노와 다툼이 없이 거룩한 손을 들어 기도하기를 원하노라

가인의 실패는 제물에서 끝난 것이 아니다. 성경을 잘 읽어보면 가인의 결정적인 실패는 하나님께서 그의 제물을 열납하지 아니하셨을 때 심히 격분하여 얼굴을 떨어뜨렸다는 데 있다는 것을 알게 된다. 하나님께서는 가인의 제물을 열납하지 아니 하시면서는 별반 아무런 말씀도 하지 아니셨지만 유독 가인의 분노에 대하여는 꼬집듯이 한 말씀을 주셨다. "네가 분하여 함은 어찌 됨이며 안색이 변함은 어찌 됨이냐"(창 4:6). 성경은 하나님께 나아가는 일이 화를 내며 억지를 부린다고 해서 될 일이 아닌 것을 보여주기 위하여 웃시야 왕의 사건을 기록하고 있다. 웃시야가 하나님께 직접 분향을 드리겠다며 성전에서 들어가면서 자신을 가로막는 제사장들에게 노를 발했을 때 그의 이마에 문둥병이 피어올랐다는 것을 읽어보라(대하 26:19).

분노는 하나님을 가까이 하려는 사람에게 어울리지 않는 것이다. 사도 바울의 말대로 하자면 분노는 기도와 상극이다. 사도 바울은 "분노와 다툼이 없이 기도하기를"(딤전 2:8) 권면하고 있기 때문이다. 분노가 생기는 이유는 무엇인가? 내적인 불만과 외적인 자극이 분노의 첫째와 둘째 원인일 것이다. 사실 이 두 가지 원인은 서로 엮여있다. 내적인 불만이 외적인 자극에 민감하게 만들며, 외적인 자극이 내적인 불만을 심화시킨다. 무엇인가 결핍되고 부족하여 마음이 만족스럽지 못

하면 분노가 일어난다. 인격을 손상시키는 말을 듣거나 몰지 각한 행동에 부딪히면 분노가 일어난다. 분노는 어떤 방식으로든지 반드시 표현된다. 분노가 표현되는 방식은 주로 얼굴과 언어와 행동 세 가지이다. 화가 나면 얼굴이 찡그려지며, 욕설이 튀쳐나오고, 폭력이 휘둘러진다. 분노의 결국은 다툼과 범죄이다. "노하는 자는 다툼을 일으키고 성내는 자는 범죄함이 많으니라"(잠 29:22). 분노의 결과가 다툼이라는 증거는 가인에게서 찾을 수 있고, 분노의 결과가 범죄라는 증거는 웃시야에게서 찾을 수 있다. 하지만 누가 뭐래도 분노의 가장 무서운 결과는 마귀로 틈을 타게 만들어 하나님께 나아가는 길을 가로막는다는 것이다(엡 4:26-27). 따라서 한마디로 말해서 분노는 기도의 가장 큰 적이다.

특히 사도 바울은 "남자들이 분노와 다툼이 없이 기도하기를" 요구한다. 이것은 기질적으로 여자보다는 남자들이 훨씬 더 쉽게 분노와 다툼에 말려든다는 것을 의미할 수 있다. 어쨌든 사도 바울은 "분노와 다툼이 없이 거룩한 손을 들고" 기도하라고 말함으로써 남자들에게 있어서 분노와 거룩한 손 사이에는 어떤 역학관계가 있다고 말하려는 듯이 보인다. 화를 내는 남자들은 거룩한 손을 가질 수 없다는 것이다. 화는 손을 더럽게 만든다. 공교롭게도 분노로 말미암아 형제를 살해한 가인에게서도 손이 문제가 되었고(창 4:11), 분노 가운데 분향하려던 웃시야에게서도 손이 문제가 되었다(대하 26:19). 이것은 결코 우연의 일치가 아니다. 사도 바울은 위에서 언급한 분노의 일반적인 결과들을 이렇게 압축하고 있다. 분노는 거룩한 손을 상실시키고, 거룩한 손의 상실은 기도의 길을 막는다. 이 때문에 곳곳에서 사도 바울은 분노를 버려야 한다고 역설했던 것이다(엡 4:31; 골 3:8).

분노와 기도는 절대로 합치될 수 없는 상극이다. 사실 기도에 열심 내는 것과 분노를 제압하는 것도 역학관계를 가진다. 남자들은 기도하기 전에 분노를 진화해야 하며, 분노를 진압하기 위해 기도에 열심내야 한다. 남자들은 분노를 가라앉히기 위해서 자신이 기도하는 사람이라는 것을 인식해야 한다. 남자들이 분노를 억제하는 것은 기도하는 사람이기 때문이다. 남자들은 기도하는 사람이라는 자신의 신분을 인식할 때 다른 이에게 분노를 일으키는 것을 삼갈 수 있으며, 스스로 분노를 표현하는 것을 억제할 수 있다. 남자들은 기도에 힘쓰기 위해서 자신을 온유한 사람으로 만들어야 한다. 남자들은 기도에 더욱더 적극적으로 참여할수록 더욱더 분노를 억제하게 된다. 이렇게 볼 때 기도는 남자들이 분노를 소멸시키는 지름길이다. 분노는 기도를 막고, 기도는 분노를 푼다.

여자의 멋

2 : 9 - 10 또 이와 같이 여자들도 단정하게 옷을 입으며 소박함과 정절로써 자기를 단장하고 땋은 머리와 금이나 진주나 값진 옷으로 하지 말고 오직 선행으로 하기를 원하노라 이것이 하나님을 경외한다 하는 자들에게 마땅한 것이니라

여자는 그 자체로 아름다움이다. 남자는 먼지와 같은 흙으로 지음을 받았으나 여자는 남자의 몸으로부터 지음을 받았다는 것은 많은 것을 시

사해준다. 하나님의 창조세계에서는 여자가 그냥 존재하는 것만으로도, 하얀 이를 드러내며 빙긋 웃거나 붉은 입술을 오물거리며 말하는 것만으로도, 맑은 눈으로 하늘을 바라보거나 부드러운 손으로 풀을 만지는 것만으로도 멋이며 아름다움이었다. 그런 세계에서는 머리를 꾸미고 몸을 장식하며 좋은 옷을 입지 않아도 여자는 그 자체로 아름다움이었다.

여성을 이해하는 사도 바울의 시각은 사회학적인 것이 아니라 신학적이다. 왜냐하면 사도 바울은 창조와 타락의 전망에서 여자의 멋을 설명하고 있기 때문이다(딤전 2:13-14). 비록 선명하게 언급하지 않더라도 신학적 시각에서는 창조와 타락에 이어 구속이라는 차원이 첨가되는 것은 당연한 일이다. 사실상 사도 바울은 구속의 위치에서 창조와 타락을 조망하고 있다. 따라서 사도 바울은 여자들에게 권면하는 이 단락에서 구속의 위치에 있는 여자들("하나님을 경외한다 하는 여자들" [문자적으로는 "경건을 고백하는 여자들"], 2:10)이 어떤 멋을 지녀야 할지 말하고 있는 것이다. 그것은 두 말할 것 없이 타락세계의 여자의 멋이 아니라 창조세계의 여자의 멋이어야 할 것이며, 조금 더 분명하게 말하자면 창조세계와 맞먹는 구속세계의 여자의 멋이어야 할 것이다. 창조세계에서 여자가 그 자체로 아름다움인 것처럼 구속세계에서도 여자는 그 자체로 아름다움이다.

구속세계에 들어와 있는 여자의 멋은 땋은 머리나 금이나 진주나 값진 옷에 의하여 결정되지 않는다. 물론 이렇게 말한다고 해서 머리를 땋고 보석을 차고 의상으로 꾸미는 것을 무조건 도매금으로 악한 것이라고 밀어붙여서는 안 된다. 또한 이 단락을 사도 바울이 여자는 단장해서는 안 된다고 말하는 것으로 이해해서는 안 된다. 사도 바울은 여자가 단장하는 것을 잘못이라고 말하려는 것이 아니다. 오히려 사도 바울은 남자가 기도하기를 원하는 것처럼 여자가 단장하기를 원하고 있다. 단지 사도 바울이 주의를 주고 싶은 것은 어떻게 단장해야 하느냐 하는 것이다. 다시 말해서 단장이 문제가 아니라 단장의 방식이 문제이다. 그래서 사도 바울의 대조시키고 있는 것은 "단장하다"와 "단장하지 않다"가 아니라, "염치와 정절을 갖춘 아담한 옷"과 "땋은 머리나 금이나 진주나 값진 옷"이다. 사도 바울은 구속의 세계에 들어와 있는 여자가 멋있어야 한다는 것을 부인하지 않는다. 단지 어떤 방식으로 멋있어야 하는지가 문제일 뿐이다.

사도 바울에 의하면 믿는 여자를 가장 멋있게 만드는 것은 선행이다. 선행은 하나님에 대한 경건을 고백하는 여자들에게 마땅한 것이다. 하나님에 대한 경건을 고백하는 것으로부터 나오는 선행은 여자를 가장 아름답게 만든다. 여기에 여자의 미를 위한 사슬이 성립된다. 여성의 멋은 아담한 옷에서 나오며 아담한 옷은 염치와 정절에서 나온다. 염치와 정절은 선행에서 나오며 선행은 경건에서 나온다. 그러므로 여자의 멋을 결정하는 것은 경건이다. 경건을 갖춘 여자는 그냥 있기만 해도, 아무 표정 없이 아무런 말도 없이 그냥 있기만 해도 아름답다. 그런 여자는 요란하게 머리를 꾸미고 찬란한 보석을 차고 고가의 의상을 걸치지 않아도 된다. 세안수가 여성의 피부를 깨끗하게 만드는 것이 아니며, 화장품이 여성의 피부를 화사하게 만드는 것이 아니다. 믿는 여자에게 경건은 육체의 세안수이며 영혼의 장식품이다. 경건이 영혼을 정결하게 만들며 육체를 아름답게 만든다. 여자에게 경건이야 말로 멋의 원천이다.

그래서 중요한 것은 미용과 장식과 의상이 아니라 경건이다. 경건한 여자의 치장은 한층 더 우아함을 발산하지만 경건하지 않은 여자의 치장은 한층 더 추악함을 표현한다. 아합의 왕후 이세벨이 반란군을 이끈 예후가 죽음의 칼을 들고 방문을 여는 최후의 순간까지도 눈을 그리고 머리를 꾸미는 데 열중했다는 것은 소름끼치는 일이 아닐 수 없다(왕하 9:30). 경건이 없는 여자는 그 자체로 추함이다.

여자의 삶

2 : 11 - 14 여자는 일체 순종함으로 조용히 배우라 여자가 가르치는 것과 남자를 주관하는 것을 허락하지 아니하노니 오직 조용할지니라 이는 아담이 먼저 지음을 받고 하와가 그 후며 아담이 속은 것이 아니고 여자가 속아 죄에 빠졌음이라

무식은 질병이다. 무식이란 것은 단순히 지적인 부족이나 결핍의 상태를 의미하지 않는다. 만일에 누군가가 무엇을 말해야 할지 모르고 무엇을 행해야 할지 몰라서 가만히 있다면 그는 무식한 사람이 아니라 총명한 사람이다. 무식은 통제할 수 없는 언어와 행동으로 표현된다. 무식으로부터 편

견에 사로잡힌 말과 고집으로 얽혀진 삶이 나온다. 무식한 사람은 자기의 생각만이 옳다고 여겨 다른 사람의 생각은 들어보지도 않고, 다른 사람의 충고를 멀리하고 제멋대로 행동한다. 무식은 무질서를 유발시킨다. 디모데가 목회하고 있는 교회의 여성도들 가운데 몇 명이 이런 무질서한 모습을 보여주었다. 그들은 게으름을 익혀 집집에 돌아다니고 게으를 뿐 아니라 망령된 폄론을 하며 일을 만들며 마땅히 아니할 말을 하였다(딤전 5:13). 이 때문에 사도 바울은 "여자는 일체 순종함으로 조용히 배우라"(딤전 2:11)고 권면하게 되었던 것이다.

사도 바울에 의하면 여자에게 배움은 둘째 자리로 밀려날 수 없는 중요한 것이다. 배움을 통하여 여자의 멋에 바탕이 되는 하나님 경외를 얻을 수 있기 때문이다. 배움은 경건을 태동시킨다. 그래서 사실상 배움은 여성에게만 중요한 것이 아니다. 남녀노소 누구나 필수적으로 배움에 참여해야 한다. 사도 바울이 디모데에게 "오직 경건에 이르기를 연습하라"(딤전 4:7)고 말했을 때나, 자녀나 손자들은 "자기 집에서 효를 행하여 부모에게 보답하기를 배우라"(딤전 5:4)고 말했을 때, 배움은 누구에게나 중요하다는 사실을 천명하고 있는 것이다. 그런데 특히 사도 바울이 여자들에게 배울 것을 요구하는 것은 잘못하면 진리를 알지도 못한 채 가르치려 들거나 남자를 주관하려는 오류를 저지를 수 있기 때문이다. 사도 바울은 여자들이 이런 잘못에 빠지는 것을 허락하지 않는다(딤전

2:12).

사도 바울은 남자와 여자의 관계를 창조와 타락의 조망에서 설정한다. 창조에 있어서는 아담이 하와보다 먼저이며, 타락에 있어서는 하와가 아담보다 먼저이다(딤전 2:13-14). 사도 바울은 이 단락에서 여자에게 권면을 주면서도 남자의 의무와 여자의 의무를 공정하게 진술한다. 사도 바울은 남자는 우위에 있으니 무조건 여자를 지배하라고 말하지도 않으며 여자는 하위에 있으니 무조건 남자에게 복종하라고 말하지도 않는다. 남자와 여자에 대한 사도 바울의 진술은 매우 공정하다. 남자는 먼저 지음을 받았기 때문에 여자를 선도해야 할 의무가 있고, 여자는 먼저 꼬임을 당했기 때문에 남자에게 지도받아야 할 의무가 있다. 역으로 말하자면 여자는 먼저 지음 받은 남자에게 순종해야 하며, 남자는 먼저 꼬임 받은 여자를 보호해야 한다는 것이다. 사도 바울은 이렇게 공정한 진술을 기반으로 하여 여자의 삶에 관하여 지시하고 있다. "여자는 일체 순종함으로 조용히 배우라"(딤전 2:11).

배움은 여자의 아름다운 삶이다. 사도 바울은 여자의 배움에 두 가지 방식이 곁들여야 한다고 일러준다. 첫째는 "조용히 배우라"는 것이다. 여자는 배우기 위하여 조용한 자세를 가져야 한다. "조용함"이라는 말은 이미 앞에서 한번 사용된 적이 있다. 왕과 고관들을 위한 기도는 "고요하고 평안한(조용한) 생활"(딤전 2:2)을 하기 위함이다. 이 말에서 "조용함"이 무엇을 의미하는지 잘 나타난다. "조용함"은 바쁘거나 시끄럽

지 않은 것이다. "조용함"은 한가롭고 여유 있는 것이다. 둘째
는 "일절 순종함으로 배우라"는 것이다. 여자의 배움에는 순
종하는 자세가 요청된다. "순종함"이라는 말은 조금 뒤에서
다시 사용될 것이다. 감독은 "자녀들로 복종케(순종케) 하는
자"(딤전 3:4)이다. 이로부터 "순종함"의 의미를 쉽게 알 수
있다. 마치 자녀가 부모에게 순종하는 자세를 가지듯이 여자
는 가르치는 자에게 순종하는 자세를 가져야 한다. 이렇게 조
용함과 순종함으로 진리를 배울 때 여자는 무식한 삶에서 벗
어나게 된다. 남자들이 기도해야 한다는 것이 모든 시대에 해
당되는 것이라면, 여자들이 배워야 하는 것도 모든 시대에 해
당되는 것이다.

여자의 자리

2 : 13 - 14 이는 아담이 먼저 지음을
받고 하와가 그 후며 아담이 속은 것이
아니고 여자가 속아 죄에 빠졌음이라

"네가 어디에 있느냐?" 이것
은 성경에 기록된 하나님의
첫 번째 질문이다(창 3:9). 첫 사람 아담은 타락의 상태에서
무화과 잎을 엮어 몸을 가리고 동산 나무 사이에 숨어있는 동
안 하나님으로부터 이 질문을 받았다. 물론 아담 곁에는 하와
가 있었다. 하나님은 아담의 자리를 물으셨다. 사실상 타락은
아담에게서 시작되지 않고 하와에게서 시작되었다. 그렇다면
하나님께서는 아담에게 질문하실 것이 아니라 하와에게 질문
하셨어야 했다. 그러나 하나님의 질문은 하와가 아니라 아담
에게 주어졌다. 하나님은 하와로부터 아담을 이해하셨기 때

문이다. 하나님은 하와의 문제를 하와의 문제로만 보시지 않고, 하와의 문제에서 아담의 문제를 보셨다. 하와에 의하여 아담이 이해된 것이다. 하와는 아담과의 관계에서 이해된다. 이런 이해의 배후에는 아담이 하와보다 먼저 지음을 받았다는 사실이 있다. 하와는 아담으로부터 지음을 받았다. 정리하자면 타락의 문제는 창조의 문제와 결부되어 있다.

사도 바울은 아담과 하와의 관계를 창조와 타락의 조망에서 이해한다. 창조에서는 여자가 남자보다 후에 지음을 받았다. "아담이 먼저 지음을 받고 하와가 그 후며"(딤전 2:13). 타락에서는 여자가 남자보다 먼저 꼬임을 받았다. "아담이 속은 것이 아니고 여자가 속아 죄에 빠졌음이라"(딤전 2:14). 사도 바울은 남자와의 관계에서 여자의 위치가 무엇인지 설명한다. 여기에서 한 가지 놓쳐서는 안 될 것이 있다. 이 단락에서는 사도 바울에게 남자의 위치에 관하여 말하려는 의도가 없다는 것이다. 사도 바울은 다른 문맥에서라면 여자와의 관계에서 남자의 위치를 설명했을 수도 있다(고전 11:11-12). 하지만 이 단락에서 사도 바울은 순전히 여자의 위치에 관하여 말하는 것에 관심을 보이고 있다. 따라서 본문은 사도 바울이 일방적으로 여자를 깎아 내리기 위하여 기록한 것으로 생각해서는 안 된다.

창조에서는 여자가 남자보다 후에 지음을 받았다. 이것은 여자가 남자를 존중해야 할 것을 의미한다. 남자와의 관계에서 여자에게 부여된 중요한 역할은 도움이다. 왜냐하면 여자는 남자를 돕는 배필로 창조되었기 때문이다(창 2:20). 그래서 이와 같은 창조의 질서는 "높다"와 "낮다" 사이에서 나타나는 계급관계를 가리키는 것이 아니며, "낮다"와 "못하다"로 표현되는 품질관계를 의미하는 것도 아니다. 여자가 남자보다 나중에 지음을 받았다는 것은 남자를 돕는 배필이 되었다는 것이며, 여자가 남자를 돕는 배필이 되었다는 것은 남자가 진실한 남자로서 모든 것을 구현할 수 있게 해야 한다는 것이다.

타락에서는 여자가 남자보다 먼저 꼬임을 받았다. 이것은 여자가 남자보다 신중해야 할 것을 의미한다. 남자와 비교해 볼 때 여자에게는 훨씬 더 꼬임을 받고 싶은 습성이 있는 듯이 보인다. 위에서 말한 바와 같이 여자는 머리를 손질하고 보석을 부착하며 의상을 차려입기를 좋아한다(딤전 2:9). 미용과 화장과 장식은 여자에게 누군가로부터 주목받고 싶은 성격이 있다는 것을 여실히 보여준다. 그래서 여자는 아담한 옷을 입으며 염치와 정절로 단장하고 선행과 경건으로 치장해야 한다. 여자가 남자보다 먼저 꼬임을 받았다는 것은 여자에게 신중한 삶을 요청하며, 여자는 이와 같은 신중한 삶으로 자신을 진실한 여자로서 드러낼 수 있다.

창조와 타락의 조망에서 볼 때 남자와 관련하여 여자에게는 여자의 자리가 있다. 창조와 타락을 순전히 여자의 자리와 관련하여 설명하자면 이렇다. 창조는 여자가 자신의 자리를 얻은 것이며, 타락은 여자가 자신의 자리를 떠난 것이다. 하와가 자신의 자리를 받은 것이 창조이며, 하와가 자신의 자리를 버린 것이 타락이다. 창조에서 여자의 자리가 확립되었고, 타락에서 여자의 자리가 상실되었다. 여자가 자신의 자리를 지킬 때 창조의 행복은 지속되며, 여자가 자신의 자리를 떠날 때 타락의 불행이 반복된다. 그러므로 여자는 아담이 하나님에게서 질문을 받았던 것처럼 스스로 물어야 한다. "네가 어디에 있느냐?"

여자의 길

2 : 15 그러나 여자들이 만일 정숙함으로 써 믿음과 사랑과 거룩함에 거하면 그의 해산함으로 구원을 얻으리라

하와가 가야 할 길은 아직도 멀다. 모든 여자는 하와의 딸인데, 하와의 길이 모든 여자에게 남겨져 있기 때문이다. 아담의 타락이 인류 전체에 영향을 끼쳤다면, 하와의 타락은 여자 전체에 영향을 끼쳤다. 아담 안에서 모든 사람이 죽은 것같이, 하와 안에서 모든 여자가 죽었다. 타락으로 말미암아 하와는 저주를 받았고, 하와 안에서 모든 여자가 저주를 받았다. 하와에게 주어진 저주는 해산의 고통이었다(창 3:16). 그래서 모든 여자는 자녀를 낳으려 할 때 해산의 고통을 맛보게 된다. 이렇게 타락의 문맥에서 쉽게 알 수 있듯이 고통이 동반되는 해산은 본래 저주 그 자체였다.

그러나 믿음을 가진 여자에게는 고통스런 해산이 더 이상 저주가 아니다. 믿는 여자도 자녀를 얻으려고 할 때 해산의 과정을 거치는 것은 사실이지만 해산으로 말미암아 구원에 이르

는 것에 방해를 받지 않는다. 믿는 여자는 비록 해산의 과정을 거친다 할지라도 구원에 이르게 된다. 믿음의 조건 하에서 해산은 결코 부정적인 것이 아니다. "그러나 여자들이 만일 정숙함으로써 믿음과 사랑과 거룩함에 거하면 그 해산함으로써 구원을 얻으리라"(딤전 2:15)고 말했을 때 사도 바울은 이것을 의도하였던 것이다. 사도 바울은 "그러나"를 사용하여 전에는 하와가 꼬임을 받아 죄에 빠져 고통스런 해산의 저주를 받았지만 이제는 여자들이 믿음 안에서 구원을 얻는 데 심지어 해산까지도 아무런 문제가 되지 않는다는 역전을 설명하고 있다. 그래서 본문을 문법적으로 살펴볼 때, "여자들이 구원을 얻으리라"는 문장이 한편으로는 "그 해산함으로써"라는 구문에 의하여 수식되고 다른 한편으로는 "만일 정숙함으로써 믿음과 사랑과 거룩함에 거하면"이라는 구문에 의하여 수식되는 것으로 생각하기보다는, "여자들이 그 해산함으로써 구원을 얻으리라"는 문장이 "만일 정숙함으로써 믿음과 사랑과 거룩함에 거하면"이라는 구문에 의하여 수식되는 것으로 생각하는 것이 옳다. 다시 말하자면 "만일 … 에 거하면"이라는 구문이 "그 해산함으로써 구원을 얻으리라"는 문장을 전체적으로 꾸민다는 것이다. 이렇게 볼 때 사도 바울은 여자들이 구원을 얻기 위한 두 가지 조건("그 해산함으로써"와 "만일 … 거하면")을 말하는 것이 아니다. 사도 바울에 의하면 여자들이 구원을 얻는 조건은 오직 한 가지뿐이다("만일 … 거하면"). 여자들을 위한 구원의 조건은 믿음과 사랑과 거룩함에 거하는 것밖에는 없다. 따라서 사도 바울이 말하려는 것은 비록 모든 여자에게 하와의 길을 따라가야 하는 해산의 과정이 여전히 남아있다 할지라도 믿음 안에 거하면 구원이 가능하다는 것이다. 사실상 해산의 과정은 자녀를 낳으려는 모든 여자에게 필연적인 일이다. 그러나 믿음을 가지고 있으면 해산이라는 과정은 여자에게 고통을 가져다주는 저주로 끝나지 않는다. 오히려 믿음을 가지고 있는 여자는 심지어 해산의 과정을 통한다 할지라도 구원에 이른다. 해산은 더 이상 여자의 구원에 아무런 영향을 끼치지 못한다. 타락의 상태에서는 해산의 과정이 여자들에게 고통을 가져다주는 것이 전부이지만, 믿음의 조건에서는 여자들이(여전히 고통스럽기는 하지만) 해산의 과정으로 말미암아 구원에 참여하는 데 아무런 방해를 받지 않는다. 전에는 유혹과 범죄와 타락에 빠진 여자에게 저주로 작용하던 해산이 이제는 믿음과 사랑과 성결을 지닌 여자가 구원을 얻는 데 별 문제를 일으키지 않는다. 따라서 본문은 여자가 해산해야만 구원을 받는다는 의미로 읽어서는 안 된다. 타락과 관련하여 부정적으로 이해되는 해산은 구원과 관련하여 중립적으로 이해된다. 해산은 자녀를 얻으려는 모든 여자에게 필연적인 것으로서 타락의 상태에서는 고통을 불러일으키는 심판의 표지이지만 믿음의 상태에서는 구원의 길에 아무런 지장도 주지 않는 것이 되었다. 하와의 길은 아직도 멀리 남아 있다. 하와는 모든 여자의 어미인데, 모든 여자가 하와의 길을 가야 하기 때문이다. 그러나(!) 믿는 여자에게는 하와의 길이 그다지 멀게 느껴지지 않는다.

<u>3 장</u>

사람이 되라

일상 이력서

3 : 1 미쁘다 이 말이여, 곧 사람이 감독
의 직분을 얻으려 함은 선한 일을 사모하
는 것이라 함이로다

진실은 일상에서 증명된다.
어느 교회의 현관 한 쪽 벽면
에 여러 장의 종이가 줄을 맞추어 가지런히 붙어있었다. 장로
를 비롯하여 안수집사와 권사를 선출하기 위해서 후보자들의
이력서를 붙여놓은 것이었다. 거기에는 그들이 주일학교 부
장, 성가대 대장, 전도회 회장, 구역장 등등으로 봉사했다는
내용이 가득하게 적혀 있었다. 종이들을 바라보면서 이들이
참으로 큰 일, 많은 일을 했구나 하는 느낌이 들었다. 하지만
뭔가 씁쓸한 맛을 지울 수가 없었다. 왜냐하면 바로 얼마 전
에 나의 지도를 받아 신학교 졸업논문을 쓴 목사님 한 분에게
서 오늘날 교회마다 장로나 권사 같은 직분자들을 선출할 때
제시하는 자격조건을 보면 별로 성경적이지 않다는 말을 듣고
크게 깨달은 바가 있었기 때문이었다. 하긴 요새는 목사를 청
빙할 때도 외국에서 얼마나 살았느냐, 무슨 박사학위를 가지

고 있느냐를 따지는 세상이니까 이 정도는 약과일 것이다. 우리는 너무나도 자주 진실이 크고 많은 일에 의해서만 증명되는 것처럼 생각을 한다.

사도 바울이 "사람이 감독의 직분을 얻으려 함은 선한 일을 사모하는 것이라"고 말하면서 이것을 믿을만한 말 ("미쁘다 이 말이여") 이라고 설명한 것을 보면, 사도 바울은 진실이 일상에서 증명된다는 것을 분명하게 알고 있었음에 틀림없다. 감독의 직분은 얼마나 귀중한 것인가? 감독은 하나님의 청지기로서 하나님의 집을 경영하는 사람이다(딛 1:7). 다시 말하자면 감독의 직분은 하나님께서 자기 피로 사신 교회를 목양하는 것인데, 이것은 보통 일이 아니기 때문에 감독은 성령에 의하여 세움을 받는다(행 20:28). 그런데 사도 바울이 이렇게 막중한 감독의 직분을 얻으려 하는 사람에게 제시한 자격조건을 살펴보면 언뜻 보기에 너무나 막연하여 허망하기 이를 데 없다. 사도 바울이 제시하는 감독직분을 위한 자격조건은 "선한 일을 사모하는 것"이기 때문이다.

사도 바울이 말하는 선한 일은 무엇인가? 그것은 결코 막연한 것이 아니다. 왜냐하면 사도 바울은 이하에서 선한 일이 무엇인지 하나 씩 하나 씩 구체적으로 나열하고 있기 때문이다. 선한 일이란 인격, 성품, 재능, 가정, 사회생활 그리고 신앙경륜 같은 일상적인 내용을 가리킨다. 여기에 조목조목 열거된 사항들을 천천히 읽다보면 가슴이 뜨끔해진다. 사도 바울이 감독직분을 위하여 제시한 자격조건은 정말로 색다른 이력서를 요구하고 있기 때문이다. 사도 바울은 무슨 위원장이니 부서장이니 하는 형식과 조직으로 위장된 가짜 이력서가 아니라 인격과 생활로 표출할 수 있는 진짜 이력서를 요구하고 있는 것이다. 사도 바울이 내민 백지에 적어야 할 이력은 큰 일이 아니라 선한 일이며, 많은 일이 아니라 바른 일이다. 감독이라면 엄청난 직분인데 그에게 요구되는 자격은 크고 많은 일이 아니라 선한 일이다. 사도 바울은 진실이 일상에서 증명된다는 것을 알고 있었다.

게다가 사도 바울에 의하면 감독의 직분을 얻으려 하는 사람은 선한 일, 곧 일상적인 일을 "사모한다". 여기에 언급된 "사모한다"는 단어는 많은 경우에 정욕과 같은 아주 부정적인 의미로 사용될 정도로 무엇인가를 너무나 강렬하게 추구하는 모습을 설명할 때 사용된다. 사도 바울은 이 단어를 채용하여 감독의 직분을 얻으려 하는 사람은 일상적인 일을 사모한다고 말한다. 무슨 말인고 하면 감독의 직분을 얻으려 하는 사람은 일상적인 일을 절대로 소홀히 여기지 않는다는 것이다. 그는 성품을 드러내고, 사람을 대접하고, 가정을 사랑하고, 경건을 연습하는 것을 경시하지 않는다. 그는 일상을 무심코 흘려보내지 않는다. 그는 일상에서 사람됨을 위한 그리고 신자 됨을 위한 진실을 발견한다. 그래서 그는 매일 생활에서 인격을 더 잘 갖추려고, 재능을 더 잘 활용하려고, 가정을 더 잘 세우려고, 경건을 더 잘 습득하려고 강렬하게 추구한다. 그는 진실이 바로 이 같은 일상에서 증명된다는 것을 믿기 때문이다.

일상 이력서만이 교회를 속임수에서 벗어나게 할 수 있다. 진실은 일상에서 증명된다는 것을 보여줄 교회가 있으면 좋겠다.

아내 목회

3 : 2a 그러므로 감독은 책망할 것이 없으며 한 아내의 남편이 되며 절제하며 신중하며 단정하며 나그네를 대접하며 가르치기를 잘하며

가정은 교회의 터전이다. 가정 없이는 교회도 없다. 이 사실은 초대 기독교가 가정에서부터 시작되었다는 것으로부터 회피할 수 없는 증거를 얻는다. 아굴라와 브리스길라가 자신의 가정집을 예배처소로 사용하도록 제공한 경우나, 고넬료와 루디아에게서처럼 부부, 부모, 자녀, 친척, 친구 등으로 이루어진 가족 모두가 함께 기독교의 신앙으로 회심하는 경우나, 스데바나의 가족이 전체적으로 기독교 복음의 확산을 위하여 헌신한 경우는 초대 기독교가 신자의 가정과 떼려야 뗄 수 없는 긴밀한 관계를 맺고 있었다는 사실을 단적으로 시사해준다. 이런 맥락에서 사도 바울이 감독의 직분을 얻으려는 사람은 책망할 것이 없는 사람으로서 무엇보다도 "한 아내의 남편이어야 한다"고 못 박은 것은 결코 뜻밖의 일이 아니라 오히려 의미심장한 일이다.

왜 사도 바울은 구태여 감독의 직분을 사모하는 사람이 "한 아내의" 남편이어야 한다고 역설하는가? 틀림없이 이러한 진술은 당시의 그리스-로마 문화*에서 성적인 문란함이 팽배해

있었던 것을 반영한다. 당시에는 남자들이 여러 여자와 상대하였을 뿐 아니라 여자들도 여러 남자와 상대를 하였다. 따라서 사도 바울이 교회의 목회자들에게 한 아내의 남편이어야 한다는 조건을 제시했을 때, 그것은 당

> **＊그리스-로마 문화** 그리스의 정신을 알렉산더 대왕이 동방으로 전파하여 헬레니즘이 형성된 후에 다시 로마제국이 이어받아 세계화 시켰다. 이 전체를 가리켜 "그리스-로마 문화"(Greco-Roman Culture)라고 부른다. 그리스-로마 문화는 매우 폭넓은 내용을 담고 있는데 그 핵심은 인간 정신의 발현이라고 볼 수 있다. 이런 문화관에서 인간은 우주의 중심으로 이해된다.

연히 성적인 윤리의 차원에서 부패한 사회를 공격하는 강력한 도전의 말이며 동시에 건전한 가정윤리를 형성하는 새로운 사회를 향한 강력한 권면의 말이다. 이런 점에서 볼 때 우리는 오늘날 많은 목회자들이 이성 도덕(sex moral)의 문제에서 실패하고 있다는 것에 대하여 경악하며 한탄해야 한다. 많은 경우에 그 문제가 은닉되고 있을 뿐이다. 그리고 이 문제에 연루된 대다수의 목회자들이 양심에 일말의 가책이나 최소한의 공개적인 회개도 없이 어쩌면 그렇게 버젓이 목회자로 활동을 잘하고 있는지 알 수 없다. 더욱 놀라운 일은 이런 이성 문제를 일으킨 목회자들이 더 인기를 얻고 있다는 것이다. 아마도 오늘날 신자들은 심지어 음행과 같은 더 많은 경험을 쌓은 목회자를 좋아하고 있는 것인지도 모르겠다. 왜냐하면 유유상종이니까. 또 어떤 목회자들은 자신의 성적 치부를 감추기 위하여 더 거룩함으로 치장을 하고 다른 이들의 치부를 드러내는 데 힘을 기울인다. 이른 바 똥 묻은 개가 겨 묻은 개를 나무라는 것이다. 기독교의 영적 지도자 집단은 바로 이 문제에서 실패함으로써 기독교는 머리 잘린 닭이 피를 뿌리며 마

당을 뛰어다니듯이 아무런 방향 없이 우왕좌왕하다가 결국은 몰락의 길을 가고 있는 것이다.

사도 바울은 감독의 직분을 사모하는 사람은 한 아내의 "남편이어야 한다"고 덧붙인다. 한마디로 말해서 목회자가 되기를 희망하는 사람은 아내에 대한 책임을 가지라는 것이다. 남편으로서 아내에게 헌신적인 자세를 가지는 것이 목회자에게 결정적으로 중요하다. 왜냐하면 아내에게 헌신적인 사랑을 보이지 못하는 남편은 그리스도께서 교회를 헌신적으로 사랑한 것을 이해하지 못하기 때문이다(엡 5:25). 교회를 사랑하셔서 자신을 주시기까지 하신 그리스도의 사랑을 이해하지 못하는 사람은 절대로 목회자가 되어서는 안 된다. 이것은 자칫 잘못하면 아내를 이용해서 자기의 유익을 채우는 비열한 남편이 되기 쉽기 때문이다. 초대교회 당시에 성도를 자신의 자랑거리로 삼거나(갈 6:13), 성도를 종으로 삼거나 잡아먹거나 사로잡거나 하는(고후 11:20), 심지어 성도를 이용해서 자기 몸만 기르는 거짓 목자들이 있었다는 것을 어찌 잊으랴(유 12). 그래서 진정으로 진실한 목회자가 되기를 바라는 사람은 가장 먼저 가정에서 아내에 대하여 책임을 지는 것을 배워야 한다. 오늘날 대부분의 목회자들이 주님과 교회의 일을 위한답시고 아내에 대한 책임을 소홀히 하는 것이 과연 바른가? 한 아내 외에 다른 여성에게 눈을 돌리는 남편도 목회자가 될 자격이 없다면, 남편으로서 아내를 위한 책임을 지지 않는 남편도 목회자가 될 자격이 없다. 목회자가 아내의 신망을 잃으면 목회의 모든 것을 잃은 것이다. 그러므로 아내에 대한 목회가 교회에 대한 목회의 진정한 시작이다.

사람이 되라

3 : 2b 그러므로 감독은 책망할 것이 없으며 한 아내의 남편이 되며 절제하며 신중하며 단정하며 나그네를 대접하며 가르치기를 잘하며

누구에게나 만나지 않았어야 할 사람이 있는 것 같다. 이제는 수년 전의 일이 되고 말았지만 나에게도 그런 사람이 있었다. 게다가 그가 목사였다는 것을 생각하면 지금도 머리가 지끈거리며 아프다. 그는 돈 빌려 쓰고는 갚지 않고, 남의 이름을 팔아 제 이익을 챙기고, 거짓말을 밥 먹듯이 하고, 잘 되가는 모임을 파투로 만들고, 절친한 친구 사이를 이간질하고, 등 뒤에서 욕하며 다니고, 남의 물건을 제 것인 냥 마구 사용하고, 사람들의 마음에 찬물을 끼얹기가 일쑤였다. 그에게서는 자기를 절제하는 모습이라든가 언행에 조심하는 자세, 또는 단정한 생활이란 것은 정말로 눈곱만큼도 찾아볼 수가 없었다.

사도 바울이 제시하는 감독의 자격을 보면 괜히 입안이 씁쓸해진다. 다른 것이 아니라 감독이 될 사람에게 절제와 근신과 아담을 요구하고 있기 때문이다(딤전 3:2b). 물론 사도 바울이 교회지도자의 직분을 얻기 위한 조건으로 믿음과 경건 이런 것들을 모두 전제적으로 생각했을 것임은 두 말할 나위가 없다. 하지만 느닷없이 절제와 근신과 아담을 제시하는 것을 들으면 가슴이 움찔 찔린다. 우리가 대수롭지 않게 여기며

쉽게 지나쳐 갈 수 있는 것들을 사도 바울은 꼭 집어서 언급하고 있는데, 이 세 단어를 한마디로 정리하자면 교회지도자가 되기 전에 먼저 사람이 되라는 것이기 때문이다.

절제와 신중과 단정은 사실상 모두 동의어라고 보아도 크게 잘못되지 않을 것이다. 이 단어들이 나타내고자 하는 기본적인 뜻은 말짱한 정신을 가지고 총명한 마음으로 단정한 자세를 취하는 것이다. 다른 말로 설명하자면 이 단어들은 노인이 나이가 들어도 정신이 흐려지지 않도록 깨어있는 것(딛 2:2), 젊은 여자들이 이것저것에 한눈을 파는 일이 없이 총기를 유지하는 것(딛 2:5), 여자가 옷매무새를 잘 갖추어 반듯하고 우아한 자세를 지키는 것을 의미한다(딤전 2:9). 이런 모습에서 노인은 노인으로서의 고상함을 나타내고, 여성은 여성으로서의 우아함을 간직할 수가 있는 것이다.

왜 사도 바울은 교회의 지도자가 되기를 희망하는 사람들의 자격으로 이런 조건을 제시하는 것일까? 그 이유는 매우 간단하다. 지도자가 되기 전에 먼저 사람이 되어야 하기 때문이다. 사도 바울은 이 말로써 사역보다 인격이 중요하다는 것을 가르치고 있다. 오늘날과 같이 성품보다 기능을 더 중시하는 시대의 풍조가운데서는 사도 바울의 생각이 얼마나 유효할지 모르겠지만, 아무리 부인하려고 해도 부인할 수 없는 것은 인품이 훌륭하면 작은 사역이라도 큰 효과를 일으키고 인격이 더러우면 큰 사역이라도 별 효과를 일으키지 못한다는 사실이다. 이런 의미에서 교회의 지도자를 세우려고 할 때는 능력을 시험해볼 것이 아니라 인품을 시험해보아야 한다.

사람이 되지 않은 채로 일군이 되면 문제가 생긴다. 그런 인물은 무엇인가 지식을 배우면 교만해지고, 무엇인가 재주를 익히면 우쭐해지고, 무엇인가 지위를 얻으면 거드름을 피운다. 송아지 못 된 것은 엉덩이에 뿔이 난다는 속담이 조금도 그르지 않다. 인품을 갖추지 못한 사람의 지식은 살상무기가 되고, 그의 재주는 절도기술이 되며, 그의 지위는 학살현장이 된다. 우리는 사도 바울이 제시하는 이렇게 간단한 진리에 비추어 볼 때 우리의 주위에서 얼마나 쉽게 독일의 히틀러와 캄보디아의 폴 포트(본명: 살로트 사, 1928-1998)를 만날 수 있는지 잘 알고 있다. 그 뿐이 아니다. 우리를 더욱 두렵게 만드는 것은 사람의 됨됨이를 갖추지 못할 때 우리 자신이 너무나도 쉽게 히틀러와 폴 포트가 되어버린다는 사실이다.

사도 바울이 하나님의 교회를 돌보아야 할 감독의 자격을 설명하는 난에 절제와 근신과 아담이라는 세 단어를 적어 넣은 것은 결코 실수가 아니다. 감독이 되는 것보다 중요한 것은 사람이 되는 것이기 때문이다. 돌이켜보면 수년 전에 만났던 그 불량한 목사는 사실상 나의 가슴 속 깊이 숨어있는 본질의 자화상에 불과하다. 어거스틴의 말대로 나 자신이 나에게 문제가 되었다. 그렇다. 사람이 되지 않고 목사가 되어있는 우리가 문제일 뿐이다. 그러므로 사람이 되라!

사람을 좋아해야 한다

3 : 2c 그러므로 감독은 책망할 것이 없으며 한 아내의 남편이 되며 절제하며 신중하며 단정하며 나그네를 대접하며 가르치기를 잘하며

목회를 하면서 내게 가장 힘이 부쳤던 것은 주간 중에 쉴 새 없이 규칙적으로 밀려오는 설교가 아니었다. 갑자기 병원에 입원한 교우를 심방하기 위하여 새벽기도회를 마치자마자 부리나케 차를 몰기 시작해서 아침 성경공부, 오후 늦게까지 심방, 저녁기도회 그리고 자정을 훨씬 넘긴 야밤 강의준비로 하루 종일 수많은 일에 시달리다가 그냥 넥타이를 맨 채 쓰러지는 것도 그렇게 두려운 일은 아니었다. 가족과 함께 하는 즐거운 자리를 만들지 못한다거나 여행할 여유가 없는 것, 무슨 필하모니 오케스트라에 참석하거나 하다못해 남이 다 보는 영화 한 편 제대로 감상하지 못하는 것 이 따위들은 그렇게 괴로운 일들이 아니었다.

목회하는 동안 정말로 내게 가장 힘들었던 것은 사람을 좋아하기 위하여 많은 연습을 해야만 했다는 것이다. 성격이 까다로운 사람, 따지기를 좋아하는 사람, 꼬투리를 잡고 늘어지는 사람, 사소한 것에도 시비를 거는 사람, 잘 양보하지 않는 사람, 쏘아대는 말을 잘하는 사람, 제 맘에 들지 않으면 성을 내는 사람, 이런 사람들이 주위에 어찌나 많은지 사람을 좋아하기 위하여 연습에 연습을 거듭해야만 했다. 불쑥 찾아온 생면부지의 나그네를 맞이할 때처럼 불편한 마음으로 조심스럽게 대하거나 전혀 받아들일 자세가 되어있지 않은 사람을 가르칠 때처럼 긴장된 마음으로 만나야할 사람들이 적지 않았던

것이다.

곰곰이 생각해보면 이런 이유 때문에 사도 바울은 느닷없이 교회의 지도자가 되기를 희망하는 사람이 나그네를 대접하며 가르치기를 잘해야 한다고 부연하였던 것임에 틀림없다. 나그네를 대접한다는 것은 친숙하지 않은 사람에게도 편안한 마음으로 호의를 베풀어야 한다는 의미가 아닌가? 가르치기를 잘 해야 한다는 것은 마이동풍 격으로 귀를 막고 있는 사람에게도 인내를 가지고 사랑을 주어야 한다는 것을 의미하지 않는가? 목회자는 여행하는 길에 잠시 스쳐 지나가는 잘 모르는 나그네에게도 반갑게 관용을 베풀어야 하며, 깨우치기를 거절하는 완악한 사람 뿐 아니라 들어도 금방 잊어버리는 미련한 사람에게도 싫어하는 기색이 없이 기꺼이 가르쳐야 한다. 한마디로 말해서 교회의 지도자는 사람을 좋아해야 한다.

사실상 나그네를 접대하는 것과 가르치기를 잘 하는 것은 초대교회에서 매우 중요한 주제였다. 나그네 접대는 떠돌이를 맞이하는 것으로부터 시작해서 방랑선교사에 이르기까지 모든 신자들이 신경을 써야할 일이었다. 나그네 접대는 천사를 대접하는 것과 같은 일이라(히 13:2) 천국을 상속받는 영광을 보장하기도 하지만(마 25:35) 잘못하면 교회가 산산조각으로 깨어지는 불상사를 가져오기도 한다(요삼 5-10). 잘 가르치는 것은 이미 예수 그리스도께서 모범을 보이신 일이라(마 4:23) 사도들을 비롯하여 초대교회의 신자들이 전심전력으로 참여하였다(행 5:42). 가르치는 일은 심지어 성령의 은사로 이해되었다(롬 12:7). 가르치는 일이 중요했던 이유는 참된 교사는 교회를 견고하게 세우지만(행 13:1이하) 거짓 교사는 교회를 엉망으로 만들어버리기 때문이다(벧후 2:1이하).

그런데 나그네를 대접하는 것과 가르치기를 잘하는 것은 사람을 좋아해야 한다는 점에서 공통점을 가진다. 사람을 좋아하는 이가 나그네를 대접하며 가르치기를 잘할 수 있다. 그러므로 사도 바울이 교회의 지도자가 되기를 희망하는 이에게 느닷없이 이런 사항들을 요구하는 것은 사람을 좋아하지 않는 성격을 가진 자는 아예 처음부터 이런 희망을 포기하는 것이 낫다는 의미일 것이다. 가난한 사람이건 부유한 사람이건, 건강한 사람이건 병약한 사람이건, 높은 사람이건 낮은 사람이건, 유식한 사람이건 무식한 사람이건 간에 사람을 좋아하지 않는 목회자는 자타에 손해를 입히고 말 것이기 때문이다. 사람을 좋아해서 받아들이기도 잘하고 내주기도 잘하는 것이 목회의 요령이다. 내가 진작 이것을 깨달았더라면 목회가 크게 힘들지 않았을 것이다. 하지만 사람을 좋아하는 일은 아직도 연습해야 할 것이기 때문에 후회만 하고 있을 수는 없다.

술

3 : 3a 술을 즐기지 아니하며 구타하지 아니하며 오직 관용하며 다투지 아니하며 돈을 사랑하지 아니하며

예수 믿는 사람과 그렇지 않은 사람이 만나면 어김없이 화제로 떠오르는 것은 성경에 술을 먹지 말라는 말이 정말 있

느냐 없느냐 하는 것이다. 언젠가 남성도들 몇 명이 함께 대화를 나누다가 이 문제로 언성을 높이며 대판 싸우는 것을 보았다. 한 사람은 술을 마시지 말라는 말이 성경에 있다며 열변을 토했고, 한 사람은 그런 말을 성경에서 본 적이 없다며 핏대를 올렸다. 다른 한 사람은 술에 대한 성경의 언급은 그저 취하지 말라는 정도의 완곡한 것으로서 먹어라 아니면 먹지 말라로 딱 잘라 말하고 있지는 않다는 논리를 폈다. 결국 그들은 얼굴에 홍조를 띨 만큼 서로 손가락질까지 해가며 말다툼을 하다가 저만치 멀찍이 앉아서 귓등으로 그 언쟁에 참여하던 나에게 달려와서 정확한 판결을 요구했다.

사실 성경은 술에 대하여 부정과 긍정의 양면적인 입장을 보여준다. 성경이 술을 부정적인 시각으로 이해하고 있다는 것은 술에 대한 첫째 이야기라 할 수 있는 노아의 포도주(창세기)와 술에 대한 마지막 이야기라 할 수 있는 음녀의 포도주(계시록)로부터 쉽게 알 수 있다. 노아는 술로 말미암아 자녀들 앞에 부끄러운 모습을 보였고, 음녀는 술로 세상에 있는 사람들을 미혹한다. 술은 방탕과 타락으로 가는 길이다. 이와 달리 성경은 술을 희락과 교제의 의미로 사용하고 있는 것을 볼 수 있다. 멜기세덱이 아브라함에게 포도주를 제공한 것이나 예수께서 갈릴리 가나의 혼인잔치에서 물로 포도주를 만들어주신 것은 성경이 술과 관련하여 긍정적인 측면을 제시하고 있는 것으로 생각할 수 있다. 멜기세덱은 술을 가지고 와서 아브라함의 승전을 축하했고, 예수께서는 물로 포도주를 만들어 혼인잔치의 즐거움을 회복시켜주셨다.

술에 대한 이중적인 태도는 사도 바울이 디모데에게 보낸 첫째 편지만 읽어보아도 어렵지 않게 발견된다. 사도 바울은 교회의 지도자인 감독에게 술을 즐기는 것은 어울리지 않는 일이라고 지적한다. 헬라어의 의미를 따라서 정확하게 말하자면 사도 바울의 생각은 감독이

포도주 곁에는 가까이 접근도 하지 말거나 포도주를 곁에 두는 일조차 하지 말라는 것이다. 이것은 후에 집사*에게 주는 권면에서도 비슷하게 나타난다(딤전 3:8). 그런데 정말로 아이러니컬한 것은 같은 서신에서 사도 바울이 이미 교회의 지도자로 일하고 있는 디모데에게 포도주를 마실 것을 강력하게 추천하고 있다는 것이다(딤전 5:23). 사도 바울은 디모데가 위장병으로 고생하는 것을 알고 는 포도주를 조금씩 사용하라고 일러주었다. 이것은 사도 바울이 술에 대하여 칼로 두부를 자르는 것과 같은 흑백논리로 생각하고 있지 않았다는 것을 명확하게 보여준다.

어쨌든 성경이 술에 대하여 곱지 않는 시선을 보내는 것은 술이 대체적으로 유용한 결과를 내기보다는 무익한 더 나아가서는 해로운 결과를 자아내기 때문이다. 그래서 성경은 영적인 지도자가 될 사람에게는 언제나 술에 대하여 엄중한 금지의 명령을 내렸다. 예를 들면 제사장들은 하나님의 성전에 들어가서 임무를 수행할 때 절대로 포도주나 독주를 마시면 안

되었다(레 10:9). 이것은 하나님께서 주시는 사명을 감당하기 위하여 선택받은 나실인에게도 똑같이 요구되는 사항이었다(민 6:1-4). 이 때문에 삼손이나 사무엘 같은 인물들은 술을 마셔서는 안 되었던 것이다. 이후에 예수 그리스도의 길을 예비하는 세례자 요한이 포도주나 소주를 마시지 않아야 한다는 것도 이와 같은 맥락에서 이해할 수 있다(눅 1:15). 이렇게 성경이 하나님의 일을 맡는 사람들에게 술을 금하고 있는 공통적인 이유는 세속과의 구별을 위한 것이다.

술이 희락과 교제의 가능성을 열어주는 것은 사실이지만 그보다는 연약한 인생들을 방탕과 타락으로 유혹하는 힘을 더 강하게 발휘한다는 것을 잊어서는 안 된다. 교회의 지도자들이 술 마시는 것을 멀리해야 한다면 신자들이 그러해야 하는 것은 당연한 일이다. 신앙의 지도자들이, 그리고 예수를 믿는 신자들이 세상과 구별된 사람들이라는 것을 증명할 수 있는 길 중에 하나는 바로 술을 멀리하는 것이기 때문이다.

싸움꾼

3 : 3b 술을 즐기지 아니하며 구타하지 아니하며 오직 관용하며 다투지 아니하며 돈을 사랑하지 아니하며

아마도 우리나라의 길거리에서만 볼 수 있을 것 같은 진풍경 중에 한 가지는 이웃사람끼리도 주차문제로 말미암아 서로 욕지거리를 하고 손찌검을 하면서 싸우는 것이다. 길거리뿐 아니라 국회와 같이 고상한 자리에서도 그럴싸하게 생긴 의원들이 멱살을 잡고 주먹질을 하는 것은 우리나라에서 오

랜 역사가 되고 말았다. 하긴 심지어 거룩하신 하나님께 예배를 드리는 장소인 교회당에서조차도 어떤 이유에서든지 간에 내 편, 네 편으로 갈라져 서로 욕설을 퍼붓고 발로 차고 손으로 패는 일이 비일비재하게 일어나는 것이 우리나라의 모습이다. 이 나라에서는 그래도 선출 받은 목사들과 장로들로 모여서 회의를 하는 소위 "성(聖)노회"와 "성(聖) 총회"에서마저도 믿지 않는 사람들이 하듯이 다투고 싸운다고 하니 참으로 기가 찰 노릇이다.

싸움과 다툼은 상대방을 이해하는 마음을 가지고 있지 못하기 때문에 일어나는 것이다. 잠시라도 왜 저 사람이 차를 그렇게 세울 수밖에 없었는지 이해하는 마음을 가진다면 주차문제로 인하여 싸우는 일은 훨씬 많이 줄어들 것이다. 상대 정치인이 그런 주장을 하는 까닭을 조금이라도 생각해 볼 여유를 가진다면 국회에서 치고 박고 싸우는 추태를 보이지는 않게 될 것이다. 비록 의견차이로 말미암아 교회 안에서 그룹이 나누어진다 할지라도 서로 간에 고유한 성격들을 헤아리는 자세를 가진다면 몸싸움까지 하는 불상사가 일어나지는 않을 것이다. 한 회원이 발언할 때 그가 처해 있는 상황을 고려하여 이야기를 듣는다면 노회든 총회든 물리적인 힘자랑을 하지 않아도 될 것이다. 모든 다툼과 싸움의 배후에는 상대방을 이해해 보려는 관용의 부족과 결핍이 도사리고 있다.

그래서 다른 사람을 이해할 수 있다는 것은 축복 중의 축복이다. 사도 바울은 다른 사람에 대하여 이해심을 가지는 것이

지복(至福) 가운데 하나라는 사실을 받아들일 수 있는 사람이 교회의 지도자가 되어야 한다고 생각한다. 다시 말하자면 교회를 이끄는 사람은 구타하지 아니하고 오직 관용하며 다투지 아니해야 한다. 아무하고나 쉽게 갈등을 빚는 사람이나 어디에서든지 자주 마찰을 일으키는 사람에게는 교회의 지도자 직분이 결코 어울리지 않는다. 그것은 그에게 관용이 없다는 증거이기 때문이다. 만일에 이런 사람이 사도 바울의 권면 앞에서도 아무런 부끄러움이 없이 버젓이 교회의 지도자로 행세를 한다면 교인들에게는 물론이고 그 자신에게도 크나큰 불행이라고 하지 않을 수 없다. 그래서 관용하는 지도자는 자신이 복된 사람일 뿐 아니라, 그런 지도자를 만난 교회는 한없이 큰 복을 받은 것임을 알아야 한다.

그런데 솔직히 말해서 다른 사람을 이해하고 받아들이는 관용이란 것은 절대로 쉬운 것이 아니다. 사실상 관용은 복 중의 복이지만 또한 어려운 것 중의 어려운 것이다. 대부분의 지도자들이 이 부분에서 매일같이 실패를 맛보기 때문이다. 따라서 만일에 누군가가 관용을 베푸는 일에서 성공한다면 그는 모든 일에서 성공한 것이라고 말해도 과언이 아니다. 이런 점에서 구타하지 말고 오직 관용하며 다투지 말라는 사도 바울의 권면은 우리에게 회개를 요청하는 것이 된다. 우리는 이해심과 관용심을 얻기 위하여 연습해야 한다. 다른 사람을 이해해보려고 노력하지 않는 닫힌 마음의 빗장을 열고, 다른 사람에게 관용을 베풀려고 하지 않는 굳은 마음을 부드럽게 만드는 연습을 해야 한다. 자신에 대하여는 냉정하고 타인에 대하여는 온유해야 한다.

그러므로 우리는 구타하지 말고 오직 관용하며 다투지 말라는 사도 바울의 권면을 건성으로 흘려보내서는 안 된다. 우리는 이 말씀을 가지고 하루를 여는 아침시간에 자신의 삶을 결단해야 하며, 우리는 이 말씀을 가지고 하루를 닫는 저녁시간에 자신의 삶을 반성해야 한다. 다른 사람을 이해해보려는 자세가 우리의 삶에서 알파와 오메가가 되어야 한다. 처음도 관용이며 나중도 관용이다. 다시 말하지만 첫째도 관용이며 둘째도 관용이다. 하지만 이 일이 어찌 우리의 힘으로 이루어지겠는가, 우리의 연약함을 이해하시는 하나님의 관용하신 도우심이 없다면!

돈

3 : 3c 술을 즐기지 아니하며 구타하지 아니하며 오직 관용하며 다투지 아니하며 돈을 사랑하지 아니하며

신혼초기의 전세살림을 깡그리 정리하여 유학의 첫 발을 딛었을 때, 불과 나보다 대엿새 먼저 독일에 온 어떤 젊은 목사가 나에게 돈을 수중에 가지고 있으면 위험하니 은행에 넣는 것이 좋다고 권유를 하면서 종이 한 장을 불쑥 내밀었다. 그가 내민 종이 위에는 깨알같이 작은 글씨에 빨간색, 파란색 온갖 색깔로 칠해진 여러 은행기관의 이율(利率) 비교표가 적혀있었다. 그는 독일에 도착하자마자 며칠 동안 쏘다니며 은행업과 관련된 기관이란 기관은 모조리 뒤져서 어디에 돈을

넣어두면 이자를 많이 받을까 골머리를 싸매고 연구했던 것이다. 얼마 후에 그는 참으로 용케도 어떤 한인교회에서 목회를 하게 되었는데, 교회를 맡기도 전에 사례비는 이만큼 받아야 한다, 퇴직금은 얼마가 되어야 한다, 이와 같이 어리석은 주문을 하다가 결국 몇 달을 채우지 못한 채 쫓겨나고 말았다. 나중에 안 일이지만 그는 이후에도 돈 되는 것이라면 인격도 신분도 아랑곳하지 않고 뛰어들어 자신도 큰 망신을 당하고 남들에게도 큰 손해를 끼쳤다.

감독의 직분을 얻으려는 사람은 "돈을 사랑하지 않아야 한다"는 사도 바울의 짧은 말이 정곡을 찌르고 있다. 아마도 이 말씀을 활쏘기에 비유한다면 과녁의 한가운데를 관통한 것이리라. 사도 바울은 당대의 교회 뿐 아니라 미래의 교회가 봉착하게 될 치명적인 문제점을 내다보고 있다. 사도 바울은 목회자가 돈을 사랑하면 얼마나 무서운 부작용이 일어나는지 정확하게 알고 있다. 돈맛을 본 목사는 성경에서 재미를 얻지 못한다. 이런 목사는 하나님의 말씀의 구석구석에 들어있는 영롱한 진주 같은 진리를 캐내어 가르치는 것보다 성도들의 호주머니를 열어 돈을 끄집어내기에 적합한 구절들을 찾아내는 데 혈안이 된다. 이런 목사는 기도에 관심이 없을 뿐 만 아니라 혹시 기도를 해도 그 머릿속에서 돈 문제를 지우지 못한다. 조금 더 심하게 말하자면 이런 목사의 기도에서는 돈에 관한 제목이 간구의 전부이다.

돈을 사랑하는 목사에게는 목회가 돈과의 싸움이 된다. 이런 목사에게 최대관건은 성도들로부터 헌금을 짜내는 것이다. 한마디로 말해서 헌금 짜내기 목회이다. 물론 이런 일을 하기 위하여 기발할 정도로 그럴싸한 명목들이 수없이 많이 제시된다. 때로는 성도들에게 헌금을 강요하고 협박하기도 하며, 때로는 성도들이 분담금을 할당받기도 하며 배정받기도 한다. 많은 경우에 헌금을 걷어내기 위한 목적으로 집회를 열어 성도들이 억지로 은혜를 받도록 분위기를 조장하기도 한다. 목회자를 통하여 하나님으로부터 오는 참된 은혜가 있다면 왜 물질적인 감사가 없겠는가마는 ⋯ 돈을 사랑하는 목사는 영혼의 문제에 관심을 잃어버린다. 그래서 이런 목사에게는 하나님의 은혜가 아니고는 도저히 더 이상 인생을 살 수 없다며 찾아 나온 성도들이 가련한 영혼으로 보이지 않고 돈뭉치로 환산되어 보인다.

과연 우리는 오늘날 한국교회가 쪼개지는 여러 가지 외면적인 원인 뒤에 실제로는 가장 근본적인 원인으로 돈 문제가 있다는 것을 부인할 수 있을까? 한 걸음 더 나아가서 특히 이 근본적인 원인의 밑바닥에는 돈에 대한 목사의 야릇한 욕망이 깔려있다는 것을 우리는 과연 부인할 수 있을까? 사회를 유지시키는 수단으로서 통화의 중요성을 무시할 수는 없겠지만 돈에다 모든 것을 거는 집착심을 가지는 것은 위험하기 짝이 없는 것이다. 돈을 사랑하는 것은 일만 악의 뿌리가 되기 때문이다(딤전 6:10). 오죽하면 주님께서 하나님과 재물을 두 주인으로 섬길 수 없다고 말씀하셨으며, 복음을 전하는 이들에게 전대를 가지지 말라는 엄한 말씀을 주셨겠는가?

목사는 돈에 대하여 심정적으로 거리가 멀수록 좋다. 목사는 재물에 가까우면 안 되고, 교회는 은행에 가까우면 안 된다. 목사는 재물에 눈이 밝으면 영안이 닫히고, 교회는 은행에서 힘을 빌리면 영력을 잃는다. 목사의 능력은 돈으로부터 나오는 것이 아니라 돈을 멀리하는 데서 나오는 것이기 때문이다. 이 한마디의 말에 엘리사의 능력이 들어있었던 것을 기억하라. "지금이 어찌 은을 받을 때냐"(왕하 5:26).

목회보다 앞서는 것

3 : 4 - 5 자기 집을 잘 다스려 자녀들로 모든 공손함으로 복종하게 하는 자라야 할지며 (사람이 자기 집을 다스릴 줄 알지 못하면 어찌 하나님의 교회를 돌보리요)

올해 초여름 군에 입대한 우리 큰 아이를 생각한다. 스물 두 해를 곱게 자란 아들은 논산훈련소로 떠나면서 우리의 허전한 마음을 위로하려는 듯이 그러나 결국 우리의 눈시울을 붉게 만드는 작은 카드를 한 장 남겨놓았다. "내가 믿는 것 중에서 얼마나 많은 것들이 아버지가 제게 가르쳐주신 것인지… 지금 저의 얼마나 많은 부분이 어머니의 사랑 때문인지… 아버지와 어머니는 정말 멋진 모델이셨어요. 언젠가는 부모님께서 보여주신 본보기가 어떤 것이었는지를 진정으로 알게 되었으면 좋겠어요. 하나님이 제게 부모님 같은 부모님을 주셔서 너무나 감사해요. 건강하게 갔다 오겠습니다."

사실 나는 아이들에게 그다지 자상하고 다정한 아버지는

아니었다. 작은 아이에게는 그래도 감정을 많이 자제하였지만 큰 아이를 기를 때는 정말 전형적으로 엄격한 아버지의 모습을 여실하게 보여주었다. 가끔 큰 아이는 동생의 느려터진 행동을 구박할 때면 아버지한테 매를 덜 맞아서 그렇다고 소리칠 정도로 말이다. 이제 다 성장한 아이들을 바라면서 그들의 마음속에 따뜻하고 부드러운 아버지의 인상을 심어주지 못한 것에 대하여 한편으로는 적지 않게 미안하면서도 또 한편으로는 아이들이 모두 무지막지한 아버지의 교훈을 멀리하지 않고 훌륭한 신앙인으로 자란 것에 대하여 자부심을 느낀다.

사도 바울은 목회자에게 하나님의 교회를 돌보는 것보다 자기의 집을 다스리는 것이 앞서야 한다고 말한다. "사람이 자기 집을 다스릴 줄 알지 못하면 어찌 하나님의 교회를 돌아보리요"(5절). 이것은 목회보다 제가(齊家)가 우선한다는 것을 의미한다. 사도 바울이 말하려는 뜻은 목회가 가정에서부터 시작되어야 한다는 것이리라. 특히 초기기독교처럼 중추적인 가정을 바탕으로 이루어진 가정교회에서는 목회자가 자기의 집을 다스리지 못하면서 하나님의 교회를 돌본다는 것은 어불성설에 지나지 않았을 것이다. 물론 사도 바울의 가르침은 오늘날의 목회자들에게도 그대로 적용된다.

현대 기독교라고 해서 사도 바울의 가르침을 면할 수 있는 것이 아니다. 우리는 주위에서 가정을 제대로 다스리지 못함으로써 목회에 실패한 목회자들의 사례를 얼마든지 흔히 발견할 수 있다. 아니 어쩌면 조금 심하게 역으로 말해서 목회의 실패는 제가의 실패에 기인한다고 말할 수 있을지도 모르겠다. 목회자가 자신의 가정사에 집착해서 너무나 많은 시간을 드려도 목회에 문제가 되고 자신의 가정사를 소홀히 해서 아무런 시간을 드리지 않아도 목회에 문제가 된다. 목회의 왕도(王道) 가운데 하나는 제가와 관련이 있는 것이다. 그러므로 가정에서는 실패하고 교회에서는 성공했다는 주장은 결코 정당한 것이 아니다.

사도 바울은 목회자가 자기 집을 잘 다스리는 것에 대한 대표적인 예로 자녀교육을 제시한다. "자기 집을 잘 다스려 자녀들로 모든 공손함으로 복종하게 하는 자라야 할지며"(4절). 사도 바울에 의하면 목회에서 자녀교육의 성패는 엄청난 의미를 가진다는 것이다. 실제로 목회자의 자녀가 신앙의 도리에서 순종의 자세를 보이면 목회가 흥하지만 불순종의 자세를 보이면 목회가 쇠하는 것을 볼 수 있다. 하지만 사도 바울의 의중은 이 정도에 머무는 것이 아니다. 사도 바울의 진정한 의도는 자녀교육의 잘됨과 못됨을 놓고 목회자의 자격여부까지 묻는 것이다. 목회의 사활이 자녀교육에 달려있다고 말하는 것은 언뜻 들으면 지나친 감이 있지 않은가 반문하겠지만 구약의 제사장들이나 선지자들에 관한 이야기만을 슬쩍 들춰 봐도 어렵지 않게 납득이 된다.

여기에서 놓쳐서는 안 될 사실이 있다. 그것은 목회자가 가정을 잘 다스리는 것, 특히 자녀를 잘 교육하는 것은 마음만 가지고는 안 되고 스스로 삶에 모범이 되어야 한다는 것이다.

그래서 사도 바울은 "모든 단정함으로"(4절)라는 말을 덧붙이고 있다(8절과 11절을 참조하라). 삶에 단정한 목회자가 자녀를 바로 교육하고 가정을 바로 다스린다. 그러므로 목회보다 제가(齊家)가 앞서고, 제가보다 수신(修身)이 앞선다. 이것이 목회의 길이다.

기품

3 : 4a 자기 집을 잘 다스려 자녀들로 모든 공손함으로 복종하게 하는 자라야 할지며

내가 그 목사님을 마지막으로 만난 것은 강산이 변하고도 몇 번은 변했을 시간이 되었다. 그때 나는 유학 말기에 어머니께서 위독하다는 소식을 듣고 부랴부랴 달려온 터였는데, 그 목사님은 내가 잠시 귀국했다는 이야기를 전해 듣고는 산골짜기 목회지로부터 한 걸음에 달려오셨다. 으레 그렇게 사는 분임을 전부터 잘 알고 있었음에 불구하고 나는 그의 행색을 보는 순간 아연하지 않을 수가 없었다. 그는 다 해지고 빛 바란 검정고무신에 양말도 신지 않고, 계절은 이미 겨울로 접어들고 있는데 얇은 반 팔 와이셔츠를 입고 있었다. 게다가 셔츠의 목덜미는 닳고 닳아 칼라가 떨어져 저절로 로만 칼라가 되었다. 그의 옹색한 모습에 나는 그만 눈살을 찌푸리고 말았다. 하지만 그것도 잠깐이고 대화를 나눈 지 얼마 되지 않아서 나는 그의 기품에 완전히 압도되고 말았다. 그의 맑은 눈빛, 확신에 가득 찬 주장, 현실을 해부하고 앞날을 예견하는 혜안, 그리고 죽음도 두려워하지 않는 목회철학, 이런 모든

것이 마치 거대한 산처럼 나를 눌러버리고 말았던 것이다.

기품, 이것은 목회자에게 생명과도 같은 것이다. 기품을 잃어버린 목회자는 이미 목회자가 아니다. 아니, 비단 목회자뿐 아니라 기품은 모든 성도에게 요청되는 필수적인 덕목이다. 그래서 사도 바울은 감독들에게도(4), 집사들에게도(8), 여자들에게도(11) 단정함을 요구하였던 것이다. 단정함이란 다른 말로 하면 품위 있는 모습을 의미한다. 사실상 사도 바울은 벌써 이 주제를 언급한 바가 있다. 사도 바울은 통치자들을 위하여 기도할 것을 권면하면서 그렇게 기도해야 할 이유를 신자들이 단정한 중에 고요하고 평안한 생활을 하는 것에서 찾았던 것이다(딤전 2:2). 사도 바울이 이처럼 감독을 비롯하여 모든 신자에게 단정함을 요구하는 것을 우연이라고 생각하기에는 너무 간단하지 않은가?

오늘날 우리 시대에는 신자들에게서는 물론이고 심지어 목회자들에게서조차도 기품을 찾아보기가 힘들다. 사도 바울이 스스로 갈파했던 것처럼, "무명한 자 같으나 유명한 자요 죽은 자 같으나 보라 우리가 살아 있고 징계를 받는 자 같으나 죽임을 당하지 아니하고 근심하는 자 같으나 항상 기뻐하고 가난한 자 같으나 많은 사람을 부요하게 하고 아무것도 없는 자 같으나 모든 것을 가진 자로다"(고후 6:9-10)라고 말할 수 있는 목회자를 만나보기가 참으로 힘들다. 이름을 낼 수 있는 길, 성공을 보장하는 길, 재물을 얻을 수 있는 길을 위해서라면 목회자의 기품이고 나발이고 다 내동댕이치고 허둥지

등 좇아가는 목회자들이 지천하기 때문이다. 우리 시대의 목회자들은 목회자의 기품이 무엇인지 일부러 잊어버리려는 듯하다.

그 속에 하나님의 은혜가 가득하지 않고서야 어찌 목회자에게 기품이 있겠는가? 하나님의 영광을 그 속에 가득히 담고 있는 목회자에게서 어찌 기품이 뿜어 나오지 않겠는가? 비록 질그릇처럼 연약한 인생이라도 예수의 보배를 담고 있으면 사방으로 우겨 쌈을 당하여도 싸이지 아니하며 답답한 일을 당하여도 낙심하지 아니하며 핍박을 받아도 버린바 되지 아니하며 거꾸러뜨림을 당하여도 망하지 아니하는 것이다(고후 4:8-9). 이런 목회자는 유명해지는 것에도, 성공하는 것에도, 부요해지는 것에도 연연하지 않는다. 이미 예수를 위하여 자신의 생명을 내놓았기 때문에, 다시 말하자면 예수의 영광스러운 생명이 그 속에 들어와 있기 때문에 그렇다. 하나님의 영광을 그 속에 가득히 채우지 않은 채, 머리에 번지르르하게 기름을 바르고 바지의 주름을 칼처럼 세우고 파리도 미끄러질 정도로 구두에 광택을 내고 매끄러운 웃음을 입가에 흘리며 날카로운 말솜씨를 뽐내며 기름진 매너로 치장된 목회자들의 외면적 기품을 나는 혐오한다. 그리고 목회자의 속에 하나님의 영광이 텅 빈 것을 모른 채, 그 외면적 기품에 깜빡 죽는 신자들을 나는 혐오한다.

다 해진 얇은 반 팔 와이셔츠를 입고 초겨울의 추위에 바들바들 떨면서도 그 몇 번의 눈짓과 몇 마디의 말로 나를 간단히 굴복시켰던 초라한 목사님의 기품이 그립다.

교만

3 : 6 새로 입교한 자도 말지니 교만하여 져서 마귀를 정죄하는 그 정죄에 빠질까 함이요

뉴스란 놈은 충격적인 것을 보도할 때 주가가 올라가는 줄로 생각해서 특종거리를 발굴해내기 위해 항시 사방을 두리 번거린다. 물론 우리는 뉴스의 이런 기질 덕분에 심심치 않게 눈이 번쩍 뜨이는 일에 관한 정보를 얻는다. 예를 들면 어떤 아이가 최연소로 대학에 합격했다느니, 어떤 청년이 최연소로 국회의원이 되었다느니 하는 따위의 소식들 말이다. 사실 이런 일들이 대단한 것임에는 의심할 바가 없다. 하지만 한 가지 짚고 넘어가야 할 것은 이런 뉴스거리들이 성공의 척도를 너무나 일방적으로 잡아버리고 있다는 것이다. 이런 시도에서는 성공이라는 것이 오직 얼마나 짧은 시간 안에 얼마나 높은 자리에 도달할 수 있느냐에 의해서 이해되고 만다. 여기에서는 사람이 어떤 자리에 도달한 후에 오랜 시간 동안 인격적으로 행동할 수 있느냐 하는 점은 성공의 축에 들지 못한다.

그러나 교회의 원리는 다르다. 사도 바울은 새로 입교한 자를 감독으로 세우는 것을 엄격하게 금했다. 교회에서는 신입 교우가 단시간 내에 감독과 같은 직분을 얻는 것이 좋은 일이라고 여겨지지 않는다. 신입교우의 성공은 얼마나 짧은 시간 안에 감독과 같은 직분을 얻느냐에 달린 것이 아니다. 오히려 교회는 새 신자가 충분한 연습을 통하여 꾸준히 성장하는 것

을 바른 일로 생각한다. 왜냐하면 모든 신자가 거듭난 후에 어느 정도의 시간이든지 반드시 어린아이의 단계를 거쳐서 신령한 젖을 마심으로써 성장하는 것이 정상적인 일이기 때문이다(벧전 2:2 참조). 물론 너무나 오랜 동안 어린아이의 상태에만 머문다면 그것은 아주 잘못된 것이지만 말이다(고전 3:1; 히 5:11-14).

사도 바울이 신입교우를 감독으로 세우는 일에 쌍수를 들고 반대한 까닭은 매우 자명하다. 그것은 새 신자가 교만해질 수 있다는 위험 때문이다. 교만은 눈을 어둡게 만들고 마음을 둔하게 만든다. 만일에 신입교우가 교회에서 너무나 빨리 감독과 같은 직분을 얻으면 세상에서 성공할 때처럼 우쭐해져서 비신앙적인 세도를 발휘하게 된다. 오늘날 교회의 구조적인 문제는 대부분 이런 점에서 찾아 볼 수 있을 것이다. 교회가 사람들을 직분자를 세울 때 신앙의 성숙함이 아니라 사회적인 신분이나 물질적인 풍요를 기준으로 삼기 때문에, 결국은 그렇게 세움 받은 직분자들이 교회의 질서를 망가뜨리는 사례들이 비일비재하게 발생하는 것이다. 이것은 개인적으로나 교회적으로나 다 같이 큰 불행을 초래한다.

이런 경우로부터 초래될 무서운 불행을 사도 바울은 "마귀를 정죄하는 그 정죄에 빠질까 함이요"라고 설명한다. 사실 이 표현은 원어로 볼 때 마귀가 정죄한다는 것인지 아니면 마귀를 정죄한다는 것인지 의미가 분명하지 않다. 그러나 아무튼지 간에 사도 바울이 말하려고 하는 것은 신입교우가 감독과 같은 직분을 얻게 되면 교만해지고 그 결과는 엄청난 영적인 손상을 입게 될 것이라는 것이다. 사도 바울은 문제의 배후를 교회의 조직에서 사람의 마음으로, 사람의 마음에서 영적인 차원으로 파고 들어간다(직분 → 교만 → 마귀). 교만해진 신입교우는 마귀의 공격을 받아서 정죄에 빠지든가 아니면 하나님께서 마귀를 정죄하는 그 정죄에 빠지고 말 것이다. 이렇게 볼 때 신입교우가 너무 빨리 감독과 같은 직분을 얻는 것은 성공이 아니라 실패이다.

때로는 교회의 사정에 따라 일찍 직분을 받는 사람들이 있다. 이런 사람들은 인생의 많은 시간을 주님께 헌신할 수 있다는 점에서 매우 유리한 입장을 가지게 된 것이다. 이것은 참으로 감사할만한 일이다. 하지만 이런 사람들은 교만에 사로잡히지 않도록 각별히 조심해야 한다. 교만은 좀도둑과 같아서 우리가 잠시만 방심을 해도 우리의 마음을 훔쳐가기 때문이다. 게다가 교만한 마음을 가지면 그 때부터는 영적 성숙이란 것을 거의 기대할 수가 없다. 교만으로 말미암는 영적 성장의 정지는 마귀의 책략 중에 가장 흔한 것이다. 혹시라도 우리는 지금 마음속에 세속적인 성공의 야심이 스며들어 마귀의 책략에 놀아나고 있는 것이 아닌지 살펴보아야 한다.

이웃의 눈

3 : 7 또한 외인에게서도 선한 증거를 얻은 자라야 할지니 비방과 마귀의 올무에 빠질까 염려하라

늦은 밤에 낯모르는 이십대 청년이 예고도 없이 나를 찾

아온 적이 있었다. 그 청년은 불쑥 자신은 예수를 믿지 않는 사람이라는 말을 한마디 던져놓고는 의자에 앉자마자 눈물을 펑펑 쏟으며 울기 시작하였다. 사연을 들어보니 그의 부모가 어느 교인에게서 빚을 졌는데 이자를 가당치 않게 너무 많이 요구할 뿐 아니라, 부모가 제때에 이자를 갚지 못하자 가차 없이 자신의 월급에 차압을 가해 회사에서 얼굴을 들고 다닐 수 없는 처지가 되었다는 것이었다. 그 청년은 나에게 눈물을 씹으며 말했다. "목사님, 예수 믿는 사람이 이래도 되는 겁니까? 빚을 안 갚겠다거나 이자를 안내겠다는 것이 아닌데… 조금만 너그러운 마음을 가지면 안 되는 겁니까? 게다가 교회에서 무슨 집사라는 분이…"

사도 바울은 교회에서 직분을 얻으려는 사람은 외인에게서도 선한 증거를 얻은 자라야 한다고 못 박는다. 이만큼 사도 바울은 교회 밖에 있는 사람들의 시각을 대단히 중요하게 생각하였다. 예수를 믿지 않는 이웃들의 시선은 아무런 가치도 없는 쓰레기가 아니다. 어찌 보면 교회 밖에 있는 사람들의 평가는 하나님의 평가일 수도 있다. 하나님께서 불신자들을 통하여 신자를 바라보는 눈길이라는 말이다. 사실 이것은 일상생활이 신앙생활의 표현이라는 것을 인정할 때 심각하게 생각해보아야 할 내용이다. 신앙과 일상은 같이 가는 것이다. 그래서 신앙은 일상에서 증명된다. 다시 말해서 일상을 보면 신앙을 알 수 있다는 것이다. 세상에서의 삶을 보면 교회에서의 삶을 알 수 있다. 교회에서는 잘 하는데 세상에서는 잘못 한다면 그것처럼 거짓된 것이 없다.

따라서 교회의 일군을 세우려면 교회에서 투표를 할 것이 아니라 동네에서 투표를 해야 한다. 교회의 일군으로 세우려고 하는 사람에 대하여 과일가게 아주머니는 무엇이라고 말하는지, 경비원 아저씨는 뭐라고 평가하는지, 동네 꼬마들은 어떤 점수를 줄지, 편지를 배달해주는 우체부의 생각은 어떠한지, 옆집 학생은 무엇이라고 말하는지, 슈퍼마켓 점원의 의견은 무엇인지 들어보아야 한다. 잃어버린 사람을 찾을 때 하는 것처럼 교회의 일군으로 추천받은 사람의 사진을 크게 확대해가지고 다니면서 동네사람들에게 설문지를 내밀며 물어보아야 한다. 교회의 일군으로 세우려고 하는 사람의 생활전선으로 찾아가서 그의 동료, 선배와 후배, 그가 상대하는 고객들과 업체들에게 과연 그 사람을 어떻게 평가하는지 들어보아야 한다. 교회의 일군을 세우려면 교회에서 투표할 것이 아니라 회사에서 투표를 해야 한다.

사도 바울은 감독과 같은 교회의 직분을 받으려는 사람은 교회 밖의 사람들에게서도 선한 증거를 받아야 한다고 말한다. 이것은 바꾸어 말하자면 교회의 일군은 교회 밖의 사람들도 잘 사귀는 사람이어야 한다는 뜻이다. 그렇지 않고는 교회 밖의 사람들로부터 아예 아무런 평가도 받지 못할 것이기 때문이다. 오늘날 교회는 신자들이 불신자들과 사귀는 것을 터부시하고 있다. 이런 행위를 마치 죄를 짓는 것처럼 두려워하게 만든다. 그러나 사도 바울의 생각은 다르다. 옳은 신앙정신과 바른 생활원리를 지닌 신자가 불신자를 만나는 것을 꺼려한다면 그것은 참으로 매우 우스운 일이 될 것이다. 신자가 분명한 신앙고백과 정직한 생활윤리를 따라서 불신자들과 사귐으로써 선한 증거를 얻는 것은 지극히 당연한 일이기 때문이다.

만일에 교회 밖의 사람들로부터 선한 증거를 받지 못하는 사람이 교회에서 일군이 된다면 마귀는 너무나도 즐거워할 것이다. 이것은 마귀가 불신자를 통해서 교회를 비방할 빌미를 얻은 것이 되기 때문이다. 그야말로 마귀에게 교회를 올무에 빠뜨릴 절호의 찬스가 주어진 것이다. 마귀는 불신자를 통해서 교회를 공격한다. 교회가 사회보다도 못하다고. 그러므로 우리는 기억해야 한다. 교회가 하기에 따라서 세상은 복음을 받을 친구가 될 수도 있고 복음을 버릴 원수가 될 수도 있다는 것을. 세상을 얻느냐 잃느냐 하는 것은 교회가 하기 나름인 것이다. 나는 불신 청년의 눈에서 피눈물을 흐르게 한 그 신자가 지금도 싫다.

오직 하나의 말

3 : 8 이와 같이 집사들도 정중하고 일구
이언을 하지 아니하고 술에 인박히지 아
니하고 더러운 이를 탐하지 아니하고

말은 영혼의 길이지만 또한
영혼의 담이기도 하다. 언어
가 있기에 사람들 사이에 의사소통이 가능하기도 하지만, 또
한 언어 때문에 사람들은 의를 끊고 원수가 되기도 한다. 그래
서 세상에서는 제법 처세를 잘한다고 하는 사람들이 이렇게도
해석할 수 있고 저렇게도 해석할 수 있는 이중 언어를 구사함
으로써 요리조리 피하면서 살 길을 찾는 것이다. 우리의 사회
에는 일구이언을 즐기는 언어의 마술사들이 한 두 명이 아니
다. 이런 현상이 사회 전반에 유행하는 까닭은 거짓이 사회의
배후에 검은 세력으로 도사리고 있기 때문이다. 사실상 언어
란 것은 단순히 물리적인 현상이 아니다. 언어 뒤에는 생각이
있고, 생각 뒤에는 인격이 있다. 결국 어떤 사람이 일구이언
을 한다는 것은 두 가지 생각이 그를 지배하고 있기 때문이며,
그리고 더 깊은 속에는 두 가지 인격이 자리 잡고 있기 때문이
다.

사도 바울은 감독에 대한 권면을 마치고 집사에 대한 권면을 시작한다. 감독과 집사에 대한 권면을 비교해보면 유사한 것들이 적지 않다. 교회를 잘 이끌기 위해서 감독이든 집사든 공통적으로 훌륭한 자질을 가져야 한다는 것은 두 말할 나위 없이 당연한 일이다. 그럼에도 불구하고 사도 바울은 감독과 달리 집사에게만 해당하는 몇 가지 특이한 자질을 요구한다. 그 가운데 첫째가 집사는 일구이언을 하지 말아야 한다는 것이다. 사도 바울은 집사의 자질과 관련하여 언어의 문제를 건드리고 있다. 언어는 영혼의 길이며 또한 영혼의 담이다. 만일에 집사가 말에 성공하면 사람들이 좋은 관계를 유지할 것이고, 만일에 집사가 말에 실수하면 사람들의 관계가 깨어지고 말 것이다. 다시 말해서 집사의 언어에 따라서 교회가 건강해질 수도 있고 병약해질 수도 있다는 것이다.

일구이언을 가장 단순하게 이해하자면 한 입으로 찬송과 저주를 말하는 것처럼 완전히 상반된 이중 언어를 구사하는 것을 의미한다. 야고보는 이런 현상을 가리켜 샘이 한 구멍으로 단 물과 쓴 물을 내는 것과 같다고 지적했다(약 3:10-12). 실제로 교회에서 일어나는 문제들 가운데 대부분은 이런 상반된 언행에서 비롯된다. 한 사안을 두고 이쪽에 가서는 이렇게 설명하고 저쪽에 가서는 저렇게 설명하거나, 한 사람을 놓고 여기에서는 칭찬의 말을 하고, 저기에서는 악평의 말을 하는 행위는 성도에게 쓰라린 상처를 입히고 교회를 회복할 수 없는 분란으로 이끈다. 교회의 일군은 이런 언어를 멀리해야 한다.

더 나아가서 언어의 배후에는 생각이 자리 잡고 있다는 사실을 고려한다면 일구이언이란 두 가지 생각이 교묘하게 혼합되어 있을 때 나오는 언어 플레이라는 것을 알 수 있다. 이런 현상으로부터 극단적인 경우로는 정신분열적인 횡설수설이 튀어나온다. 꼭 이렇게 심각한 경우는 아니더라도, 두 가지 생각이 교묘하게 혼합되어 있는 사람에게서는 평범한 사람이 논리적으로 이해하기 어려운 궤변이 쏟아져 나오는 것을 부인할 수 없다. 아마도 우리는 이중적인 의미를 띄고 있는 언어를 사용하는 사람들도 이 범주에 넣을 수 있을 것이다. 말하자면 해석하기에 따라서 이 뜻이 될 수도 있고 저 뜻이 될 수도 있는 말을 사용하는 것은 고도의 일구이언인 셈이다. 이런 언어 플레이는 교회의 일군에게 어울리지 않는 것이다.

그런데 언어를 조종하는 가장 은밀한 배후세력은 인격이라는 것을 생각할 때 일구이언이란 엄밀하게 말해서 인격의 이중적인 표현이라고 정의할 수 있다. 이중적인 인격으로부터 일구이언이 나오는 것이다. 인격은 대체로 유익과 손해에 민감하다. 그래서 사람들은 자신에게 유익이 되면 이 말을 하고, 자신에게 손해가 되면 저 말을 하는 것에 익숙하다. 인격이 손익에 달려있는 이런 사람들에게는 진리가 별로 중요하지 않다. 진리를 고백하기 때문에 목숨까지도 내놓는다는 것은 이런 사람들이 이해할 수 있는 차원의 것이 아니다. 신앙적인 측면에서 볼 때 일구이언이란 이 세상에서 유익을 얻기 위하여 신앙고백을 버리면서까지 말을 바꾸는 처세이다. 이런 치사한 일구이언은 진정한 신앙고백 신자에게는 결단코 적합하지 않는 것이다.

믿음의 비밀

3 : 9 깨끗한 양심에 믿음의 비밀을 가진 자라야 할지니

남자아이라면 어린 시절에 주위의 여자아이들을 골려먹은 일이 한 두 번이 아닐 것이다. 대개 남자아이들은 골탕을 먹은 여자아이들이 눈물방울을 폭포수처럼 떨어뜨리는 것을 보면서 쾌재를 부른다. 초등학교 마지막 학년 때 우리 반에는 아무리 괴롭혀도 눈물은커녕 얼굴 한 번 찡그리지 않는 여자아이가 있었다. 우리는 그 애가 우는 것을 보고 싶어서 정말 억지에 가까운 심술을 부렸다. 하지만 그 애는 얼굴이 곱살한 만큼이나 행동도 반듯했다. 우리가 아무리 심술을 부려도 그 애는 요지부동하였다. 지금 생각해봐도 그것은 거의 믿을 수 없는 현상이었는데, 초등학교를 졸업할 무렵 우리는 그 이유를 알게 되었다. 그 애는 놀라운 비밀을 지니고 있었던 것이다. 그 여자아이는 조선왕조의 후손이었다.

선한 비밀은 힘이 된다. 우리가 흔히 읽는 동화나 신화의 세계에 등장하는 인물들도 어떤 위대한 비밀을 가지고 있을 때 고난과 역경이 닥쳐와도 꿋꿋하게 이겨나간다. 그냥 우리의 현실에서 생각해보아도 개인적으로 어떤 좋은 비밀을 지니고 있는 사람은 고통스러운 상황에서도 쉽게 쓰러지지 않는

다. 우리는 역사 속에서 조국이 광명을 찾는 데 필요한 비밀을 발견한 사람은 목숨을 내놓는 한이 있어도 굴하지 않는다는 것을 잘 알고 있다. 마찬가지로 믿음의 선진들이 희롱과 채찍질뿐 아니라 결박과 옥에 갇히는 시험도 받았으며 돌로 치는 것과 톱으로 켜는 것과 시험과 칼에 죽는 것을 당하고 양과 염소의 가죽을 입고 유리하여 궁핍과 환난과 학대를 받았지만 세상을 가치 있는 것으로 여기지 않았던 까닭은 남이 알지 못하는 비밀, 곧 하나님께서 예비해놓으신 하늘의 본향을 알고 있었기 때문이다.

입에 떡을 물려주면 평강을 외치는 거짓 선지자와 달리, 참 선지자들이 비록 목에 칼이 들어와도 목숨을 아끼지 않고 왕 앞에서라도 담대하게 죄악을 지적했던 이유도 따지고 보면 여호와의 회의에서 논의된 비밀을 알고 있었기 때문이다. 여호와의 회의에 참석하여 천상의 비밀을 알고 있는 참 선지자들을 환난이나 곤고나 핍박이나 기근이나 적신이나 위험이나 칼이라도 굴복시킬 수 없었던 것이다. 하늘의 비밀을 알고 있는 사람은 땅의 위협을 두려워하지 않는다. 사도 바울이 사방으로 우겨 쌈을 당해도 싸이지 아니하고 답답한 일을 당하여도 낙심하지 아니하며 핍박을 받아도 버린바 되지 아니하며 거꾸러뜨림을 당하여도 망하지 아니하였던 것은 보배를 지니고 있었기 때문이다. 사도 바울은 하나님의 비밀을 맡은 자였던 것이다(고전 4:1).

사도 바울이 집사의 자격을 논하는 자리에서 느닷없이 집사는 믿음의 비밀을 가진 자라야 한다고 말하는 것은 전혀 이유가 없는 요구가 아니다. 집사는 신앙과 관련하여 다른 사람들이 알지 못하는 자기만의 비밀을 소유하고 있어야 한다. 신앙의 세계를 환히 들여다보는 이런 믿음의 비밀을 가지고 있을 때 교회의 일군은 어지간한 어려움은 물론이고 심지어 목숨을 요구하는 환경에서도 당당하게 이겨나갈 수가 있다. 그리고 이렇게 믿음의 비밀을 지닌 일군이 있어야 하나님의 교회는 어떤 엄청난 위협과 시련 앞에서도 흔들리지 않고 견고하게 서는 법이다. 하나님의 교회가 힘을 얻는 방법은 그다지 멀리 있는 것이 아니다. 만일에 교회의 일군이 믿음의 비밀을 가지고 있지 않다면 바로 앞 절에 언급된 것처럼 그저 세상 사람들과 마찬가지로 술타령이나 하고 더러운 이를 탐하다가 자신도 망하고 교회도 망치고 말 것이다.

믿음의 비밀은 교회의 일군에게 힘이 된다. 그래서 역으로 말하자면 믿음의 비밀을 가지지 않은 사람이 교회의 일군이 된다는 것은 이미 힘을 잃어버린 채 몸을 움직이려는 삼손과 다를 바가 없다. 불행하게도 오늘날 교회가 이렇게 무력한 까닭은 머리의 비밀을 상실한 삼손처럼 교회의 일군들이 믿음의 비밀을 가지고 있지 않기 때문이다. 게다가 하늘의 비밀을 지니고 있으면서도, 조선왕조의 후손이라는 비밀을 지니고 있기에 남자아이들의 짓궂은 심술 앞에서도 당당했던 여자아이보다도 못한 교회의 일군이 많다는 것은 얼마나 더 불행한 일인가!

깨끗한 양심

3 : 9 깨끗한 양심에 믿음의 비밀을 가진 자라야 할지니 이런 말이 매우 이상하게 들 릴지 모르겠지만, 목회자들 은 동역자를 찾을 때 믿음이 좋은 사람보다는 마음이 착한 사 람을 원한다. 얼마 전에도 목회를 잘하고 있는 친구가 쓸 만한 부교역자를 한 명 추천해달라며 전화를 했다. 그래도 어느 정 도 구색이 맞는 사람을 소개해주어야겠다는 생각에 나는 조건 이 무엇인지 물었다. 그는 한참을 빙빙 둘러대며 이런 저런 조 건들을 내걸더니 결국 말미에 이렇게 토를 달았다. "뭐, 아무 래도 좋아. 하지만 믿음이 좋은 사람보다는 마음이 착한 사람 이야 돼". 그 말에 나도 모르게 피식 웃으며 이유를 되묻는 나 에게 그는 정말 그럴 듯한 말로 대답을 하였다. "믿음은 말이 야, 언제든지 좋아질 수 있지만, 마음은 믿음이 좋아져도 착 해지지 않더라구."

사도 바울의 말을 들어보면 친구의 수수께끼 같은 말을 이 해하는 것이 별로 어렵지 않다. 왜냐하면 사도 바울은 교회의 일군이 믿음의 비밀을 가지고 있는 것만으로는 안 되고 깨끗 한 양심도 소유하고 있어야 한다고 말하기 때문이다. 조금 더 정확하게 말하자면 믿음의 비밀과 깨끗한 양심은 서로 나란히 놓이는 병치의 관계가 아니라, 믿음의 비밀이 깨끗한 양심 안 에 놓이는 포함의 관계이다. 그래서 이 구절은 다음과 같이 번 역하는 것이 정확하다: "깨끗한 양심 안에 믿음의 비밀을 가진 자". 이것은 교회의 일군에게는 믿음의 비밀보다 깨끗한 양심이 우선한다는 것을 의미한다. 깨끗한 양심이 있고 그 다음에야 믿음의 비밀이 있다. 그래서 깨끗한 양심을 가지고 있지 않은 사람이 믿음의 비밀을 가지고 있다고 주장하는 것은 아무런 의미가 없는 것이다. 그러나 불행하게도 우리의 주위에는 이런 사람들이 한 두 명이 아니다.

교회가 어지러운 것은 훌륭한 믿음을 가진 사람들이 없기 때문이 아니다. 믿음 좋은 사람들이야 교회 안에 얼마나 많은가! 내로라하는 믿음을 가진 사람들은 이루 셀 수 없이 많다.

이런 사람들은 성경도 많이 알고 기도도 잘하며, 입술에는 말끝마다 아멘 할렐루야가 넘쳐흐른다. 하지만 교회는 여전히 어지럽다. 교회가 어지러운 까닭은 깨끗한 양심을 가진 사람들이 없기 때문이다. "깨끗한" 양심을 가지고 있어서 더러운 것을 멀리하며 불결한 것을 싫어하는 사람이 있으면 교회는 안정되며, 깨끗한 "양심" 을 가지고 있어서 겉보다 속을 가꾸고 외면보다 내면을 장식하는 사람이 있으면 교회는 안전하다. 그러므로 우리는 이쯤에서 사도 바울이 이 편지를 쓰면서 교회를 바로 세우기 위하여 경계의 목적을 분명하게 정했던 것을 다시 한 번 상기해야 한다: "경계의 목적은 청결한 마음과 선한 양심과 거짓이 없는 믿음으로 나는 사랑이거늘" (딤전 1:5).

깨끗한 양심을 소유하고 있지 않은 채 훌륭한 믿음을 가지고 있다고 말하는 것은 거짓이다. "행함이 없는 믿음은 그 자체가 죽은 것이라" (약 2:17)고 힘주어 말했던 야고보의 말을 슬쩍 패러디하자면 양심이 없는 믿음은 그 자체가 죽은 것이다. 행함이 없는 믿음이 헛것이라는 야고보의 말이 조금도 빗나감이 없는 사실인 것처럼(약 2:20) 양심이 없는 믿음이 헛것이라는 말도 한 치의 틀림이 없는 사실이다. 행함이 없는 믿음을 주장하는 것이 영혼과 몸을 분리시키는 것과 같은 어리석은 짓이듯이(약 2:16) 양심이 없는 믿음을 주장하는 것도 목숨과 육체를 떼어내는 것과 같은 어리석은 짓이다. 믿음은 반드시 양심과 함께 일해야 하며, 양심으로 믿음이 온전케 되어야 한다.

이제 다시 바울의 생각으로 돌아가서 말하자면 믿음은 반드시 양심 안에서 작용해야 한다. 깨끗한 양심이 선행되지 않은 훌륭한 믿음이란 것은 이미 거짓이며 해악이기 때문이다. 그래서 우리는 믿음의 비밀을 구하기 전에 먼저 깨끗한 양심을 구해야 하는 것이다. 바나바를 소개하면서 "착한 사람이요 성령과 믿음이 충만한 자"(행 11:24)라고 믿음보다 성품을 앞세운 구절을 읽을 때마다 동역자를 구하기 위해서 믿음이 좋은 사람보다 마음이 착한 사람을 찾는 목회자의 심정이 크게 잘못된 것이 아님을 거듭거듭 확인한다.

먼저 시험을 받으라

3 : 10 이에 이 사람들을 먼저 시험하여 보고 그 후에 책망할 것이 없으면 집사의 직분을 맡게 할 것이요

열 길 물속은 알아도 한 치 사람 속은 모른다는 속담이 있다. 그만큼 사람에 대하여 알기가 어렵다는 뜻이다. 잠시

스쳐 지나가는 사람은 물론이고 심지어는 측근에 있는 사람조차도 그 본심이 제대로 파악되지 않는 경우가 허다하다. 그런데 깊이 숨어있던 본심이 드러날 때면 대부분 관계가 회복되기 어려운 파경으로 치닫고 만다. 엘리사에게는 게하시가 그랬다면, 바울에게는 마가가 그랬다. 게하시만큼 엘리사 곁에 그리고 마가만큼 바울 곁에 가까이 있던 사람도 드물 것이다. 하지만 사람은 가까이 있다고 해서 절대로 잘 아는 것이 아니다. 많은 경우에 가까이 있는 사람일수록 그 속에 무엇이 들어 있는지 헤아리기 어렵다.

내가 여러 곳에서 목회를 하면서 매번 속았던 것이 바로 이 점이다. 입술에는 연방 아멘과 할렐루야를 달고 다니는 사람, 요즘 교회들 가운데 건전한 교회가 없다고 가슴을 치며 한탄하는 사람, 교우들의 결혼식과 장례식에 빠짐없이 참석하는 사람, 집을 지으면서 창문을 교회 쪽으로 내서 매일같이 교회를 바라보며 기도한다는 사람, 전화통이 불나도록 인사치레를 잘 하는 사람, 말끝마다 우리 목사님이 제일이라며 입술에 침이 마르도록 추켜세우는 사람, 교회가 마치 제 집인 것처럼 들랑거리는 사람, 어느 교회의 좋은 점을 우리 교회에도 도입해야 한다고 떠드는 사람, 나는 이런 사람들에게 거의 늘 속았다. 교회의 일군을 세우려면 엄격한 시험을 통해서 사람을 가려야 하는 것인데…

사도 바울이 "이에 이 사람들을 먼저 시험하여 보고 그 후에 책망할 것이 없으면 집사의 직분을 하게 할 것이라"고 말한 것은 정말 매서운 지적이다. 사도 바울은 이미 앞에서 집사는 어떤 사람이어야 하는지 다섯 가지를 언급했다(8-9). 잠시 후에 가정과 관련하여 한두 가지 측면을 더 말하게 되겠지만(12), 사실 앞에 제시된 이런 조건들만 만족시켜도 교회의 일군이 되기에 이미 충분한 것이다. 그러나 지금 사도 바울은 놀랍게도 이런 조건들을 충족시키는 사람들조차도 먼저 시험하라고 요구한다. 아마도 이런 조건을 갖추고 있는 사람들은 교회의 일군이 되기 위하여 또 다시 시험을 받아야 한다는 말을 들을 때 무척 기분이 나빠질지 모르겠다.

목회 초년시절부터 나는 매년 말이나 초에 제직수련회를 했다. 집회에 참석하여 교육을 받으면 끝나는 일이지만, 사정상 집회에 참석하지 못한 사람들에게는 녹음테이프를 들은 후에 간단히 보고서를 써서 제출하게 했다. 그나마 못하는 사람은 적당한 시간에 교역자들과 함께 녹음을 듣고 열 문항 설문지에 동그라미나 가위를 표기하는 것으로 교육을 대신했다. 솔직히 말해서 이런 귀찮은 일을 치르게 한 것은 교육내용을 주지시키는 것 이상으로 직분을 사모하는(딤전 3:1) 신앙인격을 확인하려는 데 있었다. 그런데 언젠가 한번은 어떤 분이 제직수련회를 여는 것에 대하여 발끈 화를 냈다. 그의 주장은 이미 다년간 교회에서 일을 했는데 무슨 훈련이 필요하냐는 것이었다. 그는 결국 끝끝내 교육을 받지 않았다.

이미 매사에 단정하고 말에 실수가 없으며 술을 멀리하고 청렴하며 깊은 신앙을 지닌 사람이 다시 한 번 시험을 통과해야 교회의 일군으로 활동할 수 있다는 사도 바울의 말을 들었을 때 기분이 어떠했을까? 게다가 만일에 사도 바울이 의미하는 시험이 매우 강도가 높은 것이었다면, "먼저 시험을 받으라"는 말 앞에서 이런 사람은 어떤 반응을 보였을까? 사람들의 반응이 어떻든지 간에 사도 바울의 입장은 너무나 단호했다. 사도 바울이 이렇게 엄격한 입장을 취한 까닭은 한마디로 말해서 교회에 대한 이념 때문이었다. 얼마 후에 자세히 설명하겠지만 교회는 하나님의 집이므로(15절), 사도 바울은 교회의 일군을 정말로 엄선하고 또 엄선해서 세워야 한다고 믿었던 것이다.

교회의 일군이 되려는 사람은 몇 번이고 시험을 받는다고 해도 전혀 기분 나빠할 것 없다. 오히려 진정한 교회의 일군은 모든 시험을 통과한 후에도 끊임없이 스스로 훈련하고 스스로 시험해야 할 것이다.

여자의 역할

3 : 11 여자들도 이와 같이 정숙하고 모함하지 아니하며 절제하며 모든 일에 충성된 자라야 할지니라

인구의 성 비례를 균등하게 생각한다면 교회의 구성원에 최소한 절반이 여자일 수밖에 없다는 것을 인정해야 한다. 순전히 사회학적인 차원에서 볼 때 남자가 절반, 여자가 절반으로 이루어진 교회가 가장 이상적인 교회라고 할 수 있을 것이다. 이런 점에서 대부분 우리나라 교회들의 좌석에 여자가 남자보다 훨씬 더 많이 앉고 있다는 것은 문제시되어야 한다. 이

런 현상은 교회들이 구성원의 절반에 채워야 할 남자들에 대하여 그다지 큰 관심을 보여주지 않고 있다는 것을 의미하기 때문이다. 어쨌든 남자에 관해서는 그렇다 손치고, 정상적인 교회라면 구성원의 나머지 절반인 여자에게 깊은 관심의 시선을 주어야 한다. 교회는 여자가 교회의 구성원에 절반 이상 차지하는 것을 자연적인 현상으로 치부하고 말 것이 아니라 정당한 역할을 맡도록 주의를 기울여야 한다.

사도 바울이 감독과 집사에 대하여 진술하는 중에 갑자기 여자들에 관해서 언급하는 것은 이런 의도에서였을 것이라고 추측할 수 있다. 사도 바울은 여자에게도 교회에서의 정당한 역할을 요구해야 한다고 생각한 것임에 틀림없다. 이것은 문맥을 살펴볼 때 매우 선명하게 드러난다. 사도 바울은 우선 감독의 자격에 관해서 자세히 설명하고 나서(3:1-7), 집사의 자격이 무엇인지 말한다(3:8-13). 그런데 집사에 대한 설명에서는 중간에 여자에 대한 이야기가 끼어들어 있다(3:11). 간단히 말하자면 이렇다. 3:8-10 집사 - 3:11 여자 - 3:12-13 집사. 사도 바울은 여자에 대한 진술을 감독과 집사에 대한 이야기를 다 마친 다음에 비로소 시작한 것이 아니다. 만일에 사도 바울이 감독과 집사에 대한 논의 끝에 드디어 여자에 대한 말을 꺼냈더라도 그것은 의미심장한 것이었을 것이다. 그러나 사도 바울이 집사의 자격을 논하는 단락의 중간에 여자에 대한 이야기를 기록한 것은 의미심장 이상의 것이다. 사도 바울의 의도는 너무나도 분명하다. 그것은 여자도 집사와 같은 중요한 역할을 맡을 수 있다는 것을 시사하는 것이다.

그런데 사도 바울이 여자가 교회에서 어떤 역할을 하는 것을 정당한 것으로 여겼다는 사실은 문맥에서뿐 아니라 다음과 같이 여자에게 요구한 네 가지 사항에서도 잘 드러난다: 단정할 것, 모함하지 말 것, 절제할 것, 모든 일에 충성할 것. 단정함은 사도 바울이 이미 감독과 집사에게 구체적으로 요구했던 사항이다(3:4,8). 말하자면 단정함이란 교회의 모든 일군에게 요구되는 공통적인 자격사항이라는 것이다. 이렇게 볼 때 단정함으로 장식한 여자는 감독과 집사처럼 교회에서 중요한 역할을 담당할 수 있는 것이다. 모함한다는 말은 마귀라는 단어와 동일한 형용사이다. 따라서 모함한다는 말은 풀어쓰면 마귀 짓한다는 뜻이 된다. 사도 바울은 앞에서 감독의 자격을 열거하면서 마지막에 신입교우가 감독이 될 때 발생할 수 있는 위험을 가리켜 마귀를 정죄하는 그 정죄에 빠지거나 마귀의 올무에 빠지는 것이라고 말한 적이 있다(3:6-7). 이렇게 볼 때 사도 바울의 생각은 여자가 교회에서 어떤 역할을 맡으려면 감독과 마찬가지로 비슷한 자격을 가져야 한다는 것이다. 감독이 그러하듯이 마귀 짓을 버린 여자는 교회에서 중요한 역할을 맡을 수 있다. 사도 바울이 여자에게 요구한 셋째 사항인 절제함도 이미 감독에게 요구하였던 내용이다(3:2). 마지막으로 사도 바울은 여자에게 충성됨이 필요하다고 말한다. 충성됨이라는 말은 사실상 믿음이라는 말에 대한 형용사이다. 사도 바울은 믿음이란 단어를 두 번이나 집사에게 사용한다(3:9,13). 집사는 믿음의 비밀을 가진 자이어야 하며 (3:9), 집사의 직분을 잘하면 믿음에 담력을 가지게 된다는 것 이다(3:13). 사도 바울이 여자에게 요구한 충성됨은 집사에게 요구한 믿음과 다른 것이 아니다. 그만큼 자격에 있어서 여자 는 교회에서 중요한 역할을 감당하는 집사와 멀리 있지 않다 는 것을 의미한다. 그러므로 충성됨을 지닌 여자는 집사와 마 찬가지로 교회에서 중요한 역할을 담당할 수 있다는 것이다.

여자의 문제

3 : 11 여자들도 이와 같이 정숙하고 모 함하지 아니하며 절제하며 모든 일에 충 성된 자라야 할지니라

여자는 자주 마귀 짓을 한다. 이렇게 말해도 오해를 살 필 요가 없는 까닭은 그 경우가 남자에게도 마찬가지로 해당되기 때문이다. 초대교회에서 여자들이 중요한 역할을 맡았다는 것은 자꾸 말하면 입만 아픈 일이다. 예수 그리스도를 도왔던 여자들을 비롯하여 사도 바울의 동역자로 수고한 뵈뵈나 브리 스길라 같은 여자들은 초대교회의 하늘에 별처럼 빛나는 인물 들이었다. 아마도 이들의 뜨거운 헌신이 없었더라면 복음이 확산되고 정착하는 데 어려움이 적지 않았을 것이다. 하지만 초대교회에는 이렇게 신앙에 모범적인 여자들만 있었던 것은 아니다. 한편에는 마귀 짓을 일삼는 여자들도 많이 있었다. 예수 그리스도에게나 사도들로부터 심각한 경고를 받을 정도 로 악역을 담당했던 여자들이 심심치 않게 나온다.

이미 말한 바와 같이 마귀 짓은 여자만 하는 것이 아니다.

사도 바울은 앞에서 감독의 직분과 관련하여 남자들도 마귀를 정죄하는 그 정죄에 빠질 수 있다는 것과 마귀의 올무에 빠질 수 있다는 것을 반복적으로 경고했다(딤전 3:6-7). 신입교우에게 감독과 같은 중대한 직분을 맡기면 마귀처럼 교만에 빠지게 되고, 외인에게서 선한 증거를 받지 못하는 사람이 감독의 직분을 탐내면 마귀처럼 비방에 사로잡히게 된다는 것이다. 그런데 이런 마귀 짓에 여자들도 완전히 노출되어 있다. 여자들이라고 해서 마귀 짓으로부터 자유로운 것이 아니다. 사도 바울에 의하면 여자들도 남자들과 마찬가지로 마귀 짓을 할 위험성이 대단히 높다.

이 때문에 사도 바울은 여자들에게 권면을 주면서 "모함하지 말라"고 말했던 것이다. 우리말로 번역된 "모함하다"는 단어가 마귀라는 단어와 똑같은 것임을 알고 나면 사도 바울이 무엇을 의미하고 있는지 어렵지 않게 짐작할 수 있다. 사도 바울은 이 단어를 이미 감독과 관련된 단락의 마지막 부분에서 두 번이나 사용을 하였고(딤전 3:6,7), 또한 후에는 거역하는 자들에 대하여 언급하는 단락에서 한 번 더 사용을 하였다(딤후 2:26). 그러므로 본래는 "마귀 짓을 하다"로 번역했어야 할 단어를 우리말 성경은 "모함하다"로 번역함으로써 너무 강한 어조를 애써 감소시키려고 노력한 것임을 알 수 있다. 여자들이 마귀 짓을 하는 것이 얼마나 심각한 일이었으면 사도 바울이 디도서에서 또 다시 경고를 했겠는가(딛 2:3).

아마도 사도 바울은 여자들에게 "마귀 짓 하지 말라"고 권면하면서 가장 먼저 하와를 머릿속에 떠올렸을지 모른다. 사도 바울은 앞에서 "아담이 속은 것이 아니고 여자가 속아 죄에 빠졌음이니라"(딤전 2:14)고 말한 적이 있기 때문이다. 하와는 마귀에게 미혹을 받았을 뿐 만 아니라 아담을 미혹하는 일을 했다. 마귀는 하와를 미혹했고, 하와는 아담을 미혹했다. 이렇게 함으로써 하와는 마귀 짓을 하고 만 것이다.

마치 예수 그리스도께서 고난의 길을 가시는 것을 가로막는 베드로의 행위가 마귀 짓을 한 것이라고 설명할 수 있는 것처럼(마 16:23), 하나님의 뜻을 따라야 할 길을 어그러뜨리고만 하와의 행위도 마귀 짓을 한 것이라고 설명할 수 있다. 하와는 아담을 미혹했을 때 하나님의 형상을 떠나서 마귀의 심성을 따라간 것이다. 이것은 마귀에게 마음을 빼앗긴 것이며, 마귀의 말을 하는 것이며, 마귀의 행동을 하는 것이다.

마귀 짓이란 것은 한마디로 말해서 하나님의 뜻을 이루기보다는 인간의 뜻을 이루려고 하는 것이다. 예수 그리스도께서 고난의 길을 가로막는 베드로에게 말씀하셨던 것같이 하나님의 일을 생각하지 아니하고 도리어 사람의 일을 생각하는 것이 마귀 짓이다(마 16:23). 마귀 짓을 하는 것은 하나님의 영광을 우습게 여기고 사람의 영광에 집착하는 것이다. 그래서 마귀 짓은 하나님의 영광을 비방하고, 인간의 영광으로 교만해지는 결과를 초래한다. 여기에 사도 바울이 마귀라는 단어와 함께 교만과 비방이란 단어를 사용한 이유가 있다(딤전 3:6,7). 그러므로 하나님의 교회에서 일익을 담당하는 여자

들은 – 남자들도 그렇지만 – 목숨을 걸고 마귀 짓을 멀리해야
한다.

아름다운 지위

3 : 13a 집사의 직분을 잘한 자들은 아름다운 지위와 그리스도 예수 안에 있는 믿음에 큰 담력을 얻느니라

소년시절에 다니던 교회의
목사님은 여름마다 친구 목
사님들과 더불어 산상집회를 열었다. 나는 어느 집회였던가
한번은 목사님의 분부가 있어서 집회기간 내내 목사님의 심부
름을 맡게 되었다. 그 덕분에 나는 강대상 바로 밑에 앉아서
목사님의 설교를 듣는 혜택을 얻을 수 있었다. 목사님은 구원
의 감격을 설명하면서 어느 신사가 거지 아이를 데려다가 양
자로 삼아 기른 이야기를 들려주었다. 신사는 아이를 기르면
서 이 다음에 크면 재산을 물려주겠다는 말을 거듭해서 일러
주었지만, 아이는 나중 일은 둘째 치고 지금 굶어죽을 수밖에
없는 자기를 데려다가 아들로 삼아준 신사의 호의에 그냥 감
격해서 하루 종일 집안을 쓸고 닦고 섬겼다는 것이다. 목사님
의 설교를 들으면서 내 머릿속에는 영화를 보는 것처럼 아이
의 모습이 생생하게 떠올랐다.

사실 우리가 어느 직분이든 충성스럽게 감당하는 것은 이
직분을 잘 이행하면 나중에 어떤 상급을 받게 될 것이라는 목
적이 있기 때문이 아니다. 직분을 잘 감당하면 이후에 어떤
상을 받게 될 것이라는 것은 둘째 문제이다. 그 이전에 우리
가 맡은 직분을 신실하게 수행하는 까닭은 죄악과 암흑 속에

서 고스란히 죽을 운명에 처해있던 우리를 구원하신 하나님의 은혜가 우리의 영혼을 격동시키고 있기 때문이다. 사도 바울은 이것을 알고 있었다. "나를 능하게 하신 그리스도 예수 우리 주께 내가 감사함은 나를 충성되이 여겨 내게 직분을 맡기심이니"(딤전 1:12), "그리스도의 사랑이 우리를 강권하시는도다"(고후 5:14). 사도 바울이 직분을 수행하는 것은 장차 주어질 상급을 바라보았기 때문이 아니라 이미 주어진 은혜를 알고 있었기 때문이다. 한마디로 말해서 사도 바울의 직분 이행은 목적보다는 원인에 그 이유를 두고 있었다.

그러나 사도 바울은 한 걸음 더 나아가서 직분을 잘 감당하는 사람에게는 선물이 수여된다는 것을 알려준다. 그 선물 가운데 한 가지가 "아름다운 지위"이다. 사도 바울에 의하면 잘 섬긴 사람들은 아름다운 지위를 얻는다. 비록 직분을 충성스럽게 수행하는 것이 처음부터 무엇을 얻으리라는 목적 때문이 아닌 것은 사실이지만, 그럼에도 불구하고 직분을 충성스럽게 감당하는 사람에게는 어떤 결과가 주어진다는 것이다. 이것은 정말이지 하나님의 큰 은혜이다. 일할 곳이 없어서 하루 종일 놀고 있던 사람이 일자리를 맡은 것만도 감사한 일인데, 결국은 하루 종일 일한 사람과 똑같은 삯을 받기까지 했으니 얼마나 큰 은혜인가! 그러므로 잘 섬긴 사람에게 아름다운 지위가 주어진다는 것은 은혜 위에 은혜이다.

잘 섬긴 사람에게 "아름다운 지위"(이 말은 신약성경에 오직 한 번 사용되었다)가 주어질 것이라는 사도 바울의 말은 여러 가지로 해석이 가능하다. 이것은 직분을 잘 감당한 사람이 내세에서 특별한 자리를 얻게 될 것이라는 뜻으로 해석해 볼 수도 있다. 그러나 직분을 잘 감당한 사람에게 주어지는 또 다른 선물이 "그리스도 예수 안에 있는 믿음에 큰 담력"인데, 이 것이 내세적인 의미보다는 현실적인 의미를 가지고 있다는 것을 고려할 때, 아름다운 지위도 현실적인 것으로 이해하는 것이 좋을 것 같다. 이것은 간단히 말하자면 직분을 잘 감당한 사람이 교회에서 많은 사람들로부터 존경받는 위치에 놓이게 될 것이라는 의미이다.

사람들에게서 영광을 취하기 위해서 섬기는 일을 하는 것은 결코 바람직한 것이 아니지만, 잘 섬긴 결과 사람들로부터 존경을 받는 것은 매우 훌륭한 일이다. 이 두 가지는 선명하게 구별해야 한다. 자칫하면 우리는 사람에게서 영광을 얻기 위해서 일하는 사람에게 눈을 흘기다가 잘 섬긴 까닭에 마땅히 존경을 받아야 할 사람까지 매도하는 실수를 저지를 수 있다. 그런데도 이런 현상이 자주 발생하는 것은 신자들마저도 잘 섬긴 사람들을 존경하고 칭찬하는 데 인색하기 때문이다. 교회가 잘 섬긴 사람에게 아름다운 자리를 내주는 것도 당연한 일이며, 교회에서 잘 섬긴 사람이 아름다운 자리에 앉는 것도 당연한 일이다. 아름다운 교회가 되는 것은 그다지 어려운 일이 아니다.

믿음의 담력

3 : 13b 집사의 직분을 잘한 자들은 아름다운 지위와 그리스도 예수 안에 있는 믿음에 큰 담력을 얻느니라

내가 아는 친구 가운데는 무대와 체질적으로 맞지 않는 사람이 있다. 그는 주일학교에서 교사로 활동하던 어느 날 여름성경학교 강습회에 참석하였는데, 무대체질이 아닌 것을 알면서도 다른 사람들의 성화에 못 이겨 동료교사 한 명과 함께 개회예배에서 이중창으로 특별찬송을 하게 되었다. 그런데 아니나 다를까 청중 앞에 나서자마자 앞이 새하얗게 되면서 가사도 곡조도 증발하여 멍하니 서 있을 수밖에 없었다. 덕분에 피아노 반주만 요란스럽게 예배당 안에 울려 퍼지고 말았다. 그러던 그 친구가 신학을 하고 목사가 되었다. 그는 목사가 된 후에 누가 보아도 감복할 정도로 교회와 성도를 충성스럽게 섬겼다. 가끔 그의 설교를 듣노라면 메시지가 얼마나 강하고 힘이 있는지 옛날 사람들 앞에서 쩔쩔매던 모습은 털끝만큼도 찾아볼 수가 없다. 그는 충성에서 용기가 나온다는 것을 입증한 사람이다.

충성에서 용기가 나온다는 것은 꼭 목사에게만 해당되는 이야기가 아니다. 그것은 그리스도와 교회를 위하여 헌신적으로 봉사하는 사람이라면 누구에게나 적용되는 진리이다. 그래서 "집사의 직분을 잘한 자들이 그리스도 예수 안에 있는 믿음에 큰 담력을 얻는다"는 사도 바울의 말은 교회의 직분을 충성스럽게 감당한 모든 사람이 받아야 할 귀중한 말이다. 믿음의 담대함은 직분의 종류를 가리지 않고 주님의 모든 직분

자에게 주어지는 위대한 선물이다. 브리스길라가 그랬고, 스데반이 그랬으며, 베드로가 그랬다. 그런데 충성이 용기를 불러일으킨다는 것을 가장 잘 보여준 대표적인 인물은 사도 바울 자신일 것이다.

틀림없이 사도 바울은 믿음의 담력에 관하여 말하면서 자신의 삶을 생각했을 것이다. 그는 유대인의 회당에서 복음을 전하는 동안에 놀랍도록 담대하였고(행 13:46; 14:3; 18:26; 19:8), 이방인들에게 하나님의 복음을 말할 때도 참으로 담대하였다. 사도 바울은 심지어 아그립바 왕 앞에서도 아무 두려움이 없이 담대하게 복음을 진술하였다(행 26:26). 그는 죄인의 몸으로 로마에 체류하는 동안에도 담대히 하나님의 나라를 전파하며 주 예수 그리스도께 관한 것을 가르쳤다(행 28:31). 그는 성도들에게 자신을 위한 기도를 부탁하면서 입을 벌려 복음의 비밀을 담대히 알리는 것을 제목으로 내놓았다(엡 6:19). 사도 바울은 실제로 자신이 쇠사슬에 매인 사신이 된 이유가 복음의 비밀을 전하는 일에 당연히 할 말을 담대히 말하는 것에 있다고 믿었다(엡 6:20).

믿음의 담력은 오직 그리스도를 존귀하게 만드는 데 총집중하기 때문에 사도 바울 자신이 말했던 것처럼 사는 것도 죽는 것도 초월하게 만든다. "나의 간절한 기대와 소망을 따라 아무 일에든지 부끄럽지 아니하고 지금도 전과 같이 온전히 담대하여 살든지 죽든지 내 몸에서 그리스도가 존귀하게 되게 하려 하나니"(빌 1:20). 자기의 목이라도 내놓은 브리스길라가 그런 사람이었고(롬 16:3), 돌에 맞아 죽는 것도 두려워하지 않았던 스데반이 그런 사람이었으며(행 7:58), 예수의 이름 때문에 채찍질 당하는 것도 마다하지 않았던 베드로가 그런 사람이었다(행 5:40). 믿음의 담력을 지닌 사람은 그리스도를 위하여 목숨까지도 내놓을 수 있는 사람이 된다.

이런 사람들은 오늘날 우리가 주위에서 흔히 발견하는 것과 같이 그리스도와 교회를 위하여 직분을 맡는 것을 손해로 생각하는 사람들과 얼마나 다른가! 지금 많은 신자들이 봉사에 대한 손해감정에 사로잡혀 교회 일에 깊이 개입할수록 골치가 아플 뿐이라고 말하고 있다. 정말로 너무나도 안타까운 일이다. 사도 바울은 자신을 비롯하여 초대교회의 신자들이 경험했던 위대한 선물, 교회의 직분을 잘한 사람에게 주어지는 그리스도 예수 안에 있는 믿음의 담력을 소개하고 있지만, 우리는 어떻게든지 이것을 듣지 않으려고 마음의 귀를 막고 있다. 이렇게 함으로써 우리는 초대교회로부터 너무나도 멀리 떨어져 있다. 시간적으로 그럴 뿐 만 아니라 질적으로도!

열정과 냉정

3 : 14 ~ 15 내가 속히 네게 가기를 바라나 이것을 네게 쓰는 것은 만일 내가 지체하면 너로 하여금 하나님의 집에서 어떻게 행하여야 할지를 알게 하려 함이니 이 집은 살아 계신 하나님의 교회요 진리의 기둥과 터니라

처음부터 생각을 너무 노골적으로 드러내면 글에 묘미가 없다. 내용이 어떻게 전개될 것인지 기대하는 마음으로 글을 읽을 때 재미가 더해지는 법이다. 물론 글의 성격에 따라서 아예 머리 부분에 말하려는 주제를 선명하게 걸어놓을 수도 있다. 하지만 그런 경우에도 독자의 흥미를 유발하기 위해서는 뭔가 잡힐 듯 말 듯한 내용이 흘러야 한다. 그때 글을 읽는 사람이 긴장감을 늦추지 않고 꾸준히 따라온다. 사도 바울은 이 편지에서 꼭 중간쯤에 도달하면서 느닷없이 편지를 쓰는 목적을 언급하고 있다. 언뜻 보면 이것은 정말 글 쓸 줄 모르는 사람의 작문이겠거니 생각하겠지만, 사실은 이것이야말로 잠시라도 이 편지에서 눈을 떼지 못하게 하는 놀라운 기법이다.

사도 바울은 비로소 편지의 한 가운데서 글을 쓰는 목적을

적는다. 이렇게 함으로써 이 편지는 전반부와 후반부를 예리하게 나누는 현상을 보여준다. 다시 말하자면 편지의 앞과 뒤를 분리시키는 경계지점에서 편지를 쓰는 사도 바울의 목적이 환하게 드러난다. 그것은 디모데에게 속히 가기를 바라는 중에 이 편지를 기록한다는 것이다. 사도 바울은 만일에 자신의 방문이 지연되면 이 편지가 디모데에게 목회를 가르치는 지침서가 되기를 희망하고 있다. 그런데 이 내용을 찬찬히 들여다보면 여기에서 사도 바울의 뛰어난 신앙정신을 발견할 수가 있다. 어떤 면에서 보면 외면적으로 드러난 편지의 목적보다도 그 아래 숨어있는 신앙정신이 더 중요할 수도 있다. 왜냐하면 여기 언급된 편지목적은 이 편지에만 해당되는 것이지만 신앙정신은 이 편지 뿐 아니라 사도 바울의 모든 활동에 관통하는 것이기 때문이다.

사도 바울은 꽉 막힌 사람이 아니었다. 만일 누군가가 사도 바울을 주님을 섬기는 데 오직 한 가지 방법만을 고집하는 고집불통으로 생각한다면 그것은 굉장히 큰 오해이다. 그는 주님을 섬기는 데는 여러 가지 방법을 사용할 수 있다고 믿는 사람이었다. 사도 바울은 디모데에게 가기를 바라면서도 편지를 쓰고 있다. 이것은 사도 바울에게 있어서 사역의 다양성을 잘 보여준다. 그는 사람을 찾아가야 할 때는 발을 사용하고, 편지를 보내야 할 때는 손을 사용한다. 그는 경우에 따라서 발로 사람을 찾아갈 수도 있고 손으로 편지를 쓸 수도 있다. 이것이 사도 바울의 신앙정신이다. 그는 한 가지 방법이 통하지 않는다고 해서 그냥 좌절해 버리는 그런 사람이 결코 아니다. 오히려 그는 한 가지 방법이 막히면 다른 방법을 찾는 사람이다. 발이 아니면 손으로! 신앙이란 길이 막힌 듯이 보이는 자리에서 새로운 길을 여는 힘이다. 이렇게 사도 바울은 자신에게 주어진 모든 은사를 다양하게 활용하여 주님을 섬겼다.

사도 바울의 영혼에는 불같이 타오르는 열정이 있다. 그가 디모데에게 가기를 바라는 중에도 편지를 쓰는 것은 바로 이 열정이 그를 강권하고 있기 때문이다. 사도 바울은 주님을 위하여 언제나 적극적이다. 그는 선한 경우로는 절대로 만족하지 않는다. 사도 바울은 최선이 아니면 주님을 위한 섬김이라고 생각하지 않는 사람이다. 선은 최선의 적이다. 이것이 사도 바울의 신앙정신이다. 그래서 사도 바울은 디모데에게 가기를 희망하는 것으로 만족하지 않는다. 그것은 선에 지나지 않기 때문이다. 오히려 사도 바울은 디모데에게 가기를 희망하는 중에도 편지를 쓰는 또 다른 시도를 첨가한다. 그것이 최선이기 때문이다. 이렇게 사도 바울은 주님을 섬기는 데 계속해서 새로운 시도를 하는 적극성을 보여주었다.

뜨거움과 더불어 냉정함은 사도 바울에게서 나타나는 신앙정신의 중요한 국면이다. 사도 바울은 매우 합리적인 사람이다. 그가 디모데에게 이 편지를 쓰는 것은 방문이 지연될 때 디모데가 해야 할 일을 가르치기 위함이었다. 그는 차분하게 방문이 지연될 가능성을 예상하였고 그럴 경우에 디모데가 어떻게 대처해야 할지 설명해주는 이성을 발휘하였다. 사도 바울은 현실적인 상황을 주시하지 못할 정도로 열정주의에 빠진 사람이 아니었던 것이다. 주님을 섬기는 것은 열정만으로는 안 되고 반드시 이성이 동반되어야 한다.

하나님의 집

3 : 15a 만일 내가 지체하면 너로 하여금 하나님의 집에서 어떻게 행하여야 할지를 알게 하려 함이니 이 집은 살아 계신 하나님의 교회요 진리의 기둥과 터니라

집은 포괄적인 의미를 갖는다. 무엇보다도 집은 사람이 거주하는 공간을 가리킨다. 거주공간은 사람이 굳이 힘을 들여 만들지 않고 천연적으로 형성된 것으로부터 시작해서, 흙과 나무를 사용해서 만든 친환경적인 건물이며, 최신식 공법에 기반을 두고 세워진 매머드 건물에 이른다. 그러나 집은 이런 물질적인 성격에 제한되는 것이 아니다. 집은 인간의 관계를 의미한다. 넓게는 한 공간에 거주하는 사람들 사이에 형성된 사회적인 관계를 말할 수 있겠으나, 보통 집이라고 부를 때는 특히 부모와 형제로 이루어진 혈연관계를 염두에 둔다. 그래서 만일에 참 좋은 공간이 마련되었다 손치더라도 그곳에 혈연관계로 맺어진 사람들이나 최소한 사회적으로 긴밀한 관계에 있는 사람들이 어우러져 살지 않는다면, 집이라는 말을 쓰기에 적합하지 않다. 비록 공간이 협소하고 부실하지만 거기에 인격적으로 통하는 사람들이 함께 산다면 그것은 달콤한 기쁨이 깃들은 집인 것이다.

사도 바울이 교회를 하나님의 집이라고 불렀을 때 그 의미

의 함유량은 엄청나다. 하나님의 집이 단순히 건물을 가리키는 것이 아니라는 사실은 두말할 나위가 없다. 이런 점에서 이미 초대기독교는 성전을 하나님의 집으로 신앙하던 유대교와 근본적으로 차이가 난다. 유대교가 초대기독교를 그토록 심하게 핍박한 배경에는 성전을 하나님의 집으로 믿는 유대교의 신앙이 공격받았다는 사실이 있다. 그러나 초대기독교는 유대교로부터 심각한 핍박을 받으면서도 하나님의 집에 대한 개념을 새롭게 정립했다. 하나님의 집은 더 이상 성전과 같은 건물이 아니라 이 땅에 흩어진 그리스도인들이 하나님 아버지의 은총아래 성령의 능력으로 예수 그리스도를 머리로 하여 몸을 이루는 관계라는 것이다. 이 관계는 인격적인 것이며, 신앙고백적인 것이며, 영적인 것이다. 이 관계는 한마디로 말해서 신적 가정이라고 요약할 수 있다.

교회는 하나님의 집이다. 이것은 교회를 가정적인 개념으로 설명하는 것이다. 마치 가정이 이익에 바탕을 두고 존재하는 것이 아니라 사랑에 바탕을 두고 존재하듯이, 교회는 이익 때문에 있는 것이 아니라 사랑 때문에 있는 것이다. 교회는 단체가 아니라 가정이다. 마치 가족이 사회적 관계로 형성되는 것이 아니고 혈연적 관계로 형성되듯이, 그리스도인들은 사회성 때문이 아니라 신앙 때문에 결합된다. 그리스도인은 회원이 아니라 가족이다. 그리스도인들이 서로 간에 교우라고 부르기보다는 형제라고 부르기를 좋아하는 것은 이 때문이며, 동역자라고 부르기보다 식구라고 부르기를 좋아하는 것도 이 때문이다. 그리스도인들은 수평적으로 서로 간에 신앙을 고백함으로써 세상의 어느 사회에서도 찾아볼 수 없는 영적인 공동체를 이룬다.

그런데 여기에 결코 놓쳐서는 안 될 것이 있다. 그것은 하나님의 교회는 하나님과의 관계에서만 존재의 의미가 있다는 것이다. 교회는 하나님의 교회이다. 교회는 하나님이 소유하시고 하나님이 통치하신다. 그래서 아무리 그리스도인들 사이에 수평적인 관계가 잘 되어 있다 하더라도 하나님과 신앙고백적으로 영적인 관계를 확립하고 있지 않다면 교회가 존재한다고 말하기가 어렵다. 교회의 근원은 사람이 아니라 하나님이다. 근원을 하나님이 아니라 사람에게 두는 기독교적 집단은 협회는 될 수 있을지 모르지만 교회는 될 수 없다. 교회를 지탱하는 것은 사람의 노력이 아니라 하나님의 은총이다. 하나님의 은총을 버리고 사람의 노력을 따르는 것은 경영은 될 수 있을지 모르지만 목회는 될 수 없다. 교회는 사람의 영광을 목적으로 삼지 않고 하나님의 영광을 목적으로 삼는다. 하나님의 영광 대신에 사람의 영광을 추구하는 자는 사업가는 될 수 있을지 모르지만 목회자는 될 수 없다.

교회는 하나님의 집이다. 교회는 집이기에 자유롭고 편안하고 행복하다. 그것은 가족과 식구와 형제와 함께 사는 가정에서 누리는 자유와 편안과 행복보다도 훨씬 더 큰 것이다. 교회는 하나님의 집이다. 교회는 하나님의 집이기에 신성하고 은혜스럽고 영광스럽다. 그것은 어느 종교에서 느끼는 신성과 은혜와 영광보다도 훨씬 큰 것이다.

살아 계신 하나님의 교회

3 : 15b 만일 내가 지체하면 너로 하여금 하나님의 집에서 어떻게 행하여야 할지를 알게 하려 함이니 이 집은 살아 계신 하나님의 교회요 진리의 기둥과 터니라

모든 것이 신으로 둔갑할 수 있다는 것은 참으로 희한한 일이다. 해와 달 같은 것들에게서 초자연적 실재를 느끼는 것은 그래도 어느 정도 이해할 수 있겠으나, 일시를 사는 것으로 그만인 생물이 신격화되는 것은 물론이고, 금이나 은 그리고 나무나 돌 같은 것들이 인위적인 기술로 가공되어 신으로 경배를 받는 것은 너무나 우스운 일이다. 그래서 한시적인 생명을 가진 것들이나 생명이 없는 것들을 섬기는 행위에 대하여 예로부터 선지자들과 사도들은 격렬하게 공격을 가했던 것이다. 우상을 예배하는 것처럼 선지자들과 사도들을 분노하게 만든 것이 없었다. 그들이 여러 곳에서 우상의 허무함을 낱낱이 지적했던 것은 이런 이유에서였다.

우상은 정말로 교묘한 것이다. 해나 달이든지, 사람이나 동물이든지, 금은과 목석을 신으로 삼는 사람들이 사실상 그것들의 실체를 모르는 바가 아니다. 사람들은 실제로 하늘에서 운행하는 일월성진과 땅에서 움직이는 생물들 그리고 집안에 모셔둔 귀금속과 나뭇조각을 이성적으로는 신이라고 생각하지 않지만 자신을 세뇌하여 애써 그렇게 믿으려고 노력한다. 솔직히 말해서 우상은 인간의 욕심이 형상화된 것이다.

우상은 인간욕심의 거울이다. 이미 존재하는 형상을 그대로 취하든지 아니면 기술적으로 새로운 형상을 만들어내든지 우상숭배에서는 인간의 욕심이 투영된다. 왜냐하면 우상숭배는 욕심에서 나오기 때문이다. 그래서 우상숭배에서는 타인은 없고 자신만 있다.

우상숭배가 어차피 죽은 것을 대상으로 삼거나 혹 살아있다 하더라도 한시적인 것을 대상으로 삼기 때문에, 우상을 섬기는 자들도 생명에 대한 인식이 부족한 것이 아닌가 싶다. 그래서 그들은 자신의 생명에는 큰 관심을 가지지만 타인의 생명에는 별 관심이 없다. 그들에게 살아있다는 것은 가치가 있지만 살려낸다는 것은 의미가 없다. 예를 들어 전쟁은 인간의 욕심이 극대화된 것인데 어떤 방식으로든지 전쟁의 배후에 우상숭배가 자리잡고 있는 것은 이 때문이다. 우리는 이것을 역사로부터 부인할 수 없이 배운다. 그러나 생명은 살아있다는 것으로 끝나지 않고 살려낸다는 것으로 이어질 때 진정한 가치를 가진다.

하나님을 묘사하는 말 가운데 가장 멋진 것은 "살아 계신"이라는 말이다. 이것은 한 단어에 지나지 않지만 이 말 속에는 하나님의 영원성 뿐 아니라 창조와 섭리와 구원의 능력까지 들어있다. 그래서 이 말이 하나님의 모든 것을 집약하고 있다고 해도 결코 과언이 아니다. 무엇보다도 "살아 계신"이라는 수식어는 하나님이 어떤 종류든지 우상에게서 극한적으로 멀다는 것을 보여준다. 그것은 단순히 거리상으로 먼 것이 아니다. 하나님이 우상에게서 극한적으로 먼 것은 특히 생명의 문제에서 그렇다. 살아있다는 자동사적인 성격에서도 하나님은 우상에게서 멀지만, 살려낸다는 타동사적인 성격에서는 하나님이 우상에게서 훨씬 더 멀다. 살아 계신 하나님은 살아있고 살려낸다. 하나님은 죽지 않고 영존하며, 죽은 자를 영생으로 불러낸다. 생명과 관련하여 하나님에게서 살아있다는 자동사와 살려낸다는 타동사는 절대로 분리되지 않는다. 하나님은 살아있기에 살려내고, 살려내기에 살아있다.

사람은 살아 계신 하나님과의 관계에서 진정한 생명을 얻는다(행 17:28). 그래서 하나님 앞에서는 어떤 욕심이라도 작용할 수가 없다. 하나님에 의하여 생명과 활동과 존재를 결정하는 사람은 자신의 욕심을 고집하지 못한다. 하나님을 믿는다는 것은 자신의 욕심에 의하여 인생을 살지 않고 하나님의 은혜에 의하여 인생을 산다는 것을 의미한다. 그래서 어찌 보면 하나님을 믿는다는 것은 욕심을 버린다는 것과 다를 것이 없다. 만일에 누군가가 하나님에 대한 신앙을 이용하여 자신의 욕심을 채우려고 한다면, 그에게는 하나님이 더 이상 살아 계신 하나님이 아니라 죽은 우상처럼 되고 만 것이다. 하나님으로 인간의 욕심이 형상화되었기 때문이다.

살아 계신 하나님의 교회에 주어진 과제는 인간의 욕심을 제거하고 살아있는 것과 살려내는 것을 얼마나 실현할 수 있느냐 하는 것이다.

진리의 기둥과 터

3 : 15c 만일 내가 지체하면 너로 하여금 하나님의 집에서 어떻게 행하여야 할지를 알게 하려 함이니 이 집은 살아 계신 하나님의 교회요 진리의 기둥과 터니라

건축에 문외한이라도 예나 지금이나 집을 짓는 데 중요한 것이 무엇인지 웬만하면 다 안다. 바늘허리에 실 매어 쓸 수 없듯이 아무리 급해도 대지 없이 집을 지을 수는 없는 법이다. 예를 들어 공중에다 정원을 만들었다는 것은 불가사의니 뭐니 하는 신화에나 나오는 이야기에 지나지 않는다. 게다가 집이 어디에 자리 잡느냐에 따라서 가치가 달라진다는 것을 아는 우리로서는 집터의 중요성을 조금치도 외면할 수가 없다. 그 뿐 아니다. 공법이 놀랍게 발달한 오늘날에도 우리는 건물에 그것을 버티기에 힘이 넉넉한 기둥이 있어야만 된다는 것을 잘 알고 있다. 이미 여러 차례 역사에서 증명되었듯이 기둥이 부실한 빌딩은 심각한 재난을 불러일으켜 재산에만 아니라 인명에도 결정적인 치명타를 가하기 때문이다.

사도 바울은 교회를 가리켜 하나님의 집이라고 불렀다. 그리고 내친 김에 이 집은 진리의 기둥이며 터라고 규정하였다. 개념상 기둥은 수직적인 성격을 가지며 터는 수평적인 성격을 가진다. 아무리 높은 빌딩이라도 기둥은 반드시 수직이어야 하며, 아무리 넓은 건물이라도 터는 반드시 수평이어야 한다. 참으로 건축의 철학은 수평과 수직의 조화에 의하여 결정된다. 건축은 가로와 세로의 미학이다. 건축은 하늘로 솟는 것과 땅으로 펴는 것을 이해하는 사람의 몫이다. 그래서 수평과

수직 가운데 어느 하나라도 무시하는 사람은 집을 지을 자격이 없다. 그런 사람은 가로와 세로가 무엇을 의미하는지 뼛속 깊이 새겨 넣기 전에는 집을 지어서는 안 된다. 아무래도 사도 바울은 이 말로써 교회에서 수평이든 수직이든 어느 하나를 무시하면 안 된다는 것은 넌지시 알려주고 있는 듯이 보인다.

그런데 여기에서 우리가 주의해야 할 것은 사도 바울이 "진리는 교회의 기둥이며 터라"고 말하지 않고 "교회는 진리의 기둥이며 터라"고 말하고 있다는 점이다. 전자의 경우라면 교회는 진리로 말미암아 그리고 진리 위에 선다는 의미가 된다. 다시 말해서 이것은 진리가 교회를 위한 버팀목과 설자리라는 의미이다. 이때 진리가 없으면 교회는 터를 빼앗기고 기둥을 잃은 집처럼 무너진다는 뜻이 된다. 그러나 사도 바울은 이렇게 말하지 않는다. 오히려 사도 바울은 교회가 진리의 기둥과 터라고 말함으로써 교회의 사명이 무엇인지를 강조한다. 교회는 진리의 버팀목이며 설자리이다. 바꾸어 말하자면 진리는 교회를 의지해야 하며 교회에 근거해야 한다. 교회는 진리를 유지하고 진리를 보호하기 때문이다. 교회에 몸을 기대지 않고 교회에 뿌리를 내리지 않는 진리는 위험하다. 그래서 교회가 없으면 진리는 기반도 상실하고 지주도 상실한 것이 되고 만다.

사도 바울은 교회가 진리의 기둥과 터라고 말함으로써 진리를 떠난 교회가 위험한 만큼 교회를 떠난 진리도 위험하다는 것을 천명하고 있다. 다시 한 번 힘주어 강조하거니와 진리를 잃은 교회가 위험한 것처럼 교회를 잃은 진리도 위험하다. 진리는 오직 교회로 말미암아 그리고 교회 위에 존재해야 하기 때문이다. 교회 없이 존재하려는 진리는 기둥이 없기에 무골신체와 같고, 교회 밖에 존재하려는 진리는 터가 없기에 공중누각과 같다. 교회와 관계를 끊은 진리는 터와 기둥이 없는 집처럼 불안하고 위험하다. 진리는 오직 교회에 의존하고 근거할 때만 안정하고 안전하다. 교회만이 진리를 진리 되게 만들기 때문이다. 여기에서 사도 바울이 표명하고자 하는 것은 교회의 권위이다. 하나님의 집인 교회의 권위는 무엇인가? 그것은 진리를 진리 되게 하는 것이다. 진리의 기둥이며 터이기에 교회는 찬란하게 빛난다.

그러나 불행하게도 오늘날 교회는 진리가 의지할만한 기둥이 되지 못하며 진리가 근거할만한 토대가 되지 못한다. 그 이유는 너무나도 간단하다. 교회가 진리를 유지하는 데 관심이 없고 진리를 보호하는 데 열심이 없기 때문이다. 교회는 진리에게 지주도 기반도 제공하지 않는다. 교회는 부실한 기둥이며 불안한 터전이라서 진리는 교회에 몸을 기댈 수도 없고 뿌리를 내릴 수도 없게 되었다. 그래서 지금 진리는 기둥도 터도 잃고 저렇게 애처롭게 방황하고 있다.

경건의 비밀

3 : 16 크도다 경건의 비밀이여, 그렇지 않다 하는 이 없도다 그는 육신으로 나타난 바 되시고 영으로 의롭다 하심을 받으시고 천사들에게 보이시고 만국에서 전파되시고 세상에서 믿은 바 되시고 영광 가운데서 올려지셨느니라

교사의 권위가 땅에 떨어지고, 국가의 수반이 권위를 잃어버렸다고 해도 아버지가

권위를 상실한 것처럼 위험한 것은 아니다. 아버지의 권위는 모든 권위의 기초이기 때문이다. 요즘에는 친구로서의 아버지 모습이 크게 부각되어 자녀들이 별 무리 없이 아버지와 좋은 사이를 이룬다. 하지만 아버지가 자녀에게 친근하게 적응하려는 긍정적인 노력의 반대쪽에서는 자녀가 아버지에게 아무런 두려움을 가지지 않고 그래서 결국은 아버지의 권위가 실추되는 흉측한 현상이 꼬리를 물고 일어나는 사실을 간과해서는 안될 것이다. 이런 상황에서는 아버지가 존경의 대상이 아니라 희롱의 대상일 뿐이다.

오늘날 하나님에 대한 성도들의 태도도 이런 현상에서 크게 벗어나지 않는다. 하나님을 복의 근원으로 믿고 있는 동안 하나님이 벌을 내릴 수도 있는 분이라는 사실은 까맣게 잊어지고 만다. 그래서 성도들은 하나님께 복을 따내기 위해서 온갖 투정과 때로는 사탕발린 말을 늘어놓다가 경건한 삶이 부족하여 하나님으로부터 작은 책망이라도 받으면 금방 신앙의 길에서 이탈해버린다. 하나님을 경외하지 않으면 진정한 경건이란 성립될 수가 없다. 했던 말을 또 하는 것 같지만, 진정한 경건은 하나님을 두려워하는 것에서부터 시작한다. 하나님은 분명히 우리에게 친근하신 분이시다. 그러나 하나님의 친하심은 언제나 두려움을 전제로 한다.

이런 의미에서 경건은 두려운 하나님 앞에 서있다는 경외심의 구체적인 표현이라고 할 수 있다. 사도 바울이 "경건의 비밀"이라고 말했을 때 아마도 이런 생각을 품고 있지 않았을까. 그가 바로 앞 절에서 교회에 관하여 설명하면서 "살아계신 하나님"이라는 말을 쓴 것을 볼 때 그 가능성은 매우 높다. 실제로 사도 바울은 살아계신 하나님 앞에서 살아가고 있다는 의식을 단 한 번도 잃어버린 적이 없다. 그는 살아계신 하나님에 대한 경외심으로부터 경건을 유지하고 있었기 때문에 경건이 언제나 비밀스러운 것이었다. 그러므로 그의 입에서 "경건의 비밀이 크다"는 말이 흘러나온 것은 지극히 당연한 일이다. 사도 바울은 경건의 비밀을 알고 있었으므로 항상 활력이 넘치는 사람이 되었다.

그런데 사도 바울은 이런 경건의 비밀이 신앙고백과 무관하지 않다고 생각하였다. 시간이 흐를수록 그의 경건이 천국의 비밀처럼 진하게 농축되고 고도로 심화되는 것은 깊고 진한 신앙고백을 가지고 있었기 때문이다. 사도 바울은 본문에서 구조적으로 볼 때 여섯 개의 항목으로 이루어진 정말로 정교한 신앙고백을 진술하고 있다. 육체로 나타나심, 영으로 의롭다 받으심, 천사들에게 보이심, 민족들 가운데 전파되심, 세상에서 믿어짐, 영광으로 올리어짐. 이 항목들 가운데 어떤 것은 더 이상 설명할 필요가 없을 정도로 분명한 것도 있지만 어떤 것은 별 말을 다 동원해도 선명하게 깨달아지지 않는 것도 있다. 그런 항목은 하나님의 세계에 대한 사도 바울의 이해가 얼마나 오묘한 것인지 알려준다.

어쨌든 여기에서 주목해야 할 것은 사도 바울에 의하면 경건의 비밀과 신앙고백 사이에 끊을 수 없는 인과관계가 있다는 사실이다. 한마디로 말해서 정교하고 선명한 신앙고백은 깊고 진한 경건을 생산한다는 것이다. 후에 사도 바울이 경건은 모양이 아니라 능력이라고 말할 때(딤후 3:5) 신앙고백에 바탕을 둔 경건을 가리키고 있는 것이 분명하다. 신앙고백이 있고야 비로소 경건의 능력이 있다. 그러므로 정확한 신앙고백을 가지고 있지 않으면서, 신앙고백을 따라 활력 있게 살지 않으면서 경건과 경건의 비밀을 운운하는 것은 얼마나 허탄한 일인가.

참으로 두려운 것은 경건과 경건의 비밀이 상실된 것이며, 더욱더 두려운 것은 신앙고백이 부재하고 신앙고백을 따르는 삶이 실천되지 않는 것이다. 오늘날 우리가 살아계신 하나님을 두려워하는 경외심을 가지고 회복하기 위해서 몸부림쳐야 할 것은 경건과 경건의 비밀이며, 신앙고백과 신앙고백을 따르는 삶이다. 지금 우리가 입을 열어 경건의 비밀이 크다고 말할 수 없다면 우리는 이 길에서 모든 것을 잃은 것이며 아무것도 가지고 있지 않은 것이다.

4 장

네 자신을 연단하라

믿음에서 떠나는 사람들

4 : 1 그러나 성령이 밝히 말씀하시기를
후일에 어떤 사람들이 믿음에서 떠나 미
혹하는 영과 귀신의 가르침을 따르리라
하셨으니

언젠가 잘 아는 여집사님으
로부터 자기의 남동생을 꼭
한 번 만나서 상담을 해달라
는 부탁을 받았다. 그 동생은 어느 잘못된 종교단체에 발을 들
여놓았는데 결국은 지부장까지 되어 자기로서는 더 이상 그를
빼낼 수 없는 실정에 이르렀다는 것이다. 여집사님의 간곡한
부탁을 따라 약속한 날에 나는 그 남동생을 만났다.

사십대 초반으로 보이는 그 남자는 나를 만날 준비를 단단
히 하고 있었다. 그는 노트 크기의 종이 몇 장에 자신이 믿고
있는 내용을 빼곡히 정리해서 가지고 왔다. 나에게 설복을 당
하기는커녕 도리어 나를 설복시키고 말겠다는 심사가 한 눈에
보였다. 어쨌든 이야기를 마치고 헤어지면서 그가 마지막으
로 남긴 말은 나의 가슴을 저리게 만들었다. 자기도 적지 않은

세월을 기독교에서 보낸 적이 있었노라고.

내가 이해할 수 없는 것 가운데 하나는 지성적일 뿐만 아니라 사회에서 덕망이 높은 사람이 어처구니없이 허무맹랑한 사이비종교에 쉽게 빠져드는 것이다. 조금만 생각을 해보아도 받아들일 수 없을 정도로 가당치 않은 이론을 제시하는 거짓된 종교단체들이 허다하게 많이 있다. 대체로 그런 것들은 윤리적으로 볼 때 사람들의 지탄을 받기에 충분한 문제점들을 안고 있다.

그런데 이상한 것은 이론도 부실하고 도덕도 부재하는 이런 헛된 종교단체에 학문이 빼어난 사람들과 사회를 선도하는 사람들이 버젓이 소속되어 있다는 것이다. 물론 그 사람들은 자신들이 그런 종교단체에 속해있다고 공공연하게 떠들어대지는 않는다. 그래서 그런 사람들을 다 찾아내기란 절대로 쉬운 일이 아니다. 하지만 내가 이해하기 정말로 어려운 것은 이것이 아니다. 내가 가장 당혹스럽게 여기는 것은 기독교인이 한순간에 믿음에서 떠나 이단으로 가버리는 것이다. 이런 변절은 너무나 순식간에 일어나 손을 쓸 수 없는 경우가 허다하다. 그리고 한번 이단에 빠져들면 그것이 가르치는 헛된 이론과 거짓 생활을 아무런 의심도 없이 잘도 따른다. 이렇게 되면 이단의 가르침을 비판해 줄수록 역반응이 일어나 더욱 이단에 밀착하고 만다.

소위 교회에서 오랫동안 신앙생활을 하면서 이 부서, 저 부서에서 활동도 해보고 지도자의 직분을 받았던 신자가운데 이런 이단에 빠지는 사례가 많다는 것은 정말 아이러니컬한 일이 아닐 수 없다. 그러고 보면 신앙생활의 연륜이나 교회활동의 경력, 직분의 종류 이런 것들이 아무런 의미가 없다. 그런 것들은 사람이 믿음에서 떠나는 것을 방지하지 못하기 때문이다. 사람들이 사이비종교에 빠지는 데는 여러 가지 이유가 있을 것이다. 무엇보다도 이런 종교단체가 내미는 유혹의 손이 매우 끈끈하다는 것이다. 이단들에게서 전형적으로 발휘되는 달콤한 언변과 화사한 미소, 그리고 강력한 자기선전은 사람들의 마음을 움직이기에 충분하다. 게다가 약점을 파내어 거미줄처럼 조이며 들어오는 압박은 가공할만한 것이다.

그러나 이런 외부의 유혹만으로는 사람이 이단에 빠지기가 쉽지 않다. 실상은 사람의 내부에 사이비종교의 유혹에 민감하게 반응하는 어떤 요소들이 있다. 그 내부적 동기는 물질적인 것일 수 있고, 심리적인 것이나 육체적(성적)인 것일 수 있다. 어떤 것이든지 마찬가지이다. 사람에게는 파우스트처럼 외적인 유혹에 자신을 개방하려는 내적인 충동이 강하게 작용한다.

그런데 신자가 믿음에서 떠나 이단에 빠지는 데는 또 다른 요인이 있다. 사도 바울은 신앙에서 탈선하는 일의 배후에는 영적인 세력이 있다는 것을 감지하고는 그것을 가리켜 "미혹하는 영과 귀신의 가르침"이라고 불렀다. 신자가 갑자기 이단에 빠지는 것을 어떻게 단순히 사회적인 현상이라고만 할 수 있겠는가? 이것은 신자를 삼키기 위하여 악한 영들이 집요하게 공격하고 있다는 표식이 아닌가?

사도 바울이 앞에서 말한 것처럼 신자가 경건의 비밀과 신앙고백을 확실하게 소유하고 있다면(3:15-16), 미혹하는 영들이 아무리 세계 공격한다고 해도 넉넉히 이길 수 있을 텐데 말이다. 그래서 믿음에서 떠나는 사람들의 문제는 확실한 신앙고백이 없다는 것이다.

거짓말과 외식

4 : 2 자기 양심이 화인을 맞아서 외식함으로 거짓말하는 자들이라

연륜은 순수함을 보장하지 않는다. 이 말은 너나 할 것 없이 모든 사람이 두고두고 골똘하게 되새겨야 할 진실이다. 이것은 어느 특정한 영역에만 해당하는 것이 아니기 때문에 더욱 그렇다. 바르고 숫하던 청년이 어딘가 입문하고 나서 얼마가 지나기도 전에 지저분해지는 것을 우리는 흔히 본다. 심지어 신앙의 길에서조차도 시간이 지날수록 순수해질 것이라고 생각한다면 그처럼 엄청난 착각은 없을 것이다. 실제로는 그 반대이기 때문이다. 예를 들어 믿음에 갓 들어선 새내기 시절에는 순수하기 비길 데 없던 사람이 신앙에 경력도 쌓고 교회의 일을 많이 할수록 비누로 씻기 어려운 때가 끼는 것을 볼 수 있다. 그래서 순수함은 연륜과 비례하지 않는다. 인간은 기필코 그런 존재이며, 신자도 다를 바가 없다.

그런데 사람이 순수함을 잃는 길목에는 거짓말이라는 것이 있다. 비록 남을 괴롭히거나 망가뜨리는 고의적인 거짓말

은 아닐지라도 가장 평범한 의미에서 거짓말마저도 이미 순수함에서 이탈해버렸다는 것을 의미한다. 보통 우리는 거짓말에 가까운 변명에 익숙해있다. 이것은 정당한 변명이 없다는 뜻이 아니라, 대부분 변명이란 것은 거짓말의 다른 언어이기 쉽다는 의미이다. 아마도 핑계라는 말은 더욱 그러할 것이다. 어느 모임에 늦었든지 약속을 지키지 못했든지 그 이유를 설명할 때면 거짓말이 필연적으로 끼어들기 때문이다. 그러나 사람들은 이런 일을 사소한 것으로 생각한다. 그래서 어떤 업무에 오래도록 종사하다보면 눈치와 요령을 터득하게 되고 웬만한 일은 둘러치기로 때워나간다.

여기에서 사도 바울이 특히 경고하는 것은 외식*함으로 거짓말하는 행위이다. 그냥 거짓말이 아니라 외식과 연관된 거짓말

> **＊외식** 속은 그렇지 않은데 겉으로만 그런 척 하는 모습이다. 구약 시대에 선지자들은 이 문제를 집요하게 지적했다. 바리새인의 외식은 예수 그리스도에게 맹렬한 공격의 대상이 되었다. 사도 바울도 외식은 성도들이 조심해야 할 것 가운데 언제나 앞자리에 놓인다고 알려주었다.

이다. 사실상 외식의 뿌리는 거짓이며 거짓의 표면은 외식이다. 거짓은 언제나 외식으로 표현되며, 외식은 언제나 거짓에 근거한다. 이런 의미에서 거짓과 외식은 하나인 셈이다. 예를 들어 의사가 아닌 사람이 의사인체 하는 것은 거짓이자 외식이다. 그는 거짓말하고 있기 때문에 외식하는 것이며, 외식하고 있기 때문에 거짓말하는 것이다. 이것은 교회가 시작한 때부터 지금까지 교회를 괴롭히는 문제이다. 교회는 바로 이 문제에서 지속적으로 순수함을 잃어왔다. 우리는 교회의 연륜을 자랑하고 싶어 하지만, 불행하게도 교회의 연륜은 교회의

순수함을 보장하지 않는다.

그런데 거짓말과 외식이 정말로 문제가 되는 까닭은 그것이 사람의 심성이나 인격이 파손되었기 때문에 발생하는 것만이 아니라는 사실에 있다. 사도 바울이 앞에서 바로 언급했듯이 거짓말과 외식의 배후에는 미혹하는 영과 귀신의 가르침이 도사리고 있다. 특히 이 현상은 믿음을 배신하는 사람들에게서 짙게 드러난다. 그들은 겉으로는 기독교의 방식을 취하지만 속으로는 거짓의 영을 따른다. 입술로는 하나님과 할렐루야를 수없이 뇌까리고 눈가에는 부드럽다 못해 느끼하기 한이 없는 미소를 흘리지만 속에서는 더러운 미혹의 영에 의하여 불의를 부채질 받는 사람들이 우리 주변에는 얼마든지 많이 있다. 그런데 놀랍게도 이런 사람들은 자신이 거짓과 외식에 빠져있다고 생각하지 않는다. 양심에 화인을 맞았기 때문이다.

사람의 눈으로는 미혹의 영에 의하여 부추김을 받는 거짓말과 외식을 분별해내기가 어렵다. 신자를 포함하여 모든 사람은 시간이 지날수록 순수함을 상실하는 필연적인 상황에서 벗어날 수가 없기 때문이다. 우리에게는 이런 거짓말과 외식으로부터 스스로를 구출할 능력이 없기에 이런 거짓말과 외식을 스스로 분별해낼 능력도 없다. 사도 바울도 틀림없이 이것을 인식했을 것이다. 그러므로 그는 밝히 말씀하시는 성령께 귀를 기울였다. "성령이 밝히 말씀하시기를"(4:1). 오직 거룩하신 영만이 미혹하는 영을 정확하게 분별하시며, 미혹하는 영을 확실하게 분별하는 법을 가르쳐주신다. 그래서 우리는 성령께 전적으로 의지하는 수밖에 없다. 성령의 말씀을 귀담아 들어야 한다. 사도 바울의 시대에 주어진 거짓과 외식에 대한 경고는 거짓과 외식을 일삼고 밥 먹듯 하는 우리 시대에는 더욱 매서운 경고이다.

화인 맞은 양심

4 : 2b 자기 양심이 화인을 맞아서 외식함으로 거짓말하는 자들이라

만일에 남의 발등을 밟고는 왜 내 발 밑에다 발을 넣었느냐고 야단을 친다면, 적신호 앞에 서있는 차를 뒤에서 들이박고는 왜 내 차의 진로를 방해하느냐고 대든다면, 아랫집 천장에서 물이 떨어지는데 윗집 사람이 우리 집에 무슨 문제가 있느냐고 억지를 부린다면, 이것은 틀림없이 양심이 잘못된 것이다. 교회가 진실과 순결을 잃어버린 채 세상의 거짓과 죄악을 질책한다면, 목사가 제대로 설교를 준비하지 않으면서 성도들이 설교에 은혜를 받지 않는다고 화를 낸다면, 성도들이 기도하지 않으면서 하나님은 기도에 응답하지 않는다고 불평한다면, 이것은 틀림없이 양심이 잘못된 것이다. 이것은 절대로 제 정신으로는 할 수 없는 행위들이다. 사회의 악하고 패역한 경향이든지 광기에 사로잡힌 더러운 영이든지, 양심이 무엇인가에 지배를 받지 않고는 이런 현상은 일어나기 어렵다. 그래서 양심이 부패한 것은 이미 무엇인가 부패한 것에 지배를 받고 있다는 것을 증명하는 것이 된다.

사도 바울은 말세에 벌어질 한 두려운 현상에 대하여 지적하고 있다. 말세에는 양심에 화인 맞은 사람들이 있을 것이라는 사실이다. 화인은 불에 시뻘겋게 달군 쇠 연장으로 살을 지지는 것이다. 사도 바울 당시에 화인을 찍는 것은 두 가지 경우가 있었다. 그 중에 한 가지는 칼에 베이거나 창에 찔려 생긴 심한 상처부위를 불로 지지는 것으로 그렇게 치료한 부위는 감각을 상실하게 된다. 또 한 가지 경우는 노예나 전쟁포로 또는 가축에 화인을 찍어 누구의 소유가 되었음을 나타내는 것이다. 이렇게 볼 때 화인을 맞는다는 것은 감각을 잃어버렸다는 의미와 누구에게 지배를 받게 되었다는 의미를 가진다. 그런데 사도 바울은 화인을 양심과 관련하여 말함으로써 화인 맞은 양심이 얼마나 무감각해지고 남의 지배하에 들어가게 되었는지 설명하고 있다.

　사도 바울이 앞에서 말했듯이 어떤 사람들이 믿음을 떠나 미혹하는 영과 귀신의 가르침을 따르는 것을 두려워하거나 안타깝게 여기지 않는 것은 실제로 양심이 화인을 맞았기 때문이다. 또한 양심이 화인을 맞은 사람들은 거짓과 외식에 사로잡혀도 전혀 양심의 가책을 느끼지 않는다. 어떤 사람들이 분명한 신학적인 근거도 없이 혼인을 금지하고 음식을 폐지하라고 헛된 말을 퍼뜨리면서 문제감각이 없는 것도 역시 양심이 화인을 맞았기 때문이다. 따라서 양심이 화인 맞은 사람은 사상이 마비되어 진리에 무디어지고, 행실이 둔화되어 가식의 문제점을 느끼지 못하며, 헛된 말을 주절거리는 것을 깨닫지 못하는 언어의 무감각 상태에 빠진다. 한마디로 요약하자면 화인 맞은 양심은 총체적인 문제이다.

오늘날 기독교는 양심이 화인 맞지 않았는지 스스로 점검 해야 한다. 성경에서 떠난 잘못된 신학과 사상에 물들어 진리 종교를 단순히 윤리종교로, 구원의 종교를 단순히 웰빙의 종 교로 변질시키면서 버젓이 목사노릇을 하고 있는 사람들이나 그것을 듣고는 은혜를 받았노라고 떠들어대는 신자들은 양심 에 화인 맞은 것이 아닌가! 중세의 교회보다 도 훨씬 더 심각할 정도로 교회당을 치장하 는 데 혼신을 쏟거나 기름때가 줄줄 흐르도 록 신체와 외모를 가꾸는 데 온통 마음을 빼 앗기는 것, 그리고 오직 하나님의 은혜 가 운데 믿음으로 말미암아 의롭다 함을 얻는

＊이신칭의 오직 믿음으로만 의롭 다 함을 얻는다는 사상. 구원을 얻 는 데 사람의 행위를 강조하는 중 세교회에 대항하여 종교개혁자들 은 구원이 하나님의 은혜를 사람 이 믿음으로 받아들일 때 주어지 는 것이라고 주장했다. 칭의란 구 원을 의의 관점에서 바라보는 것 으로 하나님의 의가 믿음을 통해 서 수여된다는 것이다.

다는 이신칭의＊를 향한 종교개혁의 외침을 고스란히 말아먹 고 구원에 도달하기 위해서는 헌신적인 행위가 필요하다고 부 르짖는 것, 이것은 양심에 화인 맞은 것이 아닌가! 가정이나 건강 같은 것들을 소홀히 해서는 안 되겠지만 어디에서 배웠 는지 기독교가 그저 가정의 행복과 건강의 보존 따위를 장려 하기 위하여 존재하는 것으로 생각하여 모든 관심, 모든 메시 지, 모든 행사를 총집중하는 것은 양심에 화인 맞은 것이 아 닌가!

우리의 양심은 하나님과 사람에 대하여 살아있어야 한다. 우리는 화인 맞은 양심으로부터 사회적인 의미에서는 물론이

고 영적인 의미에서 감각을 둔화시키는 각질을 벗겨내야 한
다. 이것은 사도 바울의 노력이었다. "이것을 인하여 나도 하
나님과 사람을 대하여 항상 양심에 거리낌이 없기를 힘쓰노
라"(행 24:16).

빛보다 더 밝은 빛

4 : 3 혼인을 금하고 어떤 음식물은 먹
지 말라고 할 터이나 음식물은 하나님이
지으신 바니 믿는 자들과 진리를 아는 자
들이 감사함으로 받을 것이니라

열심은 부러움보다 두려움이
되는 경우가 많다. 물론 열심
이 없는 것은 작지 않은 문제
이다. 열심의 결핍은 신자 뿐 아니라 교회에 냉랭한 기운이 감
돌게 만들기 때문이다. 이때 신자는 감동을 맛보지 못하며 교
회는 능력을 발휘하지 못한다. 그래서 자주 신자와 교회는 열
심을 가지도록 권면을 받는다. 하지만 열심이란 것이 언제나
당연시되는 것은 아니다. 오히려 열심 때문에 심각한 지적을
받는 사례가 비근하게 등장하기 때문이다. 하나님 앞에서 자
신의 유별난 열심을 내세웠던 엘리야의 모습은 그렇게 칭찬할
만 것처럼 보이지 않는다. 성전에 올라온 바리새인이 기도 중
에 자신의 열심을 죄다 늘어놓은 것을 주님께서 긍정적인 의
미로 설명했다고 생각할 사람은 아무도 없을 것이다. 사도 바
울이 유대인들을 신랄하게 비판한 것은 그들에게 열심이 없었
기 때문이 아니라 열심이 지나쳤기 때문이다. 열심이 지나친
것은 열심이 모자란 것과 크게 다를 바가 없다.

　우리가 정말로 경계해야 할 것은 열심의 결핍 뿐 만 아니라

열심의 과도이다. 지나친 열심의 뿌리에는 종종 교만한 마음과 과시의 의도가 도사리고 있기 때문이다. 지나친 열심은 하나님에게서 나오지 않고 사람에게서 나온다(롬 10:2-3). 그래서 경건보다 더 경건한 것은 불경이며, 빛보다 더 밝은 빛은 어둠이고, 하나님보다 더 하나님인 체하는 것은 사탄이다(살후 2:4). 더 경건한 것이나 더 밝은 빛, 그리고 더 하나님인 체하는 것에 대하여 부러움을 가지는 것은 어리석음 그 자체이다. 여기에서 사도 바울이

※ **인본주의** 고대 그리스 철학은 사람을 우주의 중심으로 간주했다. 이런 사상은 르네상스 시대에 다시 선호되고 계몽주의를 거쳐 현대에 이르기까지 모든 영역에서 지배적인 영향력을 끼치고 있다. 인본주의에서는 인간 자신이 만물의 척도이며 방편이며 목적이다.

집요하게 따지는 외식함과 거짓말과 화인 맞은 양심이란 빛보다 더 밝은 빛을 내려는 인본주의*적인 시도와 관련이 있다. 다시 말하자면 빛에 가까운 어둠도 문제이지만 빛보다 더 밝은 빛도 문제라는 것이다. 진짜 같은 가짜도 위험한 것이지만 진짜보다 더 진짜도 위험한 것이다. 그래서 진리 곁에 있는 거짓을 경계해야 하는 것만큼 진리보다 더 진리도 경계해야 한다.

디모데 앞에 등장한 어떤 사람들은 혼인을 금지하고 음식을 폐지했다. 이것은 얼마나 경건하고 신앙적으로 보이는가. 남다른 경건과 엄청난 신앙을 가지고 있지 않고는 혼인을 금하고 음식을 폐하는 이런 강렬한 행위를 할 수 없을 것이다. 그들은 놀라운 열심을 가지고 있었다. 하지만 문제는 사도 바울이 이 사람들의 독신추구와 금식시도를 긍정적으로 평가하고 있지 않다는 데 있다. 오히려 사도 바울은 이 사람들의 독

신과 금식이 오류라는 것을 반영하듯이 디모데전서 여기저기에서 혼인하는 것과 섭생하는 것이 자연스러운 일임을 천명한다. 그래서 사도 바울은 한 아내의 남편인 것(3:2), 한 남편의 아내인 것(5:9)이 얼마나 귀중한 일인지 말하며, 심지어 젊은 여자는 시집가서 아이를 낳고 집을 다스리라고 권면했다(5:14). 또한 사도 바울은 먹을 것을 가지고 있을 때 자족할 줄 아는 자세를 요구하였고(6:8), 이 단락에서는 아주 간명하게 음식물은 하나님께서 지으신 것이기 때문에 믿는 자들과 진리를 아는 자들이 감사함으로 받을 것이라고 잘라 말했다(4:3).

사실 경우에 따라서 사도 바울에게는 독신이나 금식이 경건과 신앙의 분량이나 정도에 관한 문제가 아니라 은사나 기능에 관한 문제라고 생각되었다. 혼인을 하지 않는 것은 하나님께 받은 은사이기에 이 사람은 이러하고 저 사람은 저러하다(고전 7:7). 고기와 같은 음식을 먹지 않는 것은 형제를 실족하지 않게 하는 기능에 적합한 것이다(롬 14:21; 고전 8:13). 그렇기 때문에 혼인을 금하고 음식을 폐하는 것이 열심 있는 경건과 신앙의 표현이라고 생각하는 것은 사람의 발상에 지나지 않는다. 그것은 인본주의이다. 만일 독신과 금식이 그런 사고방식에서 나온 것이라면 그것은 경건이 아니라 불경건과 신앙이 아니라 비신앙이다.

근본적으로 볼 때 교회가 싸워야 할 대상은 그렇게 많지 않은 것처럼 보인다. 압축하면 교회의 싸움은 하나님의 표준에

미달하는 것과 과월하는 것에 대한 싸움이기 때문이다. 교회는 단지 말씀이 가는 곳에 가고 말씀이 서는 곳에 설 때 승리한다.

원점종교

4 : 3b – 4a 혼인을 금하고 어떤 음식물은 먹지 말라고 할 터이나 음식물은 하나님이 지으신 바니 믿는 자들과 진리를 아는 자들이 감사함으로 받을 것이니라 하나님께서 지으신 모든 것이 선하매 감사함으로 받으면 버릴 것이 없나니

특이하게도 기독교는 문제의 해결에서 자주 창세기로 돌아간다. 구약성경의 율법과 선지자들과 시가서가 그랬던 것처럼, 예수 그리스도와 그의 사도들도 문제를 해결할 때 창조사건으로 귀환하는 것은 예사로운 일이었다. 율법과 선지자들과 시가서가 하나님의 창조와 만나고, 예수 그리스도와 사도들이 하나님의 창조와 만난다. 이런 의미에서 계시록도 창세기와 만난다.

기독교는 처음부터 작게는 개인, 가정, 이웃으로부터 크게는 국가와 세계의 문제를 다루면서 습관처럼 창세기로 환원하는 모습을 보여주었다. 이것은 기독교가 인간에게 발생하는 모든 문제를 푸는 열쇠가 창조사건에 들어있다고 믿기 때문일 것이다. 창조사건은 이후에 일어나는 모든 문제를 해결하는 실마리가 된다. 이렇게 기독교는 원점을 중요시하므로, 기독교를 가리켜 원점종교라고 불러도 과언이 아닐 것이다.

사도 바울은 혼인을 금하고 음식을 폐하는 이단에 직면하여 하나님의 창조사건으로 돌아간다 : "음식물은 하나님이 지

으신 바라"(3b), "하나님께서 지으신 모든 것이 선하다"(4a).
사도 바울이 한 단락 안에서 연거푸 두 번 창조에 관하여 언급
하는 것은 매우 의미심장한 일이다. 게다가 더 주목해야 할 사
실은 창조에 관한 이중적인 언급이 이단을 배격하는 것을 목
적으로 삼고 있다는 것이다.

이것은 사도 바울에게 창조신학이 그 자체로 매우 중요한
것이었음을 보여줄 뿐 아니라, 창조신학이 미혹하는 영을 격
퇴하는 결정타의 역할을 하기 때문에 매우 중요한 것이었음을
보여준다. 창조신학은 원점이다. 창조신학은 모든 바른 신학
이 거기에서부터 출발하기 때문에 원점이며, 모든 거짓 미혹
이 거기에서부터 배격되기 때문에 원점이다. 사도 바울의 기
독교는 창조신학에 기반을 두고 있는 원점종교이다.

사도 바울은 위에 언급한 두 가지 말로 창조와 창조물의 의
미가 무엇인지를 보여주었다. 첫째로 사도 바울은 "음식물은
하나님이 지으신 바라"(3b)는 말로 하나님의 창조가 절대적으
로 완전하다는 것을 가르친다. 하나님의 창조에는 실수가 없
다. 하나님은 빛과 어둠, 하늘과 땅 같은 엄청난 것을 만드실
때 아무런 실수가 없으셨던 것처럼, 시시하게 보이는 음식물
을 만드는 일까지도 실수가 없으셨다. 창조의 완전성은 하나
님의 절대성에 기초한다. 하나님께서 절대적이기 때문에 창
조도 완전하다.

둘째로 사도 바울은 "하나님께서 지으신 모든 것이 선하
다"(4a)고 말함으로써 하나님의 창조물에는 본래부터 선한 성

질이 있었다는 것을 가르친다. 이것은 하나님께서 엿새 동안 만물을 창조하시면서 반복적으로 말씀하셨던 것을 반영한다: "하나님이 보시기에 심히 좋았더라"(창 1:31). 모든 것이 선하게 창조되었다. 선한 하나님은 선한 만물을 만드셨다. 하나님의 선성에서 창조물의 선성이 기인한다. 이것을 역으로 말하자면 선한 창조물은 하나님의 선한 성품을 드러낸다고 할 수 있다.

음식을 폐하라고 주장하는 이단들은 창조의 신학을 알지 못한 것이다. 창조의 신학에서 보면 음식은 악한 것이 아니다. 단지 타락한 인간이 하나님께서 선하게 창조하신 음식을 자기의 배만 위하여 섭취하기 때문에 악하게 여겨지는 것이다. 음식은 그것을 먹는 타락한 사람 때문에 악하게 된다. 그래서 정말로 문제 삼아야 할 것은 음식이 아니라 사람이다. 음식이 악한 것이 아니라 사람이 악하기 때문이다. 이것이 창조신학을 가지고 있는 원점종교의 입장이다.

신자가 때때로 금식을 하는 것은 음식이 악하기 때문이 아니라 음식을 섭취하는 사람이 악하기 때문이다. 타락한 인간은 음식을 섭취하는 데 많은 시간과 힘을 소비한다. 이것은 하나님만을 찾는 일에 엄청난 방해가 된다. 그래서 신자는 때때로 금식하면서 음식을 거절함으로써 음식에 대한 타락한 욕심을 끊고 하나님만을 바라본다. 기독교가 문제를 해결함에 있어서 창조사건으로 돌아가는 것, 이것은 매우 중요하다. 창세기가 신화가 아니라는 것을 보여주기 때문에 중요하고, 창조와 역사와 종말이 연결되어있다는 것을 보여주기 때문에 중요하다. 무엇보다도 이것이 중요한 까닭은 기독교가 원점종교라는 것을 보여주기 때문이다.

식사와 감사

4 : 3c - 4b 혼인을 금하고 어떤 음식물은 먹지 말라고 할 터이나 음식물은 하나님이 지으신 바니 믿는 자들과 진리를 아는 자들이 감사함으로 받을 것이니라 하나님께서 지으신 모든 것이 선하매 감사함으로 받으면 버릴 것이 없나니

학교의 교수식당에는 그림 한 점이 말없이 걸려있다. 그 그림은 비록 복사본에 지나지 않지만 식사하러 그 방에 들어오는 사람들에게 영혼을 울리는 교훈을 준다. 식탁 위에 놓인 것은 고작 작은 빵 토막 그리고 수프 한 그릇이지만, 그것들을 앞에 두고 꽉 껴잡은 투박한 양손에 머리를 댄 채 기도하는 노인의 진심어린 모습은 아무리 자주 바라보아도 영락없이 감동을 일으킨다.

봄이 기지개를 펴면 산과 들에는 물론이고 심지어 아스팔트의 터진 틈에서도 향긋한 봄나물이 돋는다. 봄나물은 하나님께서 식물을 창조하신 이치가 고스란히 표현되는 태초의 향기를 발하고, 우리의 후각은 놓칠세라 그 신비한 냄새에 빨려든다. 사방에 풀이 생명력을 얻는 계절이 되면, 하나님께서 이렇게 여린 풀을 먹을거리로 주셨다는 사실에 잔잔한 감사가 흐른다. 그래서 그런지 쉽게 찾아볼 수 없는 희귀한 열매보다도 이렇게 흔하디흔한 풀들이 더욱 반갑게 느껴진다.

하나님께서 이렇게 작고 시시한 풀로부터 시작해서 희귀한

먹을거리까지 주신 목적은 무엇인가? 그것은 한마디로 말해서 감사함으로 받도록 하기 위함이다(3c). 하나님께서는 크고 작은 먹을거리를 창조하시면서 사람들이 감사함으로 받기를 원하셨다. 사람은 배부르기 위해서 음식을 먹는 것이 아니다. 더 나아가서 식사는 사치가 되어서는 안 된다. 하나님의 창조경륜에서는 식사가 포만과 사치를 목적으로 하지 않는다.

하나님의 창조경륜에서 식사가 진정으로 목적하는 것은 하나님께 감사하는 것이다. 그래서 식사는 감사이다. 감사는 하나님의 은총을 느끼고 누리고 있다는 것에 대한 표현이다. 감사하는 사람은 꾸준히 하나님과 친밀한 관계를 유지한다. 감사하는 사람은 식사를 통해서 하나님께 더욱 가까이 다가선다. 그는 먹을거리에 대하여 감사함으로써 창조주 하나님을 가장 생생하게 체험한다.

믿는 사람들과 진리를 아는 사람들은 상다리가 부러질 정도로 굉장한 산해진미뿐 아니라 아주 보잘것없는 음식에 대해서도 감사한다. 진정한 신자는 사소한 양식조차도 하나님께로부터 온 것을 믿기 때문이며, 하루 먹을 양식을 위하여 기도하라고 가르쳐주신 주님의 뜻을 알기 때문이다. 우리는 빵 조각 몇 개와 작은 물고기 두어 마리를 손에 들고도 감사의 기도를 올리시던 주님의 모습 앞에서 숙연해지지 않을 수 없다.

사도 바울이 모든 음식은 감사함으로 받으면 버릴 것이 없다고 말한 것은 진실이다(4b). 음식에 대하여 말하자면 사도 바울은 감사 그리고 감사 밖에는 말할 것이 없다. 감사는 모든 먹을거리를 귀하게 만들고, 감사하지 않는 것은 모든 먹을거리를 천하게 만든다. 천한 음식물도 감사함으로 받으면 귀한 것이 되고, 귀한 음식물도 감사함으로 받지 않으면 천한 것이 된다. 감사하는 사람에게는 값싼 음식도 약이 되고, 감사하지 않는 사람에게는 비싼 음식도 독이 된다. 그래서 식사보다 중요한 것은 감사이다. 감사가 들은 식사는 생명이며, 감사가 빠진 식사는 사망이다.

하나님의 창조를 믿는 사람들에게는 가장 보잘것없는 음식도 감사의 대상이 된다. 감사는 별 볼 일없는 음식도 맛있게 만든다. 맛은 음식의 값에 달린 것이 아니라 마음의 상태에 달린 것이다. 다시 말하자면 음식의 가치는 차림에 있지 않고 마음에 있다. 즐겁고 편안한 마음으로 먹는 음식이 가장 맛이 있다. 즐겁고 편안한 마음은 하나님의 은총으로부터 온다. 하나님의 은총을 받은 사람은 상에 맛이 있지 않고 입에 맛이 있기 때문에 아무리 시시한 음식물이라고 감사한다. 그리고 감사는 음식을 더욱 맛있게 만든다. 감사가 반찬이다.

모름지기 음식의 맛과 가치를 결정하는 것은 무엇을 먹느냐에 있지 않고 어떻게 먹느냐에 있다. 그리고 어떻게 먹느냐에서 가장 중요한 것은 누구와 함께 먹느냐 하는 것이다. 원수와 자리를 같이 하면 진수성찬 앞에서도 맛이 떨어지고, 친구와 자리를 같이 하면 형편없는 음식에도 맛이 붙는다. 음식에 감사하는 것은 음식을 창조하신 하나님과 식사자리를 같이 하는 것이다. 감사하는 사람이 음식을 탓하지 않는 까닭은 하나님과 함께 식탁에 앉기 때문이다.

성속 聖俗

4 : 5 하나님의 말씀과 기도로 거룩하여 짐이라

성속은 본질적인 것이 아니라 관계적인 것이다. 본래부터 속된 것은 없다. 하나님의 창조세계는 모두 선했기 때문이다. 앞에서 말했던 바와 같이 "하나님이 지으신 모든 것이 선하다"(딤전 4:4). 하나님이 창조하셨기 때문에 빛도 선하며 어둠도 선하다. "나는 빛도 짓고 어둠도 창조하며 나는 평안도 짓고 환난도 창조하나니 나는 여호와라 이 모든 일을 행하는 자니라"(사 45:7). 빛과 어둠이 선하냐 그렇지 않느냐는 하나님과의 관계에 의하여 결정된다. 하나님의 은총 아래 있으면 빛이 선한 것처럼 어둠도 선하지만, 하나님을 떠나면 어둠뿐 아니라 빛도 악한 것이 되고 만다. 그래서 성속은 본질적인 것이 아니라 관계적인 것이다. 성

속은 관계적인 것이라고 할 때, 한 가지 더 주의해야 할 것은 하나님의 의지이다. 하나님께서 성과 속을 나누셨다. 하나님께서 무엇을 가리켜 거룩하다고 하시면 거룩한 것이며, 하나님께서 무엇을 가리켜 속되다고 하시면 속된 것이다(레 11장). 성속은 하나님에 의하여 결정된다. 성속에 대한 하나님의 결정은 사람에게 단지 순종을 요구한다. 사람은 성속에 대한 하나님의 결정 앞에서 오직 순종해야 한다. 사람은 하나님의 뜻에 순종하기 때문에 비록 어떤 것이 본질적으로는 속된

것이 아니더라도 하나님께서 속되다고 하시면 속된 것으로 간주해야 한다. 거룩한 것과 속된 것은 사물의 본질에서 그런 것이 아니라 하나님과의 관계에서 그런 것이다.

사람에게 속된 것으로 여겨지던 것이라도 하나님께서 다시 거룩하다 하시면 거룩한 것으로 여겨진다. 예를 들어 사도 베드로가 고넬료의 초청을 받기 전에 본 환상은 이 사실을 분명하게 일러준다. 사도 베드로는 하늘에서 내려온 보자기 같은 그릇에 각색 네 발 가진 짐승과 기는 것과 공중에 나는 것들이 들어있는 것을 보고는 속되고 깨끗지 아니한 물건이라고 생각하였다. 그러나 사도 베드로에게 임한 소리는 간단하였다. "하나님께서 깨끗하게 하신 것을 네가 속되다 하지 말라"(행 10:15). 성속을 결정하는 것은 하나님이시다. 성속은 사물의 본질에서가 아니라 하나님과의 관계에서 이해된다.

그러므로 중요한 것은 하나님과의 관계이다. 하나님을 가까이 하는 사람은 하나님의 뜻을 잘 이해한다. 그는 모든 것이 하나님에게서 온 것임을 믿는다. 그래서 그는 모든 것에 감사한다. 모든 것을 감사함으로 받아들이는 사람은 모든 것을 거룩하게 여긴다. 이것은 사도 바울이 음식물과 관련하여 바로 앞에서 말한 내용이다. 그는 예수 그리스도께서 "모든 음식물은 깨끗하다"(막 7:19)고 가르치신 교훈을 명확하게 재현하였다. 한마디로 말해서 하나님을 가까이 하는 자에게는 모든 음식이 거룩한 것으로 여겨진다.

사도 바울은 하나님과 가까이 있는 삶의 표지를 말씀과 기도라고 생각하였다. "하나님의 말씀과 기도로 거룩하여짐이라." 말씀과 기도는 하나님과 사람의 친밀한 관계와 밀접한 연결을 의미한다. 물론 이 둘은 방향이 서로 다르다. 말씀이란 하나님이 사람에게 오시는 것이며, 기도란 사람이 하나님께 가는 것이기 때문이다. 말씀은 사람에게 하나님의 생각을 표현하며, 기도는 하나님께 사람의 생각을 표현한다. 말씀으로 사람은 하나님을 받아들이며, 기도로 하나님은 사람을 받아들인다. 비록 말씀과 기도가 서로 방향이 다르다 할지라도 하나님과 사람의 관계와 연결을 의미한다는 사실에서는 공통된다.

이렇게 말씀과 기도로 하나님께 연결된 사람은 하나님의 의지를 분명하게 파악한다. 하나님께서 만물을 선하게 창조하신 뜻을, 하나님께서 성속을 구별하신 뜻을, 하나님께서 속되다 하신 것을 다시 거룩하다 하시는 뜻을 깨닫는다. 하나님께서 이렇게 행하시는 바탕에는 순종에 대한 요구가 있다. 하나님께서 창조하셨기에 밝음(평안)에도 어둠(환난)에도 순종할 수 있는지, 하나님께서 구별하셨기에 거룩하다 하신 것과 속되다 하신 것에 순종할 수 있는지, 하나님께서 변경하셨기에 속된 것을 다시 거룩한 것으로 받을 수 있는지. 말씀과 기도로 사는 사람은 하나님의 뜻을 파악하기 때문에 하나님께 철저하게 순종한다.

형제를 깨우치면

4 : 6 네가 이것으로 형제를 깨우치면 그리스도 예수의 좋은 일꾼이 되어 믿음의 말씀과 네가 따르는 좋은 교훈으로 양육을 받으리라

실력과 감화력은 서로 다르다. 목회자의 권위가 많이 후퇴한 것은 꼭 실력의 부족 때문만은 아니라고 생각된다. 지금은 짧은 시간 안에 다양한 통로로 엄청난 지식을 획득할 수 있는 정보의 시대이기 때문에 목회자가 마음만 먹는다면 설교를 위해서 얼마든지 실력 있는 채 할 수 있다. 소위 말해서 지식 베끼기가 놀랄 만큼 가능하다는 말이다. 그런데도 불구하고 목회자의 권위는 꾸준히 실추되고 있다. 이런 현상이 일어나는 데는 여러 가지 원인이 있을 테지만 그 가운데 하나는 목회자가 진리를 감화력 있게 제시하지 못하고 있다는 것이다. 경우마다 조금씩은 달라도 오늘날 목회자들에게 실력이 없다고는 함부로 말할 수 없을 것이다. 그러나 유감스럽게도 감화력과 관련해서는 선뜻 머리를 끄덕이게 되지 않는다. 아는 것은 많은 데 배울 것이 없다. 감화력은 실력과 다른 것이다.

사도 바울은 앞에서 미혹하는 영들의 거짓된 가르침을 근본적으로 분쇄하고 나서 디모데도 이 사실을 형제들에게 가르치기를 희망한다. 사도 바울은 디모데가 이 사실을 형제들에게 "내놓으라"(개역개역 성경에는 "깨우치다"로 번역되었음)고 권면한다. "내놓다"는 말은 우선 사물적인 의미를 가진다. 이것은 마치 브리스길라와 아굴라 부부가 사도 바울의 목숨을 위하여 자신들의 목을 내놓았던 것과 같은 의미이다(롬 16:4). 그런데 이 단어는 변환된 의미로 "가르치다" 또는 "깨우치다"를 뜻할 수 있다. 그러므로 사도 바울의 희망사항은 디모데가 거짓된 가르침의 문제점을 정확하게 배운 후에 또한 정확하게 가르치는 것이었다. 배우는 자는 가르치는 자가 되어야 한다는 것이다. 디모데의 사명은 미혹하는 영들의 거짓된 가르침이 어떤 문제를 가지고 있는지 정확하게 지적해서 성도들을 바른 교훈으로 깨우치는 것이었다.

그런데 참으로 흥미롭게도 사도 바울은 디모데의 가르침이 형제들에게 어떤 효과를 일으킬 것인지는 말하지 않고 대신 디모데 자신에게 어떤 효과를 가져다 줄 것인지를 말하고 있다. 사도 바울은 디모데가 형제들을 가르치면 "그들이 이렇게 저렇게 될 것이다" 말하지 않고 "네가 이렇게 저렇게 될 것이다"고 말한다. 사도 바울은 디모데의 가르침이 형제들에게 줄 유익보다 디모데 자신에게 줄 유익을 염두에 두고 있다. 사도 바울은 가르치는 노력이 디모데에게 큰 유익을 가져다 줄 것이라고 확신하였다. 사실상 가르치는 행위가 배우는 사람보

네 자신을 연단하라 |225

다 가르치는 사람에게 주는 유익은 말로 표현할 수 없다. 그래서 형제에게 진리를 가르치는 일은 결코 무익한 것이 아니며 귀찮은 것은 더욱이 아니다. 진리를 가르치는 일은 가르치는 자 자신에게 유익한 것이기 때문이다.

사도 바울에 의하면 디모데는 가르치는 일로 두 가지 유익을 얻게 될 것이다. 첫째는 예수 그리스도의 선한 일군이 되는 것이며, 둘째는 믿음의 말씀과 선한 교훈으로 양육을 받는 것이다. 가르치면서 배운다는 말은 거짓이 아니다. 많은 경우에 가르치는 사람은 가르치는 행위로 좋은 인격과 성품을 쌓는다. 바른 가르침은 배우는 사람을 바르게 만들기 전에 가르치는 사람을 바르게 만든다. 가르침의 진정한 효과는 배우는 사람보다 가르치는 사람에게서부터 먼저 나타나는 법이다. 진리가 가르치는 사람을 변화시키지 않고는 배우는 사람을 변화시킬 수 없다. 진리 앞에서 먼저 변화되어야 할 사람은 배우는 사람이 아니라 가르치는 사람이다.

진리를 가르치는 사람이 먼저 예수 그리스도의 선한 일군이 되고 믿음의 말씀과 선한 교훈으로 양육을 받지 않는다면 그의 가르침은 실력을 발휘하는 것이 될 수는 있을지언정 감화력 있는 가르침이 될 수는 없다. 그래서 진리를 가르치는 자는 타인을 가르치기 전에 자신을 가르쳐야 하는 것이며, 타인을 변화시키려 하지 말고 자신을 변화시키려 해야 하는 것이다. 배우는 자에게 가르치는 자의 정보와 지식이 아무리 많이 전달된다 할지라도 가르치는 자의 인격과 성품이 배우는 자를 사로잡지 못한다면 그것은 가르침이 아니다. 진정한 의미에서 가르침이란 감화이지 정보가 아니기 때문이다. 감화와 정보는 서로 다른 것이다.

결국은 같은 길

4 : 6 - 7 네가 이것으로 형제를 깨우치면 그리스도 예수의 좋은 일꾼이 되어 믿음의 말씀과 네가 따르는 좋은 교훈으로 양육을 받으리라 망령되고 허탄한 신화를 버리고 경건에 이르도록 네 자신을 연단하라

기독교가 위기에 처해 있다는 것을 누가 부인할 수 있을까. 그냥 생각나는 대로 몇 가지 사실만을 대 보아도 기독교의 위기는 금방 파악할 수 있다. 근무일수의 축소가 주일 예배를 축으로 삼는 기독교를 위축시킬 것임은 불 보듯 뻔한 것이다. 대부분 현대과학은 상대주의의 극적 표현이기 때문에 절대를 강조하는 기독교와 앞으로도 더 큰 마찰을 일으킬 것이다. 반기독교적인 개인과 단체가 광범위한 그리고 급속도의 정보전달을 이용하여 기독교의 치맛자락을 들추어내고 있다는 것도 결코 가볍게 넘어갈 일이 아니다. 게다가 대형집회며 정치적인 세력화 같은 기독교의 무분별한 잘난 체가 타종교의 의식화를 낳았고 그것은 역으로 기독교를 압박하는 것이 되었다.

그러나 이런 모든 요소들은 둘째로 치고 기독교의 위기는 솔직히 말해서 다른 데 있는 것이 아니라 기독교 자체 안에 있다. 아버지가 내린 귀한 가훈을 굳이 아버지의 말씀이 아니라고 우기는 어리석은 자식들같이, 성경을 하나님의 말씀이 아니라고 입증하는 것이 신학의 본질인 것처럼 생각하는 기독

교 신학자들이 온갖 대우를 받으면서 버젓이 행세를 하고 있다. 어느덧 우리 시대는 목회자들이 이벤트를 발상하고 기획하는 회사의 직원들같이 되어 일 년 내내 숨 가쁘게 돌아가는 행사계획표를 짜내지 못해 안달하는 시대가 되었다. 오늘날 기독교 신자들의 몫은 나이를 따질 것 없이 모든 집회에서 노래하고 춤추는 것 외에 더 이상 아무 것도 없는 듯이 보인다. 신학자들은 자기에게 주어진 보석을 망치로 깨는 것을 사명으로 삼고, 목회자들은 물질에 대한 욕심은 그만두더라도 도덕적 탈선마저 목회에 어쩔 수 없는 것이라며 정당화하고, 신자들은 감성을 자극 받는 것이 신앙생활의 전부이겠거니 흡족해 한다.

그래서 기독교의 타락은 무엇보다도 자체 안에 있지 다른 데 있지 않다. 회개가 그러하듯이 타락이란 것은 안에서 시작되어 밖으로 표현되는 것이다. 회개는 아무리 두 손을 모으고 입술로 종알거리며 죄를 고백한다고 해도 마음속에 숨어있는 자기욕심을 끊어버리지 못하면 아무런 소용이 없는 것이다. 회개는 안에서부터 시작된다. 형식에 있어서 타락은 회개와 그다지 다르지 않다. 타락도 밖으로 표출되기 전에 먼저 안에서 진행되기 때문이다. 타락이란 것은 아직 사회적인 것으로 표현이 되지 않더라도 존재 그 자체에서 얼마든지 타락이라고 할 수 있다. 마치 오르막길과 내리막길이 결국은 같은 길인 것처럼, 다른 무엇이 되려고 하는 것과 본래의 무엇이 되려고 하지 않는 것은 같은 것이다. 기독교가 다른 무엇이 되려고 하는 것이 타락이며, 본래의 무엇이 되려고 하지 않는 것이 타락이다.

사도 바울은 이것을 잘 알고 있었다. 사도 바울은 디모데에게 한편으로는 믿음의 말씀과 선한 교훈으로 양육을 받기를 요청하고(6), 다른 한편으로는 망령되고 허탄한 신화를 버리기를 권면한다(7). 말씀으로 양육 받지 않으려는 것이 타락의 길이며, 신화를 따르려는 것이 타락의 길이기 때문이다. 바꾸어 말하자면 말씀으로 양육을 받지 않는 사람은 신화를 따르게 되어 있고, 신화를 따르는 사람은 말씀으로 양육을 받지 않게 되어 있다. 오르막길과 내리막길은 결코 다른 길이 아니다. 진리를 따르지 않는 것이 곧 비진리를 따르는 것이며, 비진리를 따르지 않는 것이 곧 진리를 따르지 않는 것이다. 참의 건너편은 바로 거짓됨이며, 거짓됨의 건너편은 바로 참이다. 이런 의미에서 참과 거짓 사이에는 중간지대란 것이 없다. 때때로 진리를 싫어하는 사람에게 진리라고 위장된 비진리가 있고, 비진리를 싫어하는 사람에게 비진리라고 오해받는 진리가 있을 뿐이다. 참을 싫어하는 사람은 거짓을 말하면서 참이라고 왜곡하며, 거짓을 싫어하는 사람은 참을 말해도 거짓이라고 오해받는다.

기독교의 위기는 자신에게서 시작하고 심화된다. 기독교는 스스로 안전한 길을 포기하고 위험한 길을 선택하였다. 그러나 기독교는 이것을 느끼지 못하고 있다. 기독교는 안전에 대한 감각도 상실하였고 위험에 대한 감각도 상실하였다. 안전불감증은 위험불감증과 같은 것이다.

신화창조

4 : 7b 망령되고 허탄한 신화를 버리고
경건에 이르도록 네 자신을 연단하라

어린 시절 우리는 군대 가서 첫 번째 휴가를 나온 동네 형의 이야기를 듣느라고 시간가는 줄을 몰랐다. 동네 형이 훈련 중에 자기를 향해 날아오는 총알을 맨 손으로 잡았다며 사방에 침을 튀기면서 말할 즈음에는 우리 모두가 자기도 모르게 야하고 소리를 질렀다. 하지만 한 시간도 채 지나기 전에 그 형이 골목길을 지나가다가 아이들이 던진 야구공에 머리를 맞았다는 이야기를 들었을 때 그의 신화는 보기 좋게 깨지고 말았다. 사람들은 이미 인구에 회자되고 있는 신화를 좋아할 뿐 아니라 또한 자기를 자랑하기 위하여 새로운 신화를 만들어 내기를 좋아한다. 신화는 인간이 자신의 불만을 극복하려는 표현이기도 하지만 반대로 자만을 표출하려는 시도이기도 하다.

사도 바울이 디모데에게 경건을 연습해야 한다고 말하면서 먼저 망령되고 허탄한 신화를 버리라고 권면한 것은 아무래도 심상치 않다. 사도 바울이 보기에 경건의 가장 큰 적은 신화였다. 신화는 경건의 방해물이다. 그래서 경건을 연습하려면 반드시 신화를 극복해야 한다. 이것은 뭔가 단순한 이야기가 아님에 틀림없다. 사도 바울이 오래 전에 앞에서도 언급했거니와 신화는 당시에 유행하던 창조설화와 같은 것이다(딤전 1:4). 하지만 여기에서 사도 바울이 신화를 구태여 경건에 거스르는 것으로 말하는 데는 까닭이 있다. 그것은 신화가 그냥 사람들의 입에 오르내리는 설화가 아니라는 점이다. 신화는 누군가가 자기를 위하여 만들어내는 이야기이다. 사도 바울이 디모데에게 말하고 싶은 내용은 신화를 만들려고 애쓰지 말고 경건에 이르려고 노력하라는 것이다. 신화는 망상이고 경건은 능력이다.

목회자들에게 가장 위험한 일 중에 하나는 자기신화를 만드는 것이다. 목회자들은 하나님께 예배하는 중에도, 하나님의 말씀으로 설교하는 중에도 자기를 들어내는 데 힘을 기울인다. 자기가 얼마나 훌륭한 목회자인지, 또 자기의 설교가 얼마나 감동적인 것인지, 자기가 없으면 한국교회가 무너진다느니 말하느라고 예배와 설교의 시간을 다 보낸다.

목회자들은 비단 이런 시간 뿐 아니라 사람이 모인 자리면 언제 어디에서든지 공치사와 자화자찬을 늘어놓는다. 선교지의 공항에서 선교물품을 기적적으로 통과시켰다든지, 포학한 원주민들을 설교 한마디로 회개시켰다든지, 턱도 없이 부족한 예산에도 불구하고 엄청난 예배당을 건축했다든지, 귀신들린 자들을 열 명이나 앉혀놓고 단번에 치료를 했다든지 … 자기신화의 창조는 끊임없이 또 끊임없이 이어진다. 공치사는 신화의 혀이며, 자화자찬은 신화의 입술이다.

그런데 더욱 꼴값인 것은 자기신화를 겸손으로 치장하는 것이다. 대부분의 목회자들은 자신을 신화적 존재로 만들기 위하여 실컷 자기자랑을 늘어놓고는 마지막에 닭살 돋는 겸손을 떨면서 이야기를 듣는 신자들에게 아멘을 유도하기 위하여 이 모든 것이 하나님의 은혜라고 마무리한다. 불쌍한 신자들은 목회자들의 자기신화 창조에 입을 다물지 못하고 경탄을 발한다.

사도 바울은 디모데에게 가차 없이 말했다. 신화를 버리고 경건을 연습하라고. 신화는 인간이 드러나는 것이며, 경건은 인간이 사라지는 것이기 때문이다. 신화는 인간이 나서는 것이라면, 경건은 인간이 물러나는 것이다. 신화를 따르는 것은 사람이 자기를 따르는 것이며, 신화를 버리는 것은 인간이 자기를 버리는 것이다. 경건을 따르는 것은 사람이 자기를 버리는 것이며, 경건을 버리는 것은 인간이 자기를 따르는 것이다. 신화가 경건과 발을 맞출 수 없듯이, 경건이 신화를 벗으로 삼을 수 없다. 경건은 자기신화 창조를 거절하는 것이다. 신화를 거절하지 못하는 사람은 반드시 망령되고 허탄한 인생이 되고 말 것이다. 따라서 자기신화를 만들어내는 데 관심을 가지지 말고 경건을 연습하라.

오늘도 우리는 자신이 얼마나 훌륭한 인물인지 보이기 위해서 새로운 자기신화를 창조하는 데 부지런히 달려가고 있는 것이 아닌지 두렵다. 그리고 더욱 두려운 것은 그런 자기신화 창조가 우리의 경건을 얼마나 심하게 해치고 있는지 도무지 알지 못하는 것이다.

연습하라

4 : 7b 망령되고 허탄한 신화를 버리고 경건에 이르도록 네 자신을 연단하라

나는 수년 째 신학교의 신입 생들에게 동계 그리스어 강

좌를 지도하고 있다. 합격자들은 입학식도 하기 전에 고전어 강좌에 참석하려니 혹독한 대가를 치러야 한다. 그 대가가 혹독한 이유는 한겨울의 매서운 추위 때문만은 아니다. 단어를 외우고 문법을 익히며 문장을 깨우치기 위해서, 강좌가 막 끝난 오후시간부터는 개인적으로든지 삼삼오오 그룹으로든지 새벽까지 공부를 하면서 머리에 쥐가 나는 고통을 당해야 하기 때문이다. 개중에 한동안 사회생활을 하다가 신학교에 입학하는 사람들은 훨씬 더 비싼 값을 치르게 된다. 기도와 각오 끝에 은혜를 받고 목회자가 되겠다는 감격을 안고 신학교의 문을 두드리는 부푼 꿈은 그 강좌기간에 산산이 깨진다. 고전어 강좌에는 은혜가 없다. 그렇게 동계강좌를 지옥같이 보내는 동안 나는 독일 사람들의 짧은 격언을 자주 반복해서 말해준다: "연습이 대가를 만든다"(bung macht Meister).

　"경건에 이르도록 연단하라"는 사도 바울의 권면이 무엇을 의미하는지 모를 사람은 없을 것이다. 아무도 저절로 경건해지지 않는다. 날 때부터 경건한 사람이 있다는 것은 거짓말이며, 가만있어도 경건하게 되었다는 것은 속임수이다. 경건은 그냥 생기는 것이 아니다. 경건은 자연발생적인 현상과 거리가 멀다. 만일에 누군가가 가만히 있었는데도 경건해졌다면 그것 자체가 불경이다. 경건은 단순히 마음속에 소원한다고 해서 주어지는 것이 아니다. 경건을 소원하는 것과 경건 그 자체는 엄격하게 다른 것이다. 경건이란 심정적인 무엇으로 끝나는 것이 아니기 때문이다.

경건에 대한 사도 바울의 견해는 너무나도 명쾌하다. 사도 바울에 의하면 경건은 연습의 결과일 뿐이다. 연습하지 않으면 경건은 없다. 경건에 도달하기를 소원하는 사람은 반드시 연습해야 한다. 그래서 어떤 의미에서는 "경건에 이르도록"이란 말보다 "연단하라"는 말에 더 강한 악센트가 있는 것으로 생각할 수 있다. 사도 바울은 "경건하라"고 권면하지 않고 "경건에 이르도록 연단하라"고 권면하고 있기 때문이다. 경건은 연습의 대가이다. 그러므로 연습해야 한다.

사도 바울이 의도하는 경건의 연습은 육체의 연습과 비교할 때 큰 차이점에도 불구하고 어느 정도 흡사한 성격을 가진다. 그래서 사도 바울은 경건의 연습을 말하면서 육체의 연습을 대조시킨다. "육체의 연단은 약간의 유익이 있다"(딤전 4:8). 우리가 다 잘 알다시피 육체의 연습은 단련, 연마, 훈련 이런 것이다. 예를 들어 운동선수들은 육체의 연습을 통해서 근육을 강화하고, 지구력을 향상시키며, 민첩성을 얻는다. 그런데 이 같은 소득은 엄청난 육체적인 노력을 전제로 한다. 피땀 어린 훈련을 통과한 훌륭한 운동선수만이 세인의 주목을 받는 법이다.

이런 사실은 경건의 연습에도 마찬가지이다. 경건의 전제는 연습이다. 비록 그것이 방식에 있어서 육체적인 연습과 다르다 할지라도, 연습에 임하는 사람이 자기절제, 규칙적인 생활, 끝없는 도전, 이런 요건들을 피할 수 없다는 점에서는 크게 다를 바가 없다. 경건의 연습을 하는 사람도 잡다한 것들에 대한 신경을 끊고 집중과 몰두를 필요로 한다. 최소한의 생활 시간표가 없는 사람이 경건에 도달한다는 것은 거의 바랄 수 없는 환상에 지나지 않는다. 영적인 목적을 설정하지 않는 것은 처음부터 경건의 연습과 상관이 없는 것이다. 경건의 연습도 연습이기 때문에 육체의 연습과 비슷한 요건을 채우지 않으면 안 된다는 말이다.

조금 뒤에 사도 바울은 경건의 연습과 관련된 몇 가지를 디모데에게 일러줄 것이다(딤전 4:13). 경건의 연습에 많은 사항들이 있겠지만 대표적인 예를 들면 틀림없이 성경연구, 기도, 전도와 같은 사항들을 포함하는 것으로 보아야 한다. 이런 사항들에 전심전력으로 연습하지 않으면 결국 신자는 헛된 미신(신화)이나 따르는 한심한 사람이 되고 만다. 그런 사람은 마치 경건이 하늘에서 뚝 떨어질 것처럼 생각하는 어리석음에서 벗어나야 못할 것이다. 연습은 경건을 만든다. 칭찬 받을 만한 경건은 칭찬 받을만한 연습의 결과이다. 그러므로 연습하라.

육체의 연단

4 : 8a 육체의 연단은 약간의 유익이 있으나 경건은 범사에 유익하니 금생과 내생에 약속이 있느니라

나는 자주 진담 반 농담 반으로 내가 만일에 조선시대나 그 이전에 출생했더라면 서른 살을 넘기지 못하고 요절했을 것이라고 너스레를 떤다. 하지만 이것은 거짓말이 아니다. 누가 보든지 나의 왜소한 체구

를 보면서 건강한 사람이라고 생각할 이는 아무도 없을 것이다. 그런데 최근에 들어서는 몸에 힘이 붙는 것을 느낀다. 다름이 아니라 거의 매일 밤 한 시간 이상 걷기 때문이다. 때로는 몸이 근질근질해서 또는 날씨가 좋아서 걷기도 하지만, 그러나 사분지 삼 이상은 아내의 득달같은 성화를 이기지 못해서 밤마다 천변을 걷는다. 처음에는 조금만 걸어도 숨이 가쁘고 다리가 후들거렸는데, 놀라운 것은 그렇게 걷다보니 허약하기만 하던 내 몸이 조금 좋아지는 것을 느끼게 되었다는 것이다. 사도 바울은 육체를 연단하는 것의 중요성을 무시하지 않는다. 그래서 그는 육체를 연단하는 것에 "유익이 있다"고 말한다.

사도 바울은 달리기, 격투, 레슬링과 같이 육체를 연단하는 법에 관해서 여러 가지를 알고 있었던 것처럼 보인다. 육체를 연단해야 하는 이유는 무엇보다도 창조원리와 관계가 있다. 그 까닭은 육체도 하나님께서 창조하신 것이기 때문이다. 인간창조와 관련하여 엄밀하게 말해서 하나님께서 먼저 육체를 만드시고 그 다음에 영혼을 불어넣으셨다는 사실은 우리에게 많은 것을 시사해준다. 하나님은 영혼 뿐 아니라 육체를 만드신 분이시다. 또한 육체를 연단해야 하는 이유는 구원원리와 관계가 있다. 그 이유는 육체도 구원의 대상이기 때문이다. 예수 그리스도의 죽음은 우리의 영혼 뿐 아니

*영지주의 영지주의는 초기 기독교 어간에 가장 만연했던 현상이지만 이미 그 전에도 존재했고 심지어는 지금도 나타나고 있다. 영지주의는 영을 선한 것으로 물질을 악한 것으로 간주하는 이원론에 기초한다. 그래서 영지주의가 말하는 구원은 영혼이 육체로부터 해방되는 것이다. 영지주의는 구원의 원인을 영혼이 본래 속해 있던 신의 세계에 대한 영적인 지식을 얻어 그리로 돌아가는 데 있다고 믿는다. 영지주의에 구세주의 대속적 희생이란 없다.

라 우리의 육체에도 효과적이다. 그래서 몸은 하나님의 성전이 되고 성령이 거주하는 곳이 된다. 사도 바울은 이런 두 가지 원리에 기초하여 육체를 연단하는 것이 필요하다는 것을 말하고 있는 것이다. 그렇다면 건강하지 않은 것도 불경이다. 몸을 연단하지 않는 것은 몸을 창조하시고 몸을 구원하시는 하나님을 대적하는 것이다. 이런 의미에서 결코 사도 바울은 육체를 멸시하는 영지주의*자가 될 수 없었다.

하지만 사도 바울의 생각은 여기에서 그치지 않는다. 그가 육체의 연단과 관련해서 어떤 제한을 두고 있다는 것이 중요하다. 그러므로 그는 육체연단이 만사에 유익하다고 말하지 않고 "약간의" 유익이 있다고 토를 단다. 몸을 연단하는 것은 제한적인 의미에서 유익할 뿐이다. 이것은 몸을 연단하는 것 이상으로 다른 무엇을 연단해야 한다는 것을 가리킨다. 사도 바울이 염두에 두고 있는 것은 이미 바로 앞에서 언급한 것과 같이 경건이다. 하지만 육체의 연단에 약간의 유익이 있다는 말은 육체의 연단을 부정적으로 보는 시각이 아니다. 부정적이라면 경건의 연습에 비하여 그럴 뿐이다. 다시 말해서 육체의 연단이 부정적이라면 경건의 연습은 없이 육체의 연습만 하는 경우에 그렇다. 바로 이런 점에서 사도 바울은 영혼을 부인하는 물질주의와는 거리가 멀다.

경건을 연습하는 사람은 육체도 연습해야 한다. 육체의 연습은 약간의 유익이 있기 때문이다. 참으로 재미있는 사실은 육체를 연단하는 것은 때때로 경건의 연습에 도움을 주기도

한다는 것이다. 육체가 약해지면 경건을 연습하는 것에 문제가 생긴다. 사도 바울이 디모데의 건강을 염려하면서 자주 나는 위장병을 위해서 포도주를 조금씩 사용하고 말을 하는 것도 이런 이유에서이다.

그러나 역으로 육체를 연단하는 사람은 경건을 연습해야 한다. 경건을 연습할 때 육체를 연단하는 것이 진정한 의미를 얻는다. 육체를 연단하지만 경건을 연습하지 않는 것은 몸을 얻고 영혼을 잃는 것이 된다. 그것은 땅은 알지만 하늘을 알지 못하는 자의 소행이다. 이런 이유에서 사도 바울은 디모데에게 성경연구와 기도와 전도에 착념할 것을 말한다.

사도 바울이 살았던 시대는 신화와 철학이 지배하던 시대로서 인간론에서 영혼만을 중시하는 영지주의와 육체만을 중시하는 물질주의가 첨예하게 대립하고 있었다. 그러나 사도 바울은 경건의 연습과 육체의 연단을 강조함으로써 영지주의도 물질주의도 거절하고 기독교의 새로운 이상을 펼치고 있다.

금생과 내생

4 : 8b 육체의 연단은 약간의 유익이 있으나 경건은 범사에 유익하니 금생과 내생에 약속이 있느니라

나는 성도들과 상담하면서 내용의 폭이 매우 크다는 것을 발견한다. 심지어는 나의 상담은 이 사람과 말할 때와 저 사람과 말할 때 극심한 모순을 일으키기도 한다. 나는 새벽부터 밤늦게까지 먹고사는 일에 매달린 성도와 상담할 때면 현

실세계에 너무 집착하지 말고 믿음의 조상들이 바라보았던 내생을 바라보아야 한다고 강조한다. 그러나 나는 때때로 세상을 한탄하여 집안일과 직장 일을 때려 치고 여러 기도원으로 전전긍긍하면서 주님의 재림만을 위해서 기도하는 성도와 상담할 때면 빨리 현실로 돌아와야 한다고 말한다. 나는 스스로 모순을 느끼다가 도 이 모순이

야말로 참으로 성경의 가르침이라고 확신한다.

사도 바울은 아테네의 아레오바고에서 복음을 전할 때 두 종류의 철학자들을 만났다(행 17:18). 사실 한마디로 설명하기에는 벅차지만 스토아 철학*자들은 이상세계를 사모하는 사람들이었고, 에피쿠로스 철학*자들은 현실세계를 중시하는 사람들이었다. 거슬러 올라가면 이런 사상들은 이데아(이상)를 추구하는 플라톤의 정신과 우시아(현실)를 부르짖는 아리스토텔레스의 정신과 관련이 없지 않다. 고래로 사람들은 현실과 내세 가운데 하나를 선택하려는 의지를 가지고 있다. 그래서 결국 사람은 이 세상에 목매는 현실주의자와 피안의 세계를 동경하는 내세주의자라는 두 종류로 압축된다.

그러나 사도 바울은 새로운 길을 갔다. 사도 바울은 경건의 유익을 언급한다. "경건은 범사에 유익하니 금생과 내생에 약속이 있느니라"(8). 경건의 연습은 약간의 유익을 주는 육체의 연습과 달리 범사에 유익하다. 사도 바울이 "범사"라는 말

로 염두에 두고 있는 것은 다른 어떤 것보다도 시간적인 범위이다. "범사"는 경건의 유익이 포괄하는 시간을 말한다. 그래서 "범사"라는 말을 바로 이어서 금생과 내생이라는 말로 설명하고 있다. 경건은 현실에만 약속을 줄 뿐 아니라 내세에도 약속을 준다. 경건은 현실적인 약속과 내세적인 약속의 기반이다.

경건은 금생의 약속을 가지고 있다. 경건은 현실생활에 유익을 준다. 경건으로 말미암아 신자는 하나님 앞에서 겸손해진다. 그는 아주 작은 일에도 기쁨을 얻는다. 경건한 신자는 하나님을 사랑하는 만큼 이웃을 사랑한다. 그래서 그는 이 세상에서 매우 적극적이며 진취적인 삶을 영위한다. 또한 경건은 내생을 위한 약속을 가지고 있다. 하나님을 경외하는 신자는 하나님의 나라에 들어간다. 그는 영원한 나라에서 하나님을 찬송하는 영광을 누리게 된다. 경건한 신자는 천국에서 믿음의 조상들과 함께 주님의 잔치에 참여하는 즐거움을 맛본다.

경건의 유익이 무엇인지를 아는 사도 바울의 시야에는 금생과 내생이 한꺼번에 들어온다. 그의 눈은 금생에 가려 내생을 보지 못하거나, 내생에 가려 금생을 보지 못하는 것이 아니다. 육체의 연습이 약간의 유익을 주는 것과 달리 경건의 연습은 금생과 내생을 위한 약속을 허락하는 유익이 있다. 사도 바울이 디모데에게 경건을 연습하라고 간곡하게 부탁하는 이유가 바로 여기에 있다. 사실상 이 권면은 디모데 뿐 아니라 온 세상의 신자들이, 그리고 오고 오는 모든 시대의 신자들이 진심으로 받아들여야 한다. "미쁘다 이 말이여 모든 사람이 받을만하도다"(9).

사도 바울은 단지 현실주의자도 아니고 단지 종말론자도 아니다. 그는 현실과 내세를 다 같이 수긍한다. 그에게는 금생과 내생이 다 같이 중요하다. 그는 금생을 위해서 내생을 내버리지 않으며, 내생을 위해서 금생을 포기하지 않는다. 사도 바울은 금생을 중시하기 때문에 내생도 중시하며, 내생을 중시하기 때문에 금생도 중시한다. 그래서 그는 자주 "살든지 죽든지"라는 표현을 사용했다. 육체를 떠나서 주님과 함께 있는 것도 귀한 일이지만, 육체를 가지고 성도들과 함께 있는 것도 귀한 일이다.

사도 바울이 전한 기독교는 옛날부터 지금까지 철학의 세계와 다른 길을 가고 있다. 예수 그리스도와 몸의 부활을 전하는 사도 바울의 기독교는 스토아 철학자들과 에피쿠로스 철학자들이 보기에도 새로운 종교임에 틀림없었다(행 17:18-19).

끊임없이 돌아가야 할 대상

4 : 10 이를 위하여 우리가 수고하고 힘쓰는 것은 우리 소망을 살아 계신 하나님께 둠이니 곧 모든 사람 특히 믿는 자들의 구주시라

지난 주 사랑하는 벗의 아들이 죽었다. 21년하고 몇 달을 살고… 친구는 그 슬픈 소

식을 안고 아들의 시신이 있는 영국으로 떠나던 날 아침 일찍 나에게 전화를 걸어 밑도 끝도 없이 말했다. "너무 힘들어서 전화를 했어," 그리고 한 동안 목이 메어 말을 잇지 못하더니 피를 토하듯 한마디를 더했다. "세윤이가 죽었어." 숨이 막히는 것 같았다. 도대체 무슨 소리야, 뭐가 어쨌다고, 누구한테

*어거스틴(354-430)은 초기 기독교의 끝이자 중세 기독교의 시작이다. 북부 아프리카의 히포 Hippo가 활동무대였던 어거스틴은 청년시절까지 도덕과 종교에서 탈선의 길을 갔지만 모친 모니카의 기도 끝에 암브로시우스의 지도를 받아 기독교의 위대한 교부가 되었다. 그의 저술은 종교개혁자들에게 엄청난 영향을 주었고 지금까지도 많은 사람들에게 혜안을 열어준다.

무슨 일이 일어났다고… 머릿속에서는 콩 볶듯이 여러 외침이 엇갈리며 충돌했지만 정작 입 밖으로는 한마디도 내뱉을 수가 없었다. 침묵도 반응일까. 고통 가운데서 며칠이 지나서 그가 기도하는 친구들에게 보낸 이메일의 한 구절은 그렇지 않아도 심란한 나를 또 다시 흔들어놓았다. "평생 눈물 속에서 두고두고 풀어야 할 한 가지 숙제를 받은 것 같습니다."

죽음 앞에서 우리에게 무슨 힘이 있는 것일까? 내가 묻고 싶은 것은 죽음의 공포를 이길 힘이 아니다. 인생을 더 이상 누릴 수 없다는 의미에서 죽음이 두렵다는 말이 아니다. 그보다는 죽음과 함께 찾아오는 슬픔을 극복할 힘에 대하여 묻고 있는 것이다. 나 자신이 죽는 것이야 무섭지 않다. 하지만 낳고 기른 자식이 죽음으로 말미암아 더 이상 바라볼 수 없고, 말을 나눌 수 없고, 살을 비빌 수 없게 되었다는 그 슬픔을 이길 힘이 우리에게 있는 것일까? 그 옹알거리며 손짓발짓하던 아들의 모습을, 무릎이 깨져 방울처럼 눈물을 떨어뜨리던 아

들의 모습을, 받아쓰기에 별 다섯 개를 맞고 입을 다물지 못하던 아들의 모습을, 밤샘공부로 얼굴이 새하얗게 되었던 아들의 모습을, 아르바이트를 마치고 돌아와 피곤을 이기지 못해 코를 골던 아들의 모습을 내 친구는 머릿속에서 지워버릴 힘이 있는 것일까?

있다면, 그것은 오직 "우리 소망을 살아계신 하나님께 둠"(10)이다. 살아계신 하나님, 그 분 만이 우리에게 소망이 되신다. 죽음이 두려움 뿐 아니라 슬픔이라는 무기로 우리를 장악하려고 할 때, 우리는 오직 살아계신 하나님에게서만 평안을 얻는다. 그래서 어거스틴의* 고백은 백 번 옳다. "당신은 우리를 당신을 향하도록 창조하셨으니, 우리의 마음은 당신 안에서 안식할 때까지는 평안하지 않나이다"(Tu nos fecisti ad Te, et cor nostrum inquietum est, donec requiescat in Te). 살아계신 하나님은 우리가 죽음의 슬픔 앞에서 끊임없이 돌아가야 할 대상이다. 살아계신 하나님에게서만 죽어야할 인간은 소망을 얻기 때문이다.

사도 바울은 이 사실을 일찍부터 알고 있었다. 그래서 여러 곳에서 말하고 있듯이 그는 복음을 전하는 길을 쉼 없이 달려갔던 것이다. 사도 바울은 복음을 위하여 숨을 다하고 힘을 다했다. 어떤 상황에서든지 사도 바울이 보여준 모습은 수고와 진력이었는데, 그 원동력은 오직 한 가지였다. "우리 소망을 살아계신 하나님께 둠이니."

아들의 시신을 보고 오열하는 친구에게 못할 말을 썼다.

"그저 주님의 은총이 너와 네 가족에게 임하기를 빌 뿐이다. 말문이 막히고 가슴을 에우는 이 슬픈 소식 앞에서 너에게 무슨 위로를 하겠니. 하나님께서 당신의 큰 뜻을 정말 이해할 수 없는 우리의 어리석음에 더 큰 어리석음을 더하고 있다는 생각이 드는구나. 네 아들은 내 아들과 같아. 그래서 마음이 아프고 아파서 견딜 수가 없다. 하지만 내 아픔을 네 아픔에 견주겠니. 너와 네 가족의 눈물에 내 눈물을 더하는 것에 지나지 않는다. 너와 네 가족은 세윤이를 하나님께 먼저 보내놓고 얼마나 오랫동안 슬퍼할까. 그 아이의 싱겁게 웃는 모습이 눈에 아리게 떠오른다. 그래, 눈물을 참지 말아라. 우리는 앞서간 아들을 그리워하며 눈물을 흘리다가 비로소 독생자를 주신 하나님의 사랑을 이해하지 않겠니. 그 사랑을 깨닫게 하시려고 하나님께서 너와 네 가족에게 정말 육체를 가지고는 도무지 이겨낼 수 없는 지독한 은혜를 주시는구나…멀리서 외로이 슬픔을 견디어야 할 너와 함께 있지 못하는 것이 무척 죄스럽다. 용서해라."

나이 어린 교사

4 : 11 - 12 너는 이것들을 명하고 가르치라 누구든지 네 연소함을 업신여기지 못하게 하고 오직 말과 행실과 사랑과 믿음과 정절에 있어서 믿는 자에게 본이 되어

내가 성경을 좋아하는 이유 가운데 하나는 — 매우 작은 이유이기는 하지만 — 사람들의 일반적인 상식을 넘어선다는 데 있다. 조금 더 정확하게 말하자면 성경은 우리의 상식을 초월할 뿐 아니라 교정한다. 우리가 그러해야 할 것이라고 생각하는 것을 성경은 그렇지 않다고 생각하거나, 우리가 그렇지 않아야 할 것이라고 생각하는 것을 성경은 그렇다고 생각하는 경우가 허다하다. 아브라함이 이스라엘의 조상이 된 것과 다윗이 유다의 왕으로 세워진 것이 그렇고, 예수 그리스도의 계보에 다말, 라합, 룻, 밧세바가 포함된 것이 그렇다. 아마도 이런 현상을 가장 잘 요약해놓은 것이 하나님께서는 사람을 외모로 취하시지 않는다는 말일 것이다. 이것은 정말이지 사람의 상식을 완전히 뛰어넘는 신적인 발상이다.

＊**불링거** Bullinger(1504-1575)
스위스 취리히Zürich의 츠빙글리
Zwingli의 후계자로 종교개혁의 두
번째 세대에 속한다. 후세에 교회와
사회에 큰 영향을 끼친 언약사상을
확립했다. 스위스 제네바Geneva의
칼빈Calvin과 연합전선을 형성해서
개혁과 교회를 이룩했다. 탁월한 포
용력을 지닌 지도자로 유럽 전체에
개혁주의를 보급하는 위업을 달성했
다.

사도 바울이 "너희는 유대인이나 헬라인이나 종이나 자유자나 남자나 여자나 다 그리스도 예수 안에서 하나이니라"(갈 3:28)고 선언하였을 때 신적인 발상을 그대로 가져왔다고 말해도 과언이 아니다. 이 선언 앞에서 인종과 신분과 성별의 장벽이 고스란히 사라지고 말았다 – 하지만 아직도 기독교회에 지방과 학력과 직업 같은 나부랭이들이 패싸움의 요소로 군림하고 있는 것은 볼썽사나운 일이 아닐 수 없다. 그저 위의 선언에서 연령의 차이가 언급되지 않은 것이 아쉽다 싶었는데, 사도 바울은 우리의 마음을 읽었는지 여기에 한마디를 덧붙이고 있다. "너는 이것들을 명하고 가르치라 누구든지 네 연소함을 업신여기지 못하게 하라"(11-12). 사도 바울은 디모데에게 교육의 사명을 부여하였다. 뒤에서 반복하겠지만 이것은 디모데가 계속해서 힘써야 할 사항이다(13). 그런데 이 사명을 감당해야 할 디모데에게 한 가지 작지 않은 약점이 있었다. 그것은 그가 연소한 사람이었다는 사실이다. 사도 바울은 연소함이란 복음을 위한 사역에서 아무런 장애가 되지 않는다는 것을 분명하게 밝힌다. 디모데가 속한 교회에는 분명히 아버지나 어머니와 같은 연배의 나이 많은 사람들이 있었다(5:1-2). 그들에 비하면 디모데는 아들과 같은 나이를 가진 사람이었다. 하지만 나이가 어리다고 해서 복음을 전할 수 없다고 말하는 것은 아주 어리석은 짓이다.

우리는 역사를 통해서 연소한 사람들이 세계를 뒤흔들었던 사건들을 적지 않게 알고 있다. 이런 사례는 기독교의 역사에서도 얼마든지 발견된다. 특히 종교개혁 시대에 불링거*나 칼빈*은 이에 대표적인 인물이다. 불링거는 27세의 젊은 나이에 저 유

* 칼빈 종교개혁의 두 번째 세대에 속하는 칼빈Calvin(1509-1564)은 스위스 제네바Geneva를 중심으로 활동하면서 불후의 역작 기독교강요를 비롯하여 신구약성경주석과 수많은 설교를 통해서 개혁주의의 든든한 초석을 세웠다. 그의 신학은 삼위일체론, 예정론, 성례론, 교회와 국가의 관계 같은 중요한 주제들을 선명하게 제시함으로써 개혁과 교회에 확실한 진로를 보여주었다.

명한 츠빙글리의 후계자로 취리히 시를 지도하는 목사가 되었고, 불링거보다 다섯 살 아래의 칼빈은 27세에 개혁교회의 헌장과도 같은 기독교강요 초판을 출판했다. 이 두 사람이 데뷔한 나이가 같은 것은 단순히 우연일까? 지나가는 듯이 자문하자면 우리는 그들과 같은 젊은 나이에 무엇을 했는가? 연소한 나이에 큰일을 한 것은 성경의 세계를 들여다 본 그들에게 오히려 범상한 일로 여겨졌을 것이다.

중요한 것은 나이가 많고 적음이 아니다. 나이로 순위를 매기거나 연치로 자리를 결정하는 것은 성경의 가르침이 아니다. 어차피 인종, 신분, 성별의 장벽을 허문 사도 바울이 이제 와서 나이의 장벽을 허물지 못할 이유가 없다. 정말로 중요한 것은 이 모든 요소를 넘어 말과 행실과 사랑과 믿음과 정절에 본이 되는 것이다(12). 본이 되어야 할 내용인 이 한 단어, 한 단어는 모두 심각한 의미를 담고 있다. 그래서 사실 이런 여러 가지 사항에서 모범이 된다는 것은 어렵고도 어려운 일이다. 만일에 이것들에 모범적인 사람이 된다면, 그는 나이와 상관없이 교사의 임무를 수행할 자격이 있다. 나이를 많이 먹

고도 본이 되지 못하는 사람에게는 교사의 자격이 없고, 나이가 비록 어려도 본이 되는 사람은 다른 이들을 가르치고도 남는다.

　사도 바울은 또 하나의 상식을 깨뜨렸다. 아니, 그것은 사도 바울에 의해서 반드시 깨져야 할 상식이었다. 연소함은 교사가 되는 길을 막는 장애물이 될 수 없다. 말을 맺기 전에 한 가지 더 묻자면 우리는 나이 어린 교사를 존중할 수 있을까? 우리는 그에게서 겸손하게 배울 수 있을까?

성경 연구

4 : 13　내가 이를 때까지 읽는 것과 권하는 것과 가르치는 것에 전념하라

어떤 교회에서 성경을 읽는 법에 관해서 특강을 했다. 여기에서 나는 성경을 자기의 것으로 만드는 일에 중점을 두었다. 먼저 시력에 맞으면서 휴대하기 좋고 해설보다는 관주가 들어있는 성경을 마련할 것을 주문하였다. 성경을 읽을 때는 지울 수 있는 연필, 지워지지 않는 펜, 색연필(형광펜) 그리고 자, 포스트잇을 갖추어야 하고, 기왕이면 노트를 곁에 두는 것이 좋다. 성경을 읽으면서 내용이 달라지는 부분에서 문단을 나누는 표식을 기입하고, 중요한 문장에 여러 가지 줄을 그어 체크하며, 기억해야 할 단어에는 동그라미, 세모, 네모와 같은 도형을 그린다. 난외 메모는 아주 중요하다. 여기에 장(章)의 요점이나 단락의 요점을 적어두면 나중에도 유익하다. 요점 대신에 제목을 달아두는 것도 괜찮다. 가능하다면

난외에 들은 설교의 키포인트를 날자와 함께 기입할 수도 있다. 이와 더불어 반복어, 문학기법, 신학적인 중요단어, 그리고 설교에서 강조된 말들을 주의 깊게 살펴 기록해 두어야 한다.

성경에 집착해야 하는 것은 성도들 뿐 아니라 목회자도 마찬가지이다. 우리는 너무나 분주하고 바쁜 일상을 살고 있기 때문에 성경을 연구하는 일을 게을리 하거나 소홀히 한다. 그래서 매일같이 잠자리에 들기 전에 성경을 읽지 못한 것을 후회하지만 그 다음날이 되면 다시 까맣게 잊어버린다. 나는 평소에 성경은 읽는 것이 아니라 연구하는 것이라고 입버릇처럼 말한다. 우리는 성경을 독서해서는 안 되고 연구해야 한다. 그리고 한마디 덧붙이자면 성경은 밥이 아니라 피다. 밥은 한두 끼 먹지 않아도 살 수 있지만 피는 항상 공급받지 않으면 생명에 위험을 가져다준다. 성경을 연구하지 않는 것은 끼를 거르는 것이 아니라 피를 수혈 받지 못하는 것이다. 그래서 성경을 읽는 일에 착념해야 한다.

사도 바울이 디모데에게 읽는 것에 착념하라고 말한 것은 이해하기에 그렇게 어려운 말이 아니다. 그것은 성경을 읽으라는 말이다. 앞에서 사도 바울은 경건을 연습하라고 일러주었는데(딤전 4:7), 경건의 연습에서 한 가운데 자리를 차지하는 것은 성경을 연구하는 일이다. 성경을 연구하지 않은 채 다른 어떤 방식으로 경건을 연습하는 것은 길을 바로 찾은 행위라고 보기 어렵다. 성경연구는 사람을 거룩하신 하나님 앞에

세우고 더러운 자신을 발견하게 만든다. 사람은 성경을 연구할 때 하나님이 얼마나 의로우신 분이며 자신이 얼마나 죄악된 존재인지를 깨닫는다. 경건이란 인간의 불의로부터 하나님의 의로 나아가는 것이다. 경건은 인간의 더러움에 대한 단절이며 하나님의 거룩함에 대한 연결이다.

경건을 불러일으키는 성경연구로부터 진정한 권면과 교훈이 나온다. 그래서 사도 바울은 읽는 것과 권하는 것과 가르치는 것에 착념하라고 말한다. 성경연구를 통하여 경건을 연습하는 사람이 권면하고 가르칠 때 큰 효력을 발휘한다. 그래서 성경연구는 권면과 교훈을 힘 있게 만드는 동력이라고 불러도 문제가 없을 것이다. 오늘날 이토록 기독교회가 성장한 시기에도 권면이나 교훈이 별 능력을 나타내지 못하는 이유는 경건의 동인이 되는 성경연구가 부족하기 때문이라고 할 수 있다. 성경연구가 부족한 상황에서는 사람들이 권면도 받지 않고 교훈도 받지 않는다. 권면과 교훈이 거절되면 어느덧 기독교회는 쇠약해지고 만다.

성경을 읽지 않는 것은 밥을 먹지 못하는 것이 아니라 피를 공급받지 못하는 것이다. 성경은 우리에게 생명이다. 그래서 사도 바울도 "읽는 것에 전념하라"고 힘주어 말했다. 성경을 잘 읽기 위해서는 성경을 읽는 방법을 끊임없이 개발해야 한다. 한편으로는 앞서 이런 방법을 알고 있는 사람들에게서 열심히 배우기도 해야겠지만, 다른 한편으로는 스스로 성경연구방법을 개발하는 데 힘을 써야 한다. 기계의 내부구조를 알아보겠다고 멀쩡한 기계 몇 대를 망칠 것도 각오하는 판에 성경을 연구하기 위하여 성경책 몇 권쯤 망칠 것을 각오하지 않는 것은 매우 이상한 일이다. 하나님을 가까이 하는 자에게 하나님도 가까이 하시듯이(약 4:8), 성경을 가까이 하는 사람에게 성경도 가까이 할 것이다.

가볍게 여기지 말라

4 : 14 네 속에 있는 은사 곧 장로의 회에서 안수 받을 때에 예언을 통하여 받은 것을 가볍게 여기지 말며

초심(初心)으로 돌아가라는 말은 여러 생각을 불러일으킨다. 이 말은 특히 나에게 목사 안수를 받던 날을 기억나게 한다. 나는 신학교 동기생들보다 훨씬 늦게 목사가 되었다. 다른 나라에서 공부를 하다가 그만 번번이 기회를 놓치고 말았기 때문이다. 목사 안수*를 받던 날, 안수를 받는 사람들 가운데 마침 내가 제일 나이가 많다는 이유로 축도를 맡게 되었다. 그런데 나 같은 사람이 이렇게 귀한 직분을 받는 것이 너무나도 송구스러워서 축도의 첫 마디를 꺼내놓고는 왈칵 눈물을 쏟아내고 목이 메어 한참 동안이나 말을 잇지 못했다. 하지만 점점 시간이 흐르다보니 지금은 그 때의 감격이 뜨겁게 느껴지지 않는다. 첫 마음이 사라지고 만 것이다.

사도 바울은 디모데에게 "네 속에 있는 은사*를 가볍게 여기지 말라"(개역개정)고 권면한다. "네 속에 있는 은사"가 무엇을 가리키는지 확실하지 않지만, 문맥상 목회

＊안수 구약시대에는 제사를 드릴 때 희생제물 위에 손을 얹는 행위였지만 신약시대에 들어와서는 직분자를 세우는 데 사용되었다. 안수는 앞 세대의 직분자와 뒤 세대의 직분자 사이에 신앙전통이 이어지는 것을 의미한다. 안수로 말미암아 직분의 정통성이 확립된다.

의 은사를 뜻하는 것으로 보아야 할 것이다. 왜냐하면 사도 바울은 앞 단락에서 목회와 관련된 몇 가지 사항들을 디모데에게 말해 주었기 때문이다. 디모데는 신자들에게 명하고 가르쳐야 하며(11), 신자들의 본이 되어야 하고(12), 성경을 연구하여 권하는 것과 가르치는 것에 힘을 기울여야 한다(13). 이런 모든 행위는 목회를 가리킨다. 목회는 디모데가 가지고 있는 은사이다. 디모데는 목회라는 은사를 소유하고 있었다.

"네 속에 있는 은사"가 목회를 뜻한다는 것은 그것이 "장로회에서 안수받은 때에 예언을 통하여 받은 것"이라는 사실에서도 입증된다. 장로회는 목회자를 세우는 공식적인 기관이며, 안수는 목회자를 세우는 공식적인 방법이다. 예언은 장로회가 목회자를 세울 때 행사하는 신기한 언어사건을 의미할 수도 있지만 목회자의 사명을 체계적으로 일러주는 설교를 가리킨다고 보아도 무리가 없다. 이렇게 볼 때 디모데가 가지고 있던 은사는 장로회의 안수와 함께 예언으로 말미암아 주어진 것이라는 점에서 목회의 은사였던 것이다.

디모데는 장로회의 안수와 함께 예언으로 말미암아 목회의 은사를 받았다. 이것이 디모데에게 목회자로서의 첫 걸음이었다. 이때 디모데는 목회자의 뜨거운 소명을 받았을 것이다. 디모데는 목회의 은사로 말미암아 그 영혼이 불처럼 활활 타오르는 것을 느꼈을 것이다. 자신을 목회자로 안수하는 장로회의 신뢰 앞에서 순결한 목회자의 삶을 각오했을 것이다. 신기한 언어사건으로든지 아니면 목회자의 소명을 일러주는 설교로든지 예언을 들으면서 디모데는 죽음도 두려워하지 않는 목회자의 길을 다짐했을 것이다. 이런 것들이 목회자로서 디모데의 초심이었을 것은 의심할 나위가 없다.

그런데 지금 사도 바울은 디모데에게 "네 속에 있는 은사를 가볍게 여기지 말라"고 권면한다. 사도 바울은 디모데에게 무슨 일이 생길 수 있다는 것을 내다본 것 같다. 디모데도 초년병 목회자로서 가졌던 순수한 초심을 잃어버릴 수 있는 가능성이 있었다. 사도 바울이 디모데에게 경건을 연습하라고 말하거나(7), 읽는 것과 권하는 것과 가르치는 것에 착념하라고 말하거나(13), 진보를 나타내라고 말하거나(15), 이 일을 계속하라고(16) 다그치는 것은 충분히 이해할 만하다. 사도 바울은 시간이 지나면서 디모데의 초심이 변할 수 있다는 사실을 꿰뚫어보았던 것이다. 그러므로 사도 바울은 디모데의 초심이 변하지 않도록 잡아주었다.

초심은 시간이 흐르면서 변한다. 처음에 직분을 받으면서 하나님의 사업에 대하여 순수한 열정을 가졌던 사람도 시간이 흐르면 냉랭해지고 세속적인 모습으로 변한다. 목회자는 교회의 생리를 환하게 배우면서 능구렁이 목사가 되고, 성도들은 교회의 생활에 익숙해지면서 무감각한 각질 신자들이 된다. 목회자에게서도 성도에게서도 처음으로 직분을 받을 때

맛보았던 감격이 사라지고 모두 요령 껏 교회를 섬기는 사람들이 된다. 교회의 타락은 이렇게 시작된다. 교회의 타락의 성향은 초심의 감동을 상실한 매너리즘에서 극명하게 나타난다. 교회의 회복은 초심으로 돌아가는 것에서 비롯된다. 그러므로 초심을 가볍게 여기지 말라.

진보를 나타내라

4 : 15 이 모든 일에 전심 전력하여 너의 성숙함을 모든 사람에게 나타나게 하라

역사는 속도와의 싸움이라고 해도 과언이 아닐 것이다. 거기에는 꾸준히 진보가 있었다. 발 빠른 짐승을 탈것으로 이용하던 인간은 오랜 시간이 지나서 기관을 발명하여 이동거리를 좁혔다. 소리의 속도를 따라잡는 것은 인간의 염원이었다. 그리고 실제로 그런 일이 실현되기까지는 그 이전의 시간을 고스란히 희생해야 했다. 그만큼 소리의 속도에 도달한다는 것은 힘들고 어려운 일이었다. 하지만 인간은 속도의 진보에서 속도를 멈추지 않는다. 우리는 아주 가까운 과거에 음속의 한계를 넘어서자마자 빛의 속도라는 것을 말하고 있다. 그리고 그런 말을 쓴지 얼마 되지 않아 생각의 속도라는 표현까지 쓰고 있다. 인간은 속도에서 진보한다.

사도 바울은 무한의 속도를 맛본 사람이었다. 왜냐하면 그는 영원을 알았기 때문이다. 그는 만세의 왕이신 하나님을 믿었고 영원한 생명을 담지하였다(딤전 1:16-17). 사도 바울이 하나님에게서 느낀 시간의 속도와 영원한 생명에서 감지한 시

간의 속도는 이미 인간의 계산방식을 넘어서 있는 것이었다. 하나님의 빛이 아무도 가까이 가지 못할 빛이듯이(딤전 6:16) 하나님의 속도도 아무도 접근하지 못할 속도이다. 신의 속도는 영원의 속도이며, 영원에서는 속도가 순간보다도 빠르다. 조금 더 정확하게 말하자면 하나님의 속도는 이미 속도가 아니기 때문에 빠름도 느림도 없다. 그래서 구태여 비유하자면 천년이 하루 같고 하루가 천년 같을 뿐이다(벧후 3:8).

이런 사도 바울이 진보를 말하는 것은 이상한 일이 아니다. 음속이나 광속 혹은 생각의 속도를 알고 있는 사람들이 진보를 말한다면 신의 속도를 알고 있는 사도가 진보를 말하지 않을 수 있을까? 역으로 말해서 시간에서의 속도를 아는 사람들이 진보를 추구한다면 영원에서의 속도를 아는 사람들이 진보를 추구하지 않을 수 있을까? 진보를 나타내는 것은 신의 속도와 영원의 속도를 알고 있는 신자들에게 너무나도 당연한 일이다. 그래서 사도 바울은 자신이 진보하는 것을 그렇게 힘썼을 뿐 아니라(빌 3:14) 신자들에게서도 믿음의 진보가 이루어지기를 그렇게 힘썼던 것이다(빌 1:25). 이런 점에서 사도 바울의 생각은 매우 간단하다. 신자는 마땅히 진보해야 한다는 것이다.

사도 바울은 신자들이 진보하기 위해서 고려해야 할 것이 있다고 말한다. "이것들을 주의하라, 이것들 안에 머물라"(나의 번역). 사도 바울은 "이것들"로 앞에서 언급했던 읽는 것, 권하는 것, 가르치는 것을 염두에 두고 있는 것 같다(13). 진보를 위하여 신자가 고려해야 할 사항은 성경을 연구하여 권면하고 교육하는 것에 신경을 곤두세우는 것이다. 이것은 절대로 소홀히 하거나 태만히 해서는 안 될 일이다. 그리고 성경연구와 그에 기초한 권면과 교육은 신자들의 삶이 되어야 한다. 이런 일들은 신자에게 삶의 일부가 아니라 삶 자체여야 한다. 바로 여기에서 신자는 반드시 진보하며, 그의 진보는 모든 사람에게 분명하게 나타난다.

오늘날 우리는 퇴보하지 않으면 그나마 다행이라는 불안한 자세로 현실을 지탱하고 있다. 그리고 우리는 퇴보하지 않기 위해서 불쌍하게 몸부림친다. 게다가 퇴보를 막아보겠다며 정말 기괴하고 이상한 방법들을 찾느라고 혈안이 되어 있다. 정답은 신의 계시 속에 들어있건만 우리는 인간의 지혜에서 얻어낸 오답을 선호한다. 그런데 더욱 불행한 것은 그런 행동이 우리의 퇴보를 얼마나 더 부채질할지 깨닫지 못한다는 것이다. 안타깝게도 우리는 이런 인간적인 방법으로는 우리의 퇴보가 더욱 속도를 내고야 말 것임을 알지 못한다.

물론 우리는 퇴보하는 것을 두려워해야 한다. 그러나 우리가 정작 두려워해야 할 것은 뒤로 물러나는 것이 아니라 앞으로 나아가지 못하는 것이다. 우리는 퇴보하는 것을 두려워해야 할 뿐 아니라 진보하지 못하는 것도 두려워해야 한다. 하지만 이런 말은 우리 시대의 교회들에는 잘 어울리지 않는 것처럼 보인다. 왜냐하면 진보에 대한 아무런 개념이 없기 때문이다. 그래서 우리는 생각의 속도는커녕 빛의 속도도, 빛의 속도는커녕 소리의 속도도, 소리의 속도는커녕 말굽의 속도도 못 내고 있다. 마치 신의 속도도 영원의 속도도 알지 못하는 사람들처럼.

네게 듣는 자

4 : 16 네가 네 자신과 가르침을 살펴 이 일을 계속하라 이것을 행함으로 네 자신과 네게 듣는 자를 구원하리라

청중이 있다는 것은 즐거움 그 자체이다. 눈빛이 총명하게 빛나면서 귀를 기울여 들어주는 사람들이 있을 때 말하는 사람의 기쁨은 헤아릴 수가 없다. 고개를 끄떡이며 노트 위에 열심히 받아 적는 사람들을 보면 말하는 사람의 목소리는 저절로 높아진다. 한마디라도 놓치지 않기 위해서 온 신경을 곤두세우고 그렇지, 그렇지 연발하는 사람들 앞에서 말하는 사람은 준비하지 않은 것까지 토해낸다. 마침내 거기에는 폭발할 것 같이 뜨거운 열기가 끓어오른다. 그런 자리에서는 말하는 사람과 듣는 사람이 혼연일체가 되는 현상이 일어난다. 듣는 사람은 말하는 사람의 생각을 알기에 웃으면 함께 웃고 울면 함께 운다.

이 때문에 말하는 사람에게는 듣는 사람에 대한 책임이 있다. 물론 말하는 사람이 자기 자신에 대한 책임을 소홀히 해서는 안 된다는 사실은 말할 필요가 없다. 말하는 사람은 자신의 말에 책임을 져야 한다. 이것은 디모데와 같이 하나님의 말씀을 전하는 목회자에게는 더욱 절실한 문제였다. 디모데가 자기 자신에 대하여 가져야 할 책임 중에 가장 중요한 것은

특히 구원에 관한 것이었다. 이 때문에 사도 바울은 디모데에게 "네 자신을 구원할 것이다"라고 말하였다. 디모데가 하나님의 말씀을 말하는 자로서 자기 자신에 대하여 책임을 지지 못한다면, 특히 자신의 구원에 대하여 책임을 질 수 없다면, 그가 얼마나 많은 말을 할지라도 그 모든 말은 허사가 되고 말 것이다. 그것은 공허한 씨부렁거림에 지나지 않기 때문이다.

그런데 사도 바울은 하나님의 말씀을 전하는 디모데가 자기 자신뿐만 아니라 그의 말을 듣는 사람들에 대하여도 지대한 관심을 가질 것을 권면한다. 하나님의 말씀을 전하는 자의 책임은 자신에게서 끝나지 않고, 그의 말을 듣는 사람들에게까지 확대된다. 그래서 사도 바울은 디모데에게 권면하면서 "네게 듣는 자를 구원하리라"는 말을 덧붙였다. 이렇게 사도 바울은 디모데가 하나님의 말씀을 듣는 사람들에게 지대한 관심을 가질 것을 촉구하였다. 디모데는 그들을 구원의 길로 인도해야 해야 한다. 디모데는 말로 끝나는 말을 해서는 안 된다. 그의 말은 반드시 듣는 사람들을 구원에 도달하게 해야 한다.

그러면 이런 일은 어떻게 이루어지는가? 사도 바울은 이것을 이루기 위하여 친절한 조언을 주었다. "네 자신과 가르침에 주의를 기울이고 이 일들을 고수하라 이것을 행함으로 … 구원할 것이다"(나의 번역). 하나님의 말씀을 전하는 사람이 자신의 구원 뿐 아니라 듣는 자의 구원에 대하여 책임을 지기 위해서는 무엇보다도 자신의 삶(행함)에 주의를 기울여야 한다. 그 자신이 하나님의 말씀에 합당한 삶을 살지 않으면서 사람들에게 하나님의 말씀을 전하는 것은 사돈 남 말하는 격이 되고 만다. 솔직히 말해서 듣는 사람들에게 필요한 것은 하나님의 말씀을 잘 전하는 설교자가 아니라 하나님의 말씀대로 사는 설교자이다.

그렇기 때문에 설교자는 자신이 전하는 가르침에 주의를 기울여야 한다. 하나님의 말씀은 일차적으로 청중을 위한 것이 아니라 설교자를 위한 것이어야 한다. 설교자는 청중에게 하나님의 말씀을 전하기 전에 자신이 먼저 그 말씀을 들을 줄 알아야 한다. 하나님의 말씀이 자신에게 말하고 있다는 것을 알지 못하는 설교자의 설교는 허망하기 그지없다. 그런 설교는 청중의 귓가에서 쟁쟁거리는 소리로 끝나고 만다. 하나님의 말씀을 전하는 사람이 먼저 그 가르침에 설득될 때 비로소 하나님의 말씀을 듣는 사람들을 설득할 수가 있다. 그래서 설교의 능력은 설교자가 하나님의 말씀으로 청중을 설득하는 데서 비롯되는 것이 아니라 설교자가 하나님의 말씀에 의하여 설득되는 데서 비롯되는 것이다.

반응하지 않는 청중 앞에서 말하는 것은 그 자체가 죽음이다. 산만하게 사방을 두리번거리는 사람들 앞에서, 고개를 떨어뜨리고 조는 사람들 앞에서, 팔짱을 끼고 멍하니 앉아있는 사람들 앞에서 설교하는 것은 무덤을 파고 있는 것과 다를 바가 없다. 그런데 청중이 반응하지 않는 까닭이 설교자에게서 바른 삶을 보지 못하기 때문이라면 설교자는 지옥에 있는 것이다.

5 장

짐 지우지 말라

늙는다는 것

5 : 1a - 2a 늙은이를 꾸짖지 말고 권하되 아버지에게 하듯 하며 젊은이에게는 형제에게 하듯 하고 늙은 여자에게는 어머니에게 하듯 하며 젊은 여자에게는 온전히 깨끗함으로 자매에게 하듯 하라

늙는다는 것은 과히 나쁜 일이 아니다. 물론 노인이 되면 신체에 다양한 퇴화가 생기는 것이 사실이다. 피부는 늘어지고 뼈는 약해진다. 딱딱한 음식을 소화하기가 힘들고 배설물을 몸에서 내보는 것도 거북스럽다. 시력은 떨어지고 듣는 것도 시원치 않다.

노인이 되면 행동에도 엄청난 변화가 온다. 말이 어눌하게 되고 걸음이 느려진다. 손놀림이 부정확하고 무거운 물건을 나르기가 어렵다. 위급한 상황을 만나도 신속하게 반응하지 못하고 위기에 대처하는 동작이 둔탁해진다.

게다가 노인이 되면 정신에 급격한 하강곡선이 그려진다. 판단력은 흐려지고 감정이 사라진다. 수를 계산하는 데 문제가 생기는 것은 물론이고 새로운 일을 기억하는 것도 쉽지 않다. 무엇을 시도할 의욕이 감소되고 무슨 일에든지 자신감을

잃고 만다.

그러나 늙는다는 것은 생각보다 그렇게 나쁜 일이 아니다. 노인에게는 긴 인생의 오솔길을 걸어온 오랜 과거가 있다. 노인의 과거는, 그것이 구름을 타는 듯한 기쁨의 시간이었든지 뼈를 깎는 듯한 아픔의 세월이었든지, 인생에 아로새겨진 추억이다. 그것은 과거이기에 회상해 볼 만한 것이며, 누구에게든지 들려주어도 괜찮은 이야깃거리다.

그래서 모든 과거는 노인의 영광스러운 훈장이며, 기쁜 것이건 슬픈 것이건 추억은 노인에게 밝은 색, 짙은 색으로 수놓은 상장(賞狀)과 다를 바 없다. 늙는다는 것이 생각보다 그렇게 나쁜 일이 아닌 것은 땀과 눈물로 가슴에 기록한 두툼한 일기장이 남아있는 까닭이며, 세월의 비밀을 이마에 잔주름, 깊은 주름으로 보물지도처럼 그려둔 까닭이다.

그런데, 늙는다는 것은 과히 나쁜 일이 아닐뿐더러 역설적으로 정말 영광스러운 일이기도 하다. 이렇게 말하면 청춘을 그리워하며 머리가 희어지는 것을 한탄하는 사람들은 곧바로 발끈 화를 낼지도 모른다. 노년기를 미화하는 것도 유분수지 어떻게 늙는 것이 영광스러운 일이냐고 말이다.

하지만 이것은 노인이 된다는 것이 인생에 어떤 의미를 가지는지 잘 알지 못하기 때문에 하는 말이다. 노인이 된다는 것은 인생의 아비가 되고 사람의 어미가 되는 것이다. 늙은 남자는 모든 사람의 아버지이며, 늙은 여자는 모든 인간의 어머니이다. 늙음은 그 자체로 아버지와 어머니의 넉넉한 품위이다.

그래서 모든 노인에게는 인생의 아버지와 어머니로서 품에 기대고 싶은, 이야기 나누고 싶은, 곁에 있어도 보고 싶은 품위가 있다.

늙음은 깊은 무엇이며 넓은 무엇이다. 그것은 부모의 깊음과 넓음이다. 노인의 깊음은 자녀에 대한 아버지의 깊은 헤아림과 같고, 노인의 넓음은 자녀에 대한 어머니의 넓은 베풂과 같다. 그래서 늙지 않은 사람들은 무조건 노인 앞에서 머리를 숙여야 한다. 청년이란 얇은 것이며 청춘이란 좁은 것이다. 어린이가 아무리 많은 지식을 쌓았어도 노인의 지식에 비하면 종이장처럼 얇고, 젊은이가 아무리 많은 경험을 맛보았어도 노인의 경험에 비하면 바늘귀처럼 좁다.

이 때문에 소년이 노인 앞에서 자랑스럽게 생각을 펼치는 것은 그 자체가 웃음거리이다. 청년이 노인 앞에서 말해야 한다면 오직 부끄러움을 입을 열어야 한다. 따라서 청년이 노인을 책망하는 것은 스스로 버러지 같은 존재임을 증명하는 것과 다르지 않다. 젊은 사람이 스스로를 어리석은 자로 증명하는 것은 참으로 그다지 어려운 일이 아니다.

늙는다는 것이 과히 나쁜 일이 아니며 심지어는 너무나도 영광스러운 일이라는 것을 아는 사람은 늙은 남자를 아버지처럼 존경하고, 늙은 여자를 어머니처럼 존중할 것이 당연하다. 그런 사람은 항상 부모를 모시고 있는 것과 같다는 점에서 형언할 수 없이 엄청난 행복을 얻은 것과 다를 바 없다. 바꾸어 말해서 어떤 노인에게서든지 부모의 모습을 발견하는 사람은 늙음의 오묘한 비밀에서 보화를 캐낸 사람이다.

이쯤 말하면 젊은 목회자 디모데에게 쓰는 편지에서 사도
바울이 급히 화제를 바꾸면서 "늙은이를 꾸짖지 말고 권하되
아비에게 하듯 하며… 늙은 여자를 어미에게 하듯 하라" 는
말이 무슨 뜻인지 애써 이해하려고 노력하지 않아도 충분히
알아들을 것이다.

젊다는 것

5 : 1b – 2b 늙은이를 꾸짖지 말고 권
하되 아버지에게 하듯 하며 젊은이에게는
형제에게 하듯 하고 늙은 여자에게는 어
머니에게 하듯 하며 젊은 여자에게는 온
전히 깨끗함으로 자매에게 하듯 하라

우리 아버지는 젊은 나를 우
려했고, 나는 나의 젊은 아들
들을 우려한다. 아버지는 내
가 귀를 훨씬 덮을 정도로 머리를 길게 기른 채 다 해진 통바
지를 입고 밤거리를 쏘다니다가 통금이 다 되어서야 비로소
귀가하는 것을 보실 때마다 그렇게 살면 안 된다고 꾸지람을
하셨다. 나는 아들이 머리를 덥수룩하게 기르고 신발 발꿈치
를 가리다 못해 길거리를 쓸도록 긴 바지를 입고 돌아다니다
가 친구 집에서 잔다며 휴대전화를 걸 때 그렇게 살면 안 된다
고 잔소리를 늘어놓는다. 어른들은 언제나 청년들을 우려하
는 마음을 가진다. 아버지는 자신의 젊은 시절을 잊어버렸고,
나는 나의 젊은 시절을 잊어버렸다. 그래서 젊은이는 언제나
어른들에게 근심거리이다.

하지만 젊다는 것은 얼마나 아름다운가. 그래서 옛날부터
지금까지 청춘예찬은 끊이지 않는다. 젊음은 신선함이다. 싱

싱한 햇과일처럼 청년의 기개는 새롭다. 젊은이의 색깔은 푸른색이다. 청년은 생기발랄하다. 동작 하나 하나가 모두 활기찬 율동과 다름없다. 젊은이에게 알맞은 음악은 왈츠이다. 젊은 사람들은 역동적이다. 그들은 웬만해서 지치지 않는다. 아무리 힘든 일을 해도 한 숨 자고 나면 다시 벌떡 일어난다. 수평선에 떠오르는 태양은 청년을 상징한다. 청년의 시간은 아침이다. 젊음은 새벽이슬과 같다. 그래서 젊은이는 언제나 꿈과 희망을 의미한다. 청년이 없다면 우리는 모든 것에서 소망을 상실한다. 더 무엇을 말할까. 청춘을 예찬하는 것은 아무리 말해도 지나친 일이 아니다.

그런데 사도 바울이 젊은 사람들에 대하여 보여준 관심은 보통 청춘예찬과 사뭇 다르다. 물론 사도 바울은 디모데의 시각에서 젊은이들을 바라보았다. 여기에서 우리는 디모데가 대략 어느 정도의 나이에 있었는지 추정해 볼 수 있다. 사도 바울은 디모데가 젊은 사람들을 어떻게 상대해야 하는지 알려주고 있는데, 이것은 결국 젊은이들에 대한 사도 바울의 견해를 선명하게 나타낸다. 달리 말하자면 젊은이들에 대한 디모데의 처신에서 젊은이들에 대한 사도 바울의 생각이 반영되고 있는 것이다. 한마디로 말해서 사도 바울은 젊은 남자를 형제로, 젊은 여자를 자매로 간주한다. 사도 바울에 의하면 젊은이는 남자이면 형제이고, 여자이면 자매이다.

사도 바울에게 굳이 청년을 예찬할 이유가 있다면 형제와 자매라는 사실에 있다. 사도 바울은 형제이기 때문에 젊은 남자를 좋아하고, 자매이기 때문에 젊은 여자를 좋아한다. 형제와 자매라는 것은 한 아버지를 모시고 있다는 점에서만 성립될 수 있는 관계이다. 누구나 다 알고 있듯이 아버지가 다르면 형제도 자매도 될 수 없다. 사도 바울이 형제와 자매라는 말을 사용할 때는 언제나 하나님을 아버지로 섬기는 사람들을 염두에 둔다. 젊은이들이 하나님을 아버지로 섬긴다면 사도 바울은 그들을 가리켜 서슴지 않고 형제와 자매라고 부른다. 사도 바울은 하나님을 아버지로 섬기는 젊은이들을 예찬한다. 사도 바울은 그들이 형제이며 자매이기 때문에 예찬한다.

사도 바울의 청춘예찬과 관련하여 한 가지 덧붙일 것이 있다면 그것은 순결이다. 사도 바울이 디모데에게 "젊은 여자에게는 온전히 깨끗함으로 자매에게 하듯 하라"고 말했을 때, 이 말은 젊은 디모데에게 순결을 요구하고 있을 뿐 아니라, 청년들(특히 여자 청년들)에게도 순결을 요구하고 있는 것이다. 청년들이 스스로 디모데에게 깨끗한 대우를 받을만한 깨끗함을 가지고 있어야 하기 때문이다. 사도 바울은 순결이야말로 청년들이 예찬을 받을 수 있는 진정한 조건이 된다고 생각하였던 것이다. 순결을 조건으로 삼지 않고 다른 어떤 것으로 청년들을 예찬하는 것은 큰 의미가 없다. 젊다는 것의 가장 큰 가치는 순결에 있기 때문이다.

청년이 어른에게 근심거리가 되기 전에 스스로 근심거리가 되어야 할 이유는 두발과 복장과 귀가시간 때문이 아니다. 젊은이가 어른들의 우려에 앞서 스스로 우려해야 할 것은 순결이다. 순결은 젊다는 것의 가장 큰 가치이기 때문이다. 진정한 어른은 다시 젊은 시절을 그리워하지 않는다. 다만 젊은이들의 순결을 우려할 뿐이다.

먼저 자기 집에서

5 : 3 - 4 참 과부인 과부를 존대하라 만일 어떤 과부에게 자녀나 손자들이 있거든 그들로 먼저 자기 집에서 효를 행하여 부모에게 보답하기를 배우게 하라 이것이 하나님 앞에 받으실 만한 것이니라

기독교가 하늘의 종교만이 아닌 것은 가정에 지대한 관심을 보이고 있다는 사실에서 자명하게 드러난다. 물론 기독교는 하늘의 종교이다. 하지만 어찌 보면 기독교만큼 땅의 종교인 것도 없다. 기독교는 한편으로는 땅의 부패에 대하여 뼈저리게 아픔을 느끼면서도 다른 한편으로는 땅을 회복시키기 위하여 아무 것도 아끼지 않는 최선의 노력을 기울이고 있기 때문이다. 특히 그 가운데서 가정에 대한 기독교의 관심은 다른 어떤 것과 견줄 수 없이 매우 무거운 중량을 가진다. 또 그 중에서도 부모에 대한 거의 절대적인 지지는 기독교가 얼마나 땅의 종교인지를 잘 보여준다. 사실 기독교는 인간의 타락이란 하나님에 대한 배신일 뿐 아니라 부모에 대한 불효라고 말하고 있으니 이 정도면 땅의 종교로서의 기독교의 성격을 충분히 알고도 남을만하다.

사도 바울은 이제 한동안 과부에 대한 이야기를 전개하려고 한다. 사도 바울이 살았던 시대는 성인 남자들이 생명을 오래도록 부지하기 어려운 시대였다. 질병에는 남녀가 다같

이 노출되어 있었으니 그것만 가지고는 남자의 수명이 여자의 수명보다 짧은 이유를 찾기 어려울 것이다. 시대적으로 남자들이 빨리 목숨을 잃을 수밖에 없었던 까닭 중에 하나는 사고 때문이었다. 남자들은 농사와 목축과 수렵에서 잦은 사고를 만났다. 혹시 공사에 참여하거나 무역을 위해서 여행을 하게 되면 항상 불의의 사고가 남자들을 기다리고 있었다. 더 나아가서 사고 다음으로 남자들의 목숨을 앗아가는 데 위협적인 것은 전쟁이었다. 군인으로 종사하든 그렇지 않든 전쟁이란 것은 남자의 씨를 말리는 무서운 재앙이었다. 이렇게 사고가 많고 전쟁이 많던 시대의 결과는 과부의 다량생산이었다.

사도 바울은 이런 시대적인 상황에서 과부에 대하여 많은 말을 쓰지 않을 수 없었다. 특히 사도 바울은 과부에 관한 단락을 열면서 효도의 정신을 고취시킨다. 자녀나 손자는 과부된 어머니나 할머니를 잘 섬겨야 한다는 것이다. 사도 바울의 말은 단락의 성격상 이 자리에 놓여있기는 하지만 엄격히 말해서 과부에게만 해당되는 것이 아니다. 이것은 결국 효도를 향한 사도 바울의 규범적인 천명이다. 사도 바울에 의하면 효도란 배워야 할 성격을 가지고 있다. 태어날 때부터 효도하는 마음을 소지한 사람이 전혀 없지는 않겠으나 많은 경우에 효도는 교육을 받아 익혀야 하는 것이다. 그만큼 효도는 교육의 산물이다. 자녀에게 효도를 가르치지 않은 부모는 반드시 후회하게 된다.

사도 바울은 효도를 두 가지 개념으로 설명한다. 그것은 공경과 보답이다. "먼저 자기 집을 공경하라," "(조)부모에게 보답하라," 공경과 보답은 효도에 있어서 마음의 측면과 물질의 측면이다. 그래서 효도는 물심양면이라는 말이 어울린다. 자녀의 마음은 언제나 부모에게 가 있어야 한다. 자녀는 자신의 마음을 부모에게 이식해야 한다. 그런데 여기에서 한 가지 주목해야 할 것은 여기에서 사용된 단어가 일반적으로는 하나님을 경외하는 것을 가리킬 때 쓰는 단어라는 사실이다. 이것은 (조)부모를 섬기는 것이 얼마나 귀중한 일인지를 증명한다. 부모는 진심으로 부모를 높여야 한다. 더 나아가서 자녀는 부모가 물질적으로 무엇을 필요로 하는지 면밀하게 살펴야 한다. 필요에 따라서 자녀는 부모에게 물질을 제공해야 한다. 솔직히 말해서 부모에게 마음을 준다고 하면서 물질을 제공하지 않는다면 아무런 의미가 없다.

우리는 효도에 관한 사도 바울의 규범적인 말을 들으면서 아직 아멘을 말해서는 안 된다. 한마디 말이 더 남아있기 때문이다. "이것이 하나님 앞에 받으실만한 것이니라." 사도 바울은 이 말을 덧붙임으로써 효도를 윤리에서 신앙으로 승화시킨다. 부모를 섬기는 것은 윤리가 아니라 믿음이다. 효도는 그 자체로 영적인 성격을 가진다. 사도 바울에게는 하나님을 섬기는 것과 부모를 섬기는 것이 구분되지 않는다. 보이는 부모에게 잘하지 못하면서 보이지 않는 부모에게 잘 할 수 없기 때문이다(참조. 마 15:3-6 par.). 그래서 비록 제한된 의미이긴 하지만 부모는 보이는 하나님과 같은 존재이다. 이제 아멘을 말해도 괜찮다.

불행의 행복

5 : 5 참 과부로서 외로운 자는 하나님
께 소망을 두어 주야로 항상 간구와 기도
를 하거니와
새옹지마는 있다. 나쁜 일이
일어났다고 해서 그다지 슬
퍼할 것이 아닌 이유는 그 나쁜 일로 말미암아 도리어 좋은 일
이 생길 수도 있기 때문이다. 하지만 우리는 새옹지마의 법
칙을 너무 크게 신뢰해서는 안 된다. 인생은 늘 그렇게 법칙
대로 되지 않는다. 불행한 일은 더 이상 좋은 일로 연결되지
않고 그냥 그것으로 끝나버릴 수도 있다. 진정한 그리스도인
은 악한 처지를 그 자체로 받아들일 수 있는 자세를 가져야 한
다. 그리고 더 나아가서 진정한 그리스도인은 그런 나쁜 형편
에서도 하나님에 대한 믿음을 표현하면서 산다. 왜냐하면 평
안 뿐 아니라 환난도 하나님에게서 나온다는 것을 믿기 때문
이다. 믿음 안에서는 환난도 평안과 마찬가지로 받아들일만
한 것으로 평가된다. 매우 역설적인 말이지만 하나님에 대한
신앙을 가지고 있는 사람에게는 불행도 그 자체로 좋은 것이
다.

　어떤 이유에서든지 간에 한 여성이 남편을 여읜다는 것은
인생살이에서 가장 힘든 상황에 놓인 것을 의미한다. 그것은
바로 생계에 치명적인 어려움을 초래하기 때문이다. 오래 전
부터 그러했지만 사도 바울이 살았던 시대에도 여성들에게는
사회활동이 그다지 넓게 허용되지 않았다. 평범한 여성들이

생계를 위해서 할 수 있는 일이라고는 고작해야 허드렛일뿐이었다. 이런 시대에 남편을 여읜 여성의 인생은 눈앞이 캄캄해질 정도로 매우 막막한 것이었음을 어렵지 않게 짐작할 수 있다. 게다가 혼자의 몸이 아니라 여러 명의 자녀들까지 딸려 있다면(4절을 참조할 때 이런 가능성은 매우 높다) 미망인 된 여성이 헤쳐 나아가야 할 길이 얼마나 버겁고 험난할지 불 보듯이 뻔한 것이었다.

사도 바울은 이런 여성을 가리켜 "참 과부"라고 불렀다. 이 말이 의미하는 바는 다양하겠으나 무엇보다도 일찍 남편을 여읜 상태에서 형언할 수 없이 숱한 역경을 통과하면서도 꿋꿋이 견뎌낸 여성을 지시하는 말이라고 볼 수 있을 것이다. 그러나 이런 여성에게도 심각한 문제가 없는 것은 아니다. 이 여성이 일생동안 싸워야 할 가장 무서운 대상은 외로움이란 적이다. 특히 남편 없이 혼자서 힘들여 기른 자녀들이 이런 저런 이유로 곁을 떠나가고 홀로 남게 되었을 때 매 순간 엄습해오는 외로움은 다른 무엇보다도 감당하기 어려운 것이다. 그래서 사도 바울도 참 과부의 상태를 오직 한마디 "외로운 자"라는 말로 설명했던 것이다.

그러나 사도 바울은 한 여성이 남편과 사별한 것, 게다가 이제는 외롭게 살게 된 것이 꼭 나쁜 것만은 아니라고 생각한다. 물론 그것은 누가 보기에도 추천한 말한 인생은 아니다. 정상적인 여성이라면 아무도 자신이 이런 인생을 맞이하기를 바라지 않을 것이다. 하지만 신앙의 눈으로 보면 과부됨과 외로움을 반드시 불행이라고 말하기 어렵다. 과부 되어 외로운 여성이 하나님과 깊은 영적인 교제를 나눈다면 말이다. 사도 바울이 여기에 소개하는 한 여성이 바로 그런 사람이었다. 그 여성은 과부 되어 외로운 인생을 살고 있었지만 하나님께 소 망을 두고 주야로 항상 간구와 기도를 하였다.

이 여성은 과부 된 후에 그냥 외로운 인생을 살고 있었다. 이 여성은 과부 된 것으로 말미암아 무슨 좋은 일을 만난 것도 아니고, 외로운 인생으로 말미암아 무슨 즐거운 삶을 얻은 것 도 아니다. 이 여성에게는 새옹지마란 없었다. 하지만 이 여 성은 과부가 되어 외로운 나날을 사는 것을 원망하지 않고 그 대로 받아들이고 도리어 그 형편에서 믿음의 길을 차분히 걸 어갔다. 이 여성은 하나님께 소망을 두었고, 하나님께 소망을 두고 있는 사람의 모습이 어떠한지 보여주었다. 이 여성은 하 나님께 소망을 두고 있다는 표식으로 밤낮 간구와 기도에 힘 을 썼다. 이 여성에게 불행은 그냥 불행이었다. 그러나 이 여 성은 불행에서 행복을 찾았다. 이상한 말처럼 들리지만 불행 의 행복이다. 아니, 조금 더 정확하게 말하자면 불행을 행복 으로 승화시킨 것이다.

요즘 들어 자주 곱씹는 말씀이 있다. 잘 이해되지 않다가도 언뜻 언뜻 깨달아지는 오묘한 말씀이다 : "나는 평안도 짓고 환난도 창조하나니 나는 여호와라 이 모든 일을 행하는 자니 라"(사 45:7).

일락을 좋아하는 자

5 : 6 - 7 향락을 좋아하는 자는 살았
으나 죽었느니라 네가 또한 이것을 명하
여 그들로 책망 받을 것이 없게 하라

문화의 최종목적은 쾌락이
다. 사람은 땅을 갈고 양을
치든지, 옷을 입고 집을 짓든지, 먹을 것을 팔고 마실 것을 사
든지 결국은 자신을 즐기는 것을 목적으로 삼는다. 그래서 문
화의 모든 형태의 밑바닥에는 쾌락을 지향하는 아주 끈질긴
속성이 자리잡고 있다. 이런 속성은 농업, 목축, 패션, 건축,
상업, 무역 등등 모든 형태의 문화행위에서 예외 없이 발견된
다. 그래서 쾌락지향성을 무시한 채 문화를 논하는 것은 그
자체가 무의미하다. 지금은 쾌락이 아예 문화상품으로 적극
적으로 활용되고 있다는 것을 감안할 때 누구도 이런 이야기
를 그릇되었다고 반박하지 않을 것이다. 쾌락은 문화의 최종
목적이자 최종상품이다. 사람은 자신을 즐기는 것을 목적으
로 문화를 형성하며, 문화는 사람에게 자신을 즐기는 것을 상
품으로 제공한다.

그런데 어찌 보면 쾌락은 신앙의 마지막 적이다. 사도 바울
은 디모데에게 과부와 관련하여 가르침을 주면서 하나님께 소
망을 두고 있는 여성과 일락을 좋아하는 여성을 날카롭게 대
조시키고 있다(딤전 5:5-6). 비록 논문 쓰듯이 말하고 있지
는 않지만 사도 바울은 이런 대조를 통하여 일반적으로 신앙
과 쾌락이 조화되기 얼마나 어려운지 명확하게 보여준다. 사
도 바울의 말마따나 대체로 신앙은 쾌락에 거슬리고 쾌락은
신앙과 부딪힌다. 보통 하나님을 바라는 것과 자신을 즐기는
것은 완전히 서로 다른 일처럼 보인다. 우리 주위에 실제로

많은 경우 이런 현상이 짙게 나타난다. 우리는 많은 사람들이 자기만을 즐기는 쾌락을 추구하다가 안타깝게도 신앙을 고스란히 말아먹는 것을 심심찮게 볼 수 있다.

누가복음을 읽어보면 "씨 뿌리는 자의 비유"에 대한 예수 그리스도의 해설은 매우 계몽적이다. 예수께서는 여러 곳에 뿌려진 씨들이 어떤 상황을 맞이하게 되었는지 차례대로 설명해주시면서 가시떨기에 뿌려진 씨들이 처지를 이렇게 일러주셨다. "가시떨기에 떨어졌다는 것은 말씀을 들은 자이나 지내는 중 이생의 염려와 재물과 향락에 기운이 막혀 온전히 결실하지 못하는 자요"(눅 8:14). 이 비유에서 가시떨기는 염려와 재물과 향락을 의미하는데, 이 세 가지는 어느 정도 점진성을 가지고 있다. 사람이 처음에는 삶에 대한 염려를 가지고 있다가 재물을 얻게 되면 결국 향락에 빠지고 만다는 것이다. 예수 그리스도의 비유에 따르면 신앙의 최종적인 적은 쾌락이다. 쾌락은 신앙을 말아먹기 때문이다.

사도 바울은 일락을 좋아하는 자는 살았으나 죽었다고 말한다. 신앙을 잃어버릴 정도로 쾌락에 사로잡혀 있는 사람은 죽은 인생이다. 그는 살아있어도 죽은 자이다. 자신에 대한 측면에는 살아있지만 하나님에 대한 측면에는 죽었다는 말이다. 육적으로 보면 살아있으나 영적으로 보면 죽어있는 것이다. 이것이 쾌락으로 신앙을 질식시킨 사람의 실체이다. 그래서 그의 쾌락이란 하부에 머물고 상부로 전진하지 못한다. 이런 사람은 하나님에게서 즐거움을 발견하지 못하고 오직 자신에게서 즐거움을 찾기 때문이다. 그는 하나님에게서 발견한 즐거움이 자신의 삶에 어떤 즐거움을 주는지 알지 못한다. 진정한 신자는 하나님을 즐거워하는 것으로부터 자신을 즐거워하는 것으로 나아가는 법을 아는 사람이다.

이렇게 볼 때 사도 바울은 단순히 하나님에 대한 신앙과 자신에 대한 쾌락을 예리하게 분리시키는 이원론적인 이야기를 하고 있는 것이 아니다. 사도 바울이 정작 말하려고 하는 것은 하나님에 대한 즐거움을 알지 못한 채 겨우 자기를 즐기는 차원에 머물고 있는 것이 얼마나 헛되냐 하는 것이다. 다시 말해서 사도 바울은 오직 자기만을 즐거움의 대상으로 삼는 것을 비판함으로써 하나님을 진정한 즐거움의 대상으로 삼아 그것으로 자기의 인생을 즐거워하는 법을 가르치려고 하는 것이다. 이것은 하나님에 대하여도 살고 자신에 대하여도 사는 그야말로 영적인 윈윈(win-win) 작전이다. 이런 사람은 영적으로 살아있기에 육적으로도 살아있다. 아니, 조금 더 정확하게 말하자면 이런 사람에게는 영적으로 살아있는 것과 육적으로 살아있는 것이 구분이 되지 않는다. 이것이 진정한 즐거움이다.

불신자보다 더 악한 자

5 : 8 누구든지 자기 친족 특히 자기 가족을 돌보지 아니하면 믿음을 배반한 자요 불신자보다 더 악한 자니라

기독교는 가정종교다. 말이 조금 이상하게 들릴지 모르겠지만 사실이 그렇다. 기독교가 가정종교라는 사실과 관련

하여 특히 초대교회가 가정에서 시작되었다는 것은 시사하는 바가 크다. 이것은 사도행전과 바울서신을 읽어보면 어김없이 알 수 있다.

사도행전에 의하면 예수 그리스도의 승천 후에 제자들은 다락에 올라가서 기도에 전념하였고, 성령께서 임하신 후에는 성도들이 날마다 집에서 떡을 떼는 교제를 나누었다. 초대교회가 가정에 얼마나 깊이 뿌리를 두고 있었으면 사도 바울도 회심 전에 각 집에 들어가 신자들을 발본색원하려고 했겠는가. 바울서신*을 살펴보면 로마제국의 곳곳에 가정을 중심으로 하는 교회들이 활발하게 움직이고 있었던 것을 발견할 수 있다. 그 가운데는 로마와 고린도에서 아굴라와 브리스길라 부부의 가정, 라오디게아에서 눔바의 가정, 골로새에서 빌레몬의 가정이 교회로 사용되었다. 이 때문에 사도 바울은 여러 지역에서 힘 있게 성장하면서 자신의 선교에 적극적으로 동참하는 이런 가정들을 발견했을 때 칭찬을 아끼지 않았던 것이다.

초대교회*에는 신자들에게 가정과 교회가 별개로 여겨지지 않았다. 이것은 한편으로 위에서 살펴본 바와 같이 교회가 가정에서 시작되었기 때문이기도 하지만, 다른 한편으로 누구든지 가정을 신앙적으로 이끌지 못하면 교회에서 리더로서 일할 자격을 얻을 수 없기

*바울서신은 사도 바울이 하나님의 계시로 여러 도시의 교회에 보낸 13편의 편지(로마서에서 빌레몬서까지)를 망라하는 표현이다. 바울서신에는 여행 중에 기록한 것(여행서신), 감옥 안에서 기록한 것(옥중서신), 목회를 돕기 위해서 기록한 것(목회서신)이 있다. 바울서신은 주로 구원의 교리와 신자의 생활을 주제로 삼는데, 자주 초기 기독교가 맞이하고 있던 현실을 생생하게 보여준다.

*초대교회는 초기 기독교라고도 불리며, 예수 그리스도로부터 시작해서 사도 요한까지 이르는 주후 1세기의 교회를 가리킨다. 이 시기는 예수 그리스도의 구속, 사도들의 활동, 교회의 형성, 신약성경의 기록 같은 중대한 일들이 일어났다.

때문이기도 하였다. 사도 바울이 디모데에게 보내는 첫째 편지의 중간에서 감독과 집사에 대하여 논하면서 가정을 잘 지도하는 것을 매우 중요하게 생각했던 사실을 기억하자. 사도 바울에 의하면 감독은 "자기 집을 잘 다스려 자녀들로 모든 단정함으로 복종케 하는 자"(딤전 3:4)이어야 하며, 집사는 "자녀와 자기 집을 잘 다스리는 자"(딤전 3:12)이어야 했다. 그러므로 가정과 교회의 긴밀한 관계는 아무리 강조해도 지나치는 법이 없다. 사도 바울은 가정이 신앙으로 바로 서야 교회도 안전하다고 생각했던 것이다.

이쯤 되면 우리는 사도 바울이 "누구든지 자기 친족 특히 자기 가족을 돌보지 아니하면 믿음을 배반한 자요 불신자보다 더 악한 자니라"고 말한 이유를 어렵지 않게 파악할 수 있다. 기독교는 가정종교다. 기독교는 가정에서 출발하였고, 기독교 지도자의 역할은 가정을 신앙으로 지도하는 것에서 시작되었다.

그래서 가정을 돌보는 것은 기독교가 어디에서 출발하였는지 그리고 기독교 지도자의 역할이 어디에서 시작되었는지 이해하는 것이다. 바꾸어 말하자면 가정을 돌보지 않는 것은 기독교의 뿌리를 부인하는 것이며, 기독교 지도자의 역할의 원천을 부인하는 것이 된다.

사도 바울은 가정을 돌보지 않는 사람을 가리켜 한마디로 "믿음을 배반한 자"라고 불렀다. 이것은 얼마나 험악한 말인가! 가정을 돌보지 않는 자는 배도자와 다를 바가 없다. 사도 바울에 의하면 가정을 돌보지 않는 행위는 인간의 윤리에만 어긋나는 것일 뿐 아니라 신의 도리에도 거슬리는 것이었다.

그런데 사도 바울의 험악한 말은 여기에서 그치지 않는다. 사도 바울은 가정을 돌보지 않는 사람을 "불신자보다 더 악한 자"라고 규정했다. 이것은 사도 바울이 다른 곳에서는 잘 사용하지 않는 정말 무서운 표현이다. 세상에 사람의 말로는 형언할 수 없을 정도로 별별 악한 일이 아무리 많다고 하더라도 사도 바울이 보기에 하나님을 믿지 않는 것보다 더 악한 일은 또 다시 없었다. 불신은 악 중에 악이며 죄 중에 죄다. 그러나 이런 악 중의 악이며 죄 중에 죄인 불신까지도 가정을 돌보지 않는 행위 앞에서는 자리를 양보한다는 것이다.

가정을 돌보지 않는 행위는 더 이상 아무 것에도 비길 데가 없는 악이며 죄다. 도대체 가정을 돌보는 것이 얼마나 소중한 일이면 사도 바울은 이런 거친 표현까지 마다하지 않았을까.

지금까지 사도 바울의 말을 설명하기 위해서 여러 문장을 썼다. 하지만 사도 바울이 말하고자 하는 내용은 그리 복잡한 것이 아니다. 신자라면 마땅히 가정을 돌봐야 한다는 것이다. 가정은 어떤 것과도 비교할 수 없을 정도로 소중하다. 가정이 무너지면 교회도 무너진다. 기독교는 가정종교이기 때문이다.

인명부

5 : 9a 과부로 명부에 올릴 자는 나이가 육십이 덜 되지 아니하고 한 남편의 아내였던 자로서

우리에게는 고대문명을 얕잡아 보려는 경향이 있다. 그러나 이것은 크나큰 오해에서 비롯된 것이다. 고대문명은 그렇게 호락호락한 것이 아니다. 거기에서 우리가 만들어 낼 수 없는 문자가 나왔고, 우리는 수학, 기하학, 천문학, 철학 그 외에 수많은 문명을 거기에 빚지고 있다. 마찬가지로 우리는 자주 초대교회를 원시적인 것으로 치부하는 오류를 저지른다. 이것도 오해 중의 오해이다. 초대교회를 절대로 허술하게 생각해서는 안 된다. 비록 초대교회가 규모에 있어서는 우리 시대의 교회와 비교할 수 없을 정도로 매우 작은 것이었지만 질적인 면에서 있어서는 여러모로 우리를 앞지르고 있었기 때문이다. 바로 그 앞지름 가운데 하나가 교회의 조직 또는 구조와 관련된 것이었다.

초대교회는 조직적이며 구조적인 교회였다. 초대교회는

우리와 달리 그 나름대로 탄탄한 체계를 소유하고 있었다. 사도들을 구심점으로 하여 아래로 퍼져가듯이 시리아, 이집트, 소아시아, 그리스, 로마에 이르기까지 포괄적인 네트워크는 정말 놀랍게도 정교한 것이었다. 사실 이것은 사람의 머리에서 의식적으로 구상된 조직과 구조는 아니었다. 이것은 일종의 하나님의 은혜로부터 시작한 신적 체계로서 비조직적 조직이었으며 비구조적 구조였다. 그러나 이것은 심지어 시스템으로 말하자면 가히 압권이라고 부를 수 있었던 로마정부조차도 두려워한 조직과 구조였다. 그래서 핍박의 시기에 로마정부는 실낱같으면서도 산산이 땅 속 깊게 파고드는 나무뿌리처럼 잘 짜인 초대교회를 추적하기 위해서 전전긍긍했었다. 이 때문에 로마정부는 마침내 초대교회의 비조직적 구조와 비구조적 조직 속으로 전문적인 스파이까지 침투시켰던 것이다.

초대교회의 조직과 구조에 관해서 말하려면 지면이 모자란다. 단지 한 가지만 언급하자면 그것은 특히 인명부와 관련해서 잘 드러난다. 초대교회에는 인명부라는 것이 있었다. 우리가 잘 알다시피 초대교회를 이끄는 사역자들의 인명부 가운데 열두 사도 인명부는 아주 유명한 것이었다. 또한 예루살렘 교회에는 사도들 외에도 누구나 인정하는 일곱 명의 사역자들이 있었고, 이와 비슷하게 안디옥 교회에서도 다섯 명의 선지자와 교사들이 주도적인 역할을 담당하였다. 사도 바울이 로마서를 마치면서 로마 교회를 대표하는 사역자들의 이름을 열거하는 인명부는 매우 인상적이다. 사도행전에는 사도 바울이 제3차 전도여행을 마치고 아시아로 가는 길에 동행한 사람들의 이름이 언급된다: 베뢰아 사람 부로의 아들 소바더, 데살로니가 사람 아리스다고와 세군도, 더베 사람 가이오와 디모데, 아시아 사람 두기고와 드로비모(행 20:4). 이 인명부에서 흥미로운 것은 사역자들의 출신지역까지 명시되어 있다는 점이다.

여기에서 초대교회의 인명부와 관련하여 한 가지 더 재미있는 사실을 발견한다. 그것은 초대교회가 대적자들의 인명부도 가지고 있었다는 사실이다. 예를 들어 사도 바울은 디모데에게 보내는 둘째 편지에서 부겔로와 허모게네(딤후 1:15), 후메내오와 빌레도(딤후 2:17), 구리 장색 알렉산더(딤후 4:14) 같은 대적자들의 이름을 자세히 제시한다. 이것은 이들과 유사한 대적자들에 의하여 공격을 당하는 실수를 반복하지 않도록 경계해야 할 대상을 적시하고 있는 것이다.

어쨌든 초대교회의 인명부를 살펴보면 초대교회가 얼마나 신중하고 정확했는지 알 수 있다. 초대교회는 사도 인명부, 사역자 인명부, 동역자 인명부 등을 작성함으로써 역사적인 교훈을 남겼다. 인명부는 후세의 신자들이 예수 그리스도의 교회를 이루고 그의 복음을 위해 사역함에 있어서 어떤 사람을 모범으로 여겨야 하는지 알려준다. 오고 오는 시대의 신자들은 초대교회의 인명부를 보면서 교회를 위하여 일하면서 누구를 본받아야 할지 배우게 된다. 우리는 특히 인명부에 세밀하게 기록된 적요(摘要) 사항들을 통하여 하나님의 일군들이 갖추어야 할 자격과 조건을 교훈 받는다. 이런 점에서 초대교회는 인간의 사상이 아니라 하나님의 은혜 가운데 체득한 신적 역사의식을 가지고 있었다고 말할 수 있다. 우리는 바로 이런 인명부에서 절대로 경시할 수 없는 초대교회의 한 가지 체계를 본다.

제대로 된 종교

5 : 9b – 10 과부로 명부에 올릴 자는 나이가 육십이 덜 되지 아니하고 한 남편의 아내였던 자로서 선한 행실의 증거가 있어 혹은 자녀를 양육하며 혹은 나그네를 대접하며 혹은 성도들의 발을 씻으며 혹은 환난 당한 자들을 구제하며 혹은 모든 선한 일을 행한 자라야 할 것이요

비록 신학자들이 명명한 것이긴 하지만, 초대교회에는 철두철미하게 신자들의 도덕을 유지하기 위하여 미덕목록과 악덕목록이라는 것이 있었다. 이런 목록들은 어느 누가 앞장서서 만들어낸 것은 아니다. 누가 먼저라고 할 것 없이 초대교회에는 신자라면 최소한 이런 윤리적인 조건을 갖추어야 한다는 생각이 지배적이었던 것 같다.

이것은 초대교회가 신앙만큼이나 도덕에도 목숨을 걸었다는 것을 의미한다. 아니, 더욱 분명하게 말하자면 초대교회에는 신앙과 윤리가 분리되지 않았고, 믿음과 삶이 구분되지 않았다. 신앙을 강조하는 것 자체가 윤리이고, 삶을 강조하는 것 자체가 믿음이었다. 초대교회는 믿음과 삶을 쪼개려 하는 것은 몸과 영혼을 쪼개려 하는 것과 같다고 생각하였다.

몇 가지만 간단히 예를 들면 미덕목록은 로마서 12:9-18과 에베소서 5:9에서, 악덕목록은 로마서 1:29-31과 에베소서

4:31; 5:3-5에서 살펴볼 수 있다. 사도 바울은 갈라디아서에서 악덕목록(갈 5:19-21)과 미덕목록(갈 5:22-23)을 나란히 배열함으로써 그 대조를 극명하게 보여주었다. 목회서신에도 미덕목록(딤전 3:1-13)과 악덕목록(딤전 1:9-10)이 나온다. 미덕목록에 나오는 단골메뉴는 사랑, 인내, 충성, 화평 같은 것들이며, 악덕목록에서 자주 등장하는 것은 음행, 사기, 다툼, 교만 같은 것들이다.

이제 사도 바울은 명부에 올릴 여신자들을 언급하면서 선한 행실의 증거를 조건으로 삼았다. 사도 바울이 생각한 여신자의 선한 행실이란 좋은 아내, 자녀양육, 나그네 대접, 성도들의 발을 씻기는 것, 환난 당한 자들을 구제하는 것, 그 외에 모든 선한 일을 추구하는 것이었다.

이것은 사실상 앞에서 감독과 집사에게 요구되었던 것과 크게 다를 바가 없다. 단지 차이가 있다면 남자의 특성과 여자의 특성이 고려되고 있다는 것뿐이다. 초대교회에 의하면 미덕은 지도자들에게만 아니라 모든 신자들에게도 요구되는 것이다. 지도자는 도덕적인데 일반 신자는 비도덕적이라든가, 일반 신자는 도덕적인데 지도자는 비도덕적이라는 것은 초대교회가 생각조차 해 볼 수 없는 것이었다.

초대교회는 신앙과 관련해서는 핍박을 받았지만 윤리와 관련해서는 칭찬을 받았다. 종교가 다르다는 이유 때문에 비난을 받는 것은 영광스러운 일이다. 그러나 윤리가 열등하다는 이유 때문에 비난을 받는 것은 수치스러운 일이다. 신앙 때문에는 공격을 받을 수 있어도 윤리 때문에는 공격을 받아서 안 된다. 하나님을 믿는 것 때문에 비난을 받는 것은 얼마든지 좋다. 그러나 세상의 기준에도 미치지 못하는 비윤리적인 삶 때문에 공격을 받는 것은 있을 수 없는 일이다.

이것은 초대교회가 공유하고 있던 일종의 공식과도 같은 것이었다. "죄가 있어 매를 맞고 참으면 무슨 칭찬이 있으리요 그러나 선을 행함으로 고난을 받고 참으면 이는 하나님 앞에 아름다우니라"(벧전 2:20). 이것은 신앙 때문이 아니라 윤리 때문에 공격을 받는 우리의 모습은, 또는 윤리가 망가짐으로써 신앙까지도 별 볼 일 없는 것으로 공격을 받는 우리의 모습은 초대교회와 비교해 볼 때 얼마나 다른가?

초대교회는 이렇게 미덕목록을 제시함으로써 처음부터 제대로 된 종교로 모습을 나타내고 싶었던 것이다. 어쩌다가 생긴 하류종교가 아니라 하나님의 크신 은혜를 받아 심지어 윤리와 도덕까지 고차원적으로 변화된 제대로 된 상류종교로 나타나는 것이 초대교회가 바란 이상이었다(골 3:10). 제대로 된 종교! 우리 시대의 기독교를 향해서도 어렵지 않게 이런 말을 쓸 수 있을까? 소문대로 하면 온갖 악덕이 보란 듯이 활개를 치고 있는 우리 시대의 기독교를 향해서 말이다.

이제 제대로 된 종교이고 싶었던 초대교회로부터 두 개의 천년을 격하고 있는 우리도 제대로 된 종교가 되기 위하여 나름대로 미덕목록과 악덕목록을 작성해야 할 때가 되지 않았나 생각한다. 아니, 그럴 필요 없이 괜한 시간을 버리지 말고 초대교회가 작성해놓은 윤리목록을 철두철미하게 받아들이면 모든 일이 간단해지겠다.

시집 가고자 함이니

5 : 11 - 12 젊은 과부는 올리지 말지니 이는 정욕으로 그리스도를 배반할 때에 시집 가고자 함이니 처음 믿음을 저버렸으므로 정죄를 받느니라

기독교는 금욕종교가 아니다. 기독교인이 되는 것은 세상살이를 완전히 끊고 산이든 들이든 어느 폐쇄된 공간에 갇혀 수도사처럼 생활하는 것이라고 생각하는 사람들이 종종 있다. 이런 사람들은 세상살이에서 멀어질수록 훌륭한 영적인 신자가 된다고 생각을 한다. 사실 이런 생각은 역사적인 문제였다. 기독교 역사를 거슬러 올라가 보면 피세주의*를 염원했던 개인과 단체가 수없이 많았다는 것을 발견할 수 있다. 그리고 이런 생각은 오늘날에도 기독교를 이원론적으로 이해하는 사람들에게서 끊임없이 반복되고 있는 현실적인 문제이다. 우리 주위에 적지 않은 사람들이, 심지어 신앙교육을 잘 받았다고 하는 신자들까지도 기독교를 금욕종교로 받아들이는 오류에서 벗어나지 못하고 있다.

그러나 디모데전서만 잘 읽어보아도 이런 생각이 얼마나 그릇된 것인지 쉽게 알 수 있다. 이미 앞에서 사도 바울은 기독교가 결혼을 금하고 음식을 폐하는 종교가 아니라는 생각을 분명하게 밝혔다. 이것은 사도

＊피세주의 피세주의escapism은 염세주의pessimism의 한 현상으로 아예 세상을 체류할 수 없는 것으로 여기고 탈출하는 생활을 말한다. 대체로 이런 사상을 가진 사람들은 자기들 나름대로 공동체를 만든다.

바울이 이런 경향을 가지고 있는 사람들에게 거센 비판을 가하는 것을 마다치 않았던 것을 볼 때 확실하게 드러난다(딤전 4:3). 특히 사도 바울은 정상적인 결혼생활이야 말로 기독교가 지향하는 올바른 세상살이의 특징들 가운데 중요한 하나임을 강력하게 주장한다. 사도 바울이 감독과 집사는 한 아내의 남편이어야 한다고 말할 때, 더 나아가서 명부에 올릴 과부는 한 남편의 아내이었어야 한다고 말할 때, 이런 생각을 잘 보여주고 있는 것이다.

그러므로 여기에서 사도 바울이 젊은 과부들은 정욕으로 그리스도를 배반할 때에 시집가고자 하기 때문에 명부에 올리는 것을 거절하라고 말했을 때(11), 기독교를 금욕주의에 편승시키려고 했던 것이 아님을 알아야 한다. 젊은 과부가 다시 결혼하는 것은 잘못된 일이 아니다. 사도 바울은 이것을 금지하기는커녕 오히려 적극적으로 권장하고 있다. "나는 젊은(과부들이) 시집가서 아이를 낳고 집을 다스리기를 바란다"(딤전 5:14). 사도 바울이 젊은 과부들을 거절하라고 말하는 이유는 이들이 마치 결혼문제에는 초연한 것처럼 행동하면서 주님께만 헌신하겠다고 장담하고는 결국 시집가버릴 수 있기 때문이다. 다시 말해서 젊은 과부들이 결혼하는 그 자체에 잘못이 있다는 말이 아니라, 결혼을 포기하고 주님을 따르겠다고 한 후에 결국은 결혼하는 것이 잘못이라는 말이다. 그래서 사도 바울은 이런 행동을 가리켜 "그리스도를 배반하는 것"(11)이며 "처음 믿음을 저버리는 것"(12)이라고 불렀다. 젊은 과부들이 처음부터 재혼을 통하여 주님께 영광을 돌리겠다면 그것은 좋은 일이다. 왜냐하면 그것은 사탄에게 기회를 주지 않는 것이 되기 때문이다. 그러나 처음에는 주님께 헌신하기 위하여 결혼도 고사하겠다고 결심한 후에 결국은 시집을 가는 것은 좋은 일이 아니다. 그것은 그리스도를 배반하는 것이며 처음 믿음을 저버리는 것이다.

사도 바울은 그리스도를 배반하는 것과 처음 믿음을 저버리는 이유를 정욕 때문이라고 간주하였다. 사실 여기에 사용된 정욕이라는 말이 꼭 성적인 욕구를 가리키는 것만은 아니다. 이 단어는 무엇인가에 과욕을 부리는 태도를 의미할 때 사용된다. 예를 들어 사치에 과욕을 부린다든가 하는 경우이다(계 18:7,9 참조). 그런데 여기에서는 이 단어가 결혼이라는 말과 함께 사용되고 있기 때문에 문맥상 정욕이라고 번역할 수 있는 것이다. 처음에는 그리스도에 대한 믿음 때문에 결혼도 마다하던 사람이 나중에는 성적인 욕구를 이기지 못하는 모습을 보이는 것은 너무나도 허망한 일이다. 그런데 이런 허망한 일이 어디 정욕과만 관계되는 일이겠는가? 이것은 우리의 모든 세상살이에도 관련되는 일이지 않은가?

기독교가 금욕종교가 아니라는 것을 안다면 세상살이를 신앙적으로 승화시키는 법을 터득해야 할 것이다. 먹는 것도 마시는 것도 주님의 영광을 표현하는 것이 될 수 있다면(고전 10:31), 주님을 위해서 결혼하지 않겠다고 할 것이 아니라, 처음부터 결혼을 주님의 영광을 표현하는 것으로 승화시키는 것이 옳다.

게으름

5 : 13 또 그들은 게으름을 익혀 집집으로 돌아 다니고 게으를 뿐 아니라 쓸데없는 말을 하며 일을 만들며 마땅히 아니할 말을 하나니

게으름에도 가치가 있다. 온몸이 부서질 정도로, 머리도 회전하지 않고, 모든 뼈의 관절이 마비되고, 심지어는 마지막 남은 힘줄마저 더 이상 기능하지 못할 정도로 전력으로 일을 해야 할 때가 있다. 그러나 그 다음에는 휴식이 필요하다. 혼신의 힘을 다해서 전력투구한 후에는 반드시 여유 있게 쉬어야 한다. 평소보다 잠도 더 많이 자고, 잔잔한 음악을 듣거나, 그냥 아무 생각 없이 숲속을 거니는 것이 좋다. 게으르다는 소리를 들을 만큼 게으름을 피워야 한다. 게으름에도 철학이 있고 신학이 있다. 긴장과 이완의 분배를 이해하지 못하는 사람은 철학도 신학도 제대로 하지 못한다. 조임과 풂의 절묘한 조화 가운데 인생의 완성이 있다.

그러나 나쁜 것은 게으름을 익히는 것이다. 사도 바울은 젊은 과부들의 문제를 다루면서 그들의 나태함이 얼마나 큰 병폐인지 지적하였다. 조금 더 정확하게 말하자면 사도 바울이 지적하는 그들의 문제점은 그냥 게으른 것이 아니라, "게으르기를 배운다"(They learn to be idle)는 데 있었다. 사람이란 존재는 가만두어도 게을러지기 일쑤인데, 이 젊은 과부들은 그런 상태를 넘어서 아예 게으르기를 적극적으로 배웠던 것이

다. 이것은 게으름을 몸에 배어버리게 만들었다는 것을 의미한다. 게으름의 습관이란 게으른 것이 뭐가 잘못이냐는 자기 최면으로 시작해서 게으름을 점점 정당화하고 결국에는 게으름을 즐기다가 게으름 그 자체에 무감각해지는 것이다. 게으름이 처음에는 습관이 되고 나중에는 생활이 된다.

사도 바울은 여기에 게으름의 모양 한 가지를 소개하고 있다. 게으름을 배우는 젊은 과부들이 "집집으로 돌아 다닌다"는 것이다. 이 말이 함유하고 있는 첫째 의미는 게으른 자들이 자기 집을 전혀 돌보지 않는 것이다. 사도 바울은 앞에서 여러 차례 자기 집을 돌보는 것의 중요성을 갈파했다(딤전 3:4-5,12). 게으른 자들은 자기 집을 엉망진창으로 내버려둔다. 그 대신에 게으른 자들은 오늘은 이 집 내일은 저 집 이런 식으로 집집마다 돌아다니면서 밥이나 얻어먹고 세상에 흘러 다니는 쓸데없는 이야기를 입에 올리며 잡담으로 하루를 소일한다. 그들은 남의 집 사정을 전혀 고려하지 않는다. 자신들의 나태행각으로 말미암아 다른 집의 규칙적이며 정상적인 삶이 깨지든 말든 그들의 머릿속에는 결례가 된다는 생각이 없다. 집집마다 돌아다니는 게으른 자들은 다른 가정의 프라이버시를 아랑곳하지 않고 고스란히 망가뜨리는 무례함을 저지른다.

그런데 게으른 자들의 폐단이 이쯤에서 그치는 것이 아니라는 데 더 큰 문제가 있다. 사도 바울은 게으른 자들의 잘못을 몇 가지 더 지적한다. "게으를 뿐 아니라 쓸데없는 말을 하며 일을 만들며 마땅히 아니할 말을 하나니." 게으른 자들에 게서 나타나는 추가적인 문제점들 가운데 첫째는 망령된 폄론

✱**장로** 장로는 초기 기독교에서 교회를 지도하는 가장 중요한 리 더십이었다. 집사가 주로 재정을 담당했던 것과 달리 장로는 교육, 예배인도, 치리, 이단방어 등 목회 전반을 책임졌다. 장로 중에 가르 치는 장로는 감독이라고도 불리는 데 특별한 존경을 받는 사람이었 다.

을 일삼는다는 것이다. 이것은 불평을 늘어 놓는다는 뜻이다. 이것은 마땅히 아니할 말 을 하는 것이다. 마치 디오드레베가 장로* 에 대하여 불평을 늘어놓았던 것과 같다(요 삼 10). 게으른 자들의 입에서 나오는 말이

란 결국 불평불만이다. 그들은 자신에게 게으름이라는 치명 적인 문제가 있다는 것을 인정하지 않고 모든 것을 남의 잘못 으로 치부한다. 그들은 사회를 욕하고 교회를 비난한다. 그들 은 친구를 비판하고 동료를 험담한다.

또한 게으른 자들은 일을 만들기만 한다. 그들은 정상적으 로 일하는 데는 관심이 없다. 게으름을 부리고 부리다가 어쩌 다가 나타나서 고작 한다는 것이 다 된 밥에 재를 뿌리는 격으 로 일을 어렵게 만드는 것이다. 교회에도 이런 사람이 꼭 있 다. 사도 바울은 이런 사람을 규모 없는 사람이라고 불렀다. 규모 없는 사람은 도무지 일하지 않고 일만 만드는 자들이다 (살후 3:11). 차라리 나지 않았더라면 좋을 뻔했던 가룟 유다 처럼 차라리 없는 것보다도 못한 사람이다.

부지런함을 전제하지 않는 게으름은 초대교회의 악한 걸림 돌 가운데 하나였다. 게으름이 비단 초대교회의 걸림돌만은 아니리라. 그것은 전력투구란 열심을 버린 채 그저 유유자적 한 삶을 축복이려니 생각하는 우리에게도 걸림돌이기 때문이 다.

배후

5 : 14 - 15 그러므로 젊은이는 시집 가서 아이를 낳고 집을 다스리고 대적에 게 비방할 기회를 조금도 주지 말기를 원하노라 이미 사탄에게 돌아간 자들도 있 도다

육하원칙은 사건의 전말을 이해하는 데 큰 도움을 준다. 누가 언제 어디에서 무엇을 어떻게 왜 했느냐 하나씩 따져 물으면 사건이 훨씬 명확하게 파악된다. 그래서 조리 있게 분석하는 사람들은 이런 여섯 가지 항목을 따라서 사건에 접근한다. 사건분석이 엉망진창이 되었다는 것은 보통 육하원칙에서 벗어난 경우를 가리킨다. 그러나 이와 같은 기본요소를 잘 활용한다고 해서 반드시 사건의 모든 것을 알아냈다고 말하기는 어렵다. 사건마다 내러티브에서 말하는 진행과정이 있기 때문에 기승전결과 같은 흐름을 예의 주시하지 않으면 사건을 정확하게 아는 데 실패하고 만다. 육하원칙이 사건의 점이라면 내러티브는 사건의 선이다. 그런데 이에 더 나아가서 연루된 인물의 심리를 조사하는 것은 사건을 이해하는 데 결정적인 역할을 한다. 이것은 사건의 깊은 내면을 들여다보게 하기 때문이다. 그렇기 때문에 심리파악에서 일반적으로는 과학적인 방식을 사용해야겠지만 때로는 직관이란 것도 필요하다.

사도 바울은 게으름을 익혀 집집마다 돌아다니면서 불평불만을 내뱉고 일을 엉클어뜨리는 젊은 과부들을 보면서 육하원칙, 네러티브, 그리고 심리분석 같은 것으로 설명할 수 없는 더 깊은 문제점을 발견하였다. 물론 젊은 과부들의 모습을 위에서 말한 분석방식으로 어느 정도 확실하게 해부해 볼 수

없는 것은 아니다. 분명히 그들의 행실에는 육하원칙도 있고, 네러티브도 있고, 심리요소도 있다. 그러나 사도 바울은 젊은 과부들에게서 이런 것들을 뛰어넘는 더 무서운 차원을 인식하였다. 그것은 영적 배후였다. 그래서 사도 바울은 "대적에게 비방할 기회를 조금도 주지 말기를 원하노라"(14), "이미 사탄에게 돌아간 자들도 있도다"(15)라고 말했던 것이다.

사도 바울은 젊은 과부들의 행실을 위에서 말한 몇 가지 방법으로 분석하는 것으로 멈출 수가 없었다. 그런 방법들은 그가 생각하기에 피상적인 방법에 불과했기 때문이다. 사도 바울은 문제를 일으키는 젊은 과부들의 악한 생활 뒤에 도사리고 있는 영적인 배후를 간파했다. 게으름을 익히는 그들의 삶 이면에는 더 악한 세력이 숨어있다. 바꾸어 말하자면 젊은 과부들의 몹쓸 행실은 단순히 그들에게서 비롯된 것이 아니라 그보다도 더 악질적인 배후조정자로부터 나온 것이었다. 사건의 진상은 표면에 있지 않고 이면에 있다. 더 악한 배후에서 악한 피상이 나온다. 작은 오류는 큰 오류의 부산물이다. 그래서 작은 악을 인식하는 것보다 더 근본적인 것은 큰 악을 인식하는 것이다.

사도 바울은 게으름을 익히는 젊은 과부들을 조정하는 배후세력이 다름 아닌 대적자 사탄이라는 사실을 포착했다. 사탄의 특징은 대적하며 훼방하는 것이다. 그는 창조이후 지금까지 줄곧 하나님의 은혜를 대적하며 방해하는 일을 해왔다. 그래서 그는 다른 말로 대적자와 비방자라고 불린다. 사탄이 젊은 과부들을 통해서 하나님의 교회를 방해하기 위해서 택한 방식가운데 하나가 게으름을 익히게 하는 것이며 불평하게 하는 것이며 괜한 일만 저지르게 하는 것이었다. 사탄은 사람들이 감지하지 못하도록 방해공작의 강도를 조금씩 높인다. 이렇게 해서 사탄은 결국 우리가 알지 못하는 사이에 하나님을 대적하는 쪽으로 모든 일을 몰아간다.

사도 바울의 말을 따르자면 사탄은 하나님을 대적하고 훼방하기 위해서 항상 기회를 엿보고 있다. 그래서 사도 바울은 사탄에게 "기회를 조금도 주지 말라"고 권면하였던 것이다. 게으름을 익히는 것이 사탄에게 기회를 주는 것이며, 불평하는 것이 대적자에게 틈을 제공하는 것이며, 일만 저지르는 것이 비방자에게 끼어드는 것을 허락하는 것이다. 사탄은 기회의 명수이다. 사탄은 하나님의 일을 방해할 기회를 호시탐탐 노리고 있다. 사탄이 성도가 가장 안정된 상황에서도 틈을 탄다면(창 3:1) 불안한 상황에서 틈을 타는 것이야 더 말해 무엇하겠는가? 바울 같이 위대한 사도가 보살피던 초대교회에도 사탄의 마수가 미쳤다면 오늘날 우리처럼 미력하고 연약한 교회에는 사탄이 얼마나 더 악랄하게 횡포를 부리겠는가?

교회에게
짐 지우지 말라

5 : 16 만일 믿는 여자에게 과부 친척이 있거든 자기가 도와 주고 교회가 짐지지 않게 하라 이는 참 과부를 도와 주게 하려 함이라

자기의 유익을 챙기려고 교회를 이용하는 자들은 참으

로 악하다. 교회가 어지럽게 되는 원인가운데 하나는 바로 이런 자들이 끊임없이 등장한다는 데 있다. 때때로 이런 자들은 아주 신앙심이 좋은 것처럼 보인다. 그들은 교회 안에 깊이 뿌리를 박고 가장 안전한 자리를 차지하며 교회와 밀착하면서 악착같이 기생한다. 그들은 교회의 생리를 너무나 잘 알기 때문에 칭찬받을 곳과 비난받을 곳을 약삭빠르게 알아채고 절대로 손해를 당하지 않는 쪽을 택한다. 그들은 교회를 누구보다도 사랑하는 것처럼 말하고 행동하므로 사람들이 한 눈에 알아보기가 어렵다. 그들은 교회에서 자기에게 유익이 되는 일이라면 끈질기게 달라붙어 마침내는 자기를 위한 목적을 이룬다.

교회를 이용해서 자기의 유익을 챙기는 자들은 단순히 공과 사를 구별하지 못하기 때문이 아니다. 가끔은 순전히 공사를 구별하지 못하는 바람에 교회를 이용해먹은 결과를 일으키는 경우가 없지 않다. 그것은 그래도 눈감아 줄 수 있는 경우이다. 또한 그럴 마음을 품지는 않았는데 어찌하다 보니 교회의 일이 자기에게 유익이 되는 경우도 있다. 삶이란 그렇게 간단한 것이 아니기 때문에 복잡한 상황가운데 이런 일이 벌어질 수 있고, 그래서 그런 일은 용서받을 수 있다. 하지만 의도적으로 교회를 이익의 재료로 사용하는 처사는 악하다. 온갖 치장을 다하여 겉으로는 신앙이 깊은 것처럼 행동하지만 결국은 자기의 유익을 챙기고 교회에는 짐만 지우는 자는 정말로 악하다.

과부에 관하여 자세한 교훈을 제시하던 사도 바울이 말미에 교회에 짐을 지우지 말라는 말로 골인한 것은 매우 의미심장하다. 사도 바울은 믿는 여자가 스스로 과부친척을 도와주지 않고 교회에 짐 지우는 것은 옳지 않다고 말한다. 왜냐하면 이런 행위는 교회가 정작 해야 할 일을 방해하는 것이 되고 말기 때문이다. 이때 교회는 아무 친척이 없어 오직 하나님께만 소망을 두고 있는 외로운 참 과부(딤전 5:5 참조)를 도와주는 일에 어려움을 겪게 된다. 교회에 짐을 지우는 것은 교회의 진로를 막는다는 점에서 심지어 사탄의 행위라고 규정할 수 있을지도 모른다. 실제로 교회에 짐을 지우는 행위에 관한 사도 바울의 지적은 바로 앞에서 대적자 사탄을 언급한 것에 이어지고 있다는 사실에 주목해야 한다(딤전 5:14-15 참조). 다시 말해서 대적자 사탄의 악한 작업 중에 한 가지 예는 교회에 짐을 지우는 것이라는 의미로 이해할 수 있다.

신자는 자기가 해야 할 일을 교회에 미루어서는 안 된다. 자기가 하기에는 너무나 귀찮기 때문에 교회에 일을 떠맡기는 것은 나쁘다. 자기를 즐기는 데 시간을 다 소모하고는 시간이 없다는 핑계로 자기의 일을 교회에 넘겨버리는 것도 나쁘다. 자기의 돈이 드는 것이 아까워서 교회의 경비를 빼 쓰는 것도 나쁘다. 조금 더 분명하게 말하자면 자기의 유익을 챙기겠다고 교회를 이용해서는 안 된다. 교회를 통해서 장사하는 것, 예를 들어 교회를 통해서 자기의 고객을 확보하려는 심보는 악하다. 교회를 선거의 표밭으로 만드는 것이나 인기몰이를 위한 도구로 전락시키는 것도 악하다. 소설이든 영화든 교회를 돈벌이의 재료로 삼는 것도 악하다. 이런 행위의 배후에는 모두 대적자 사탄의 조종이 숨어있다.

자기를 즐기는 경비를 교회에 물리는 목사, 자기가 파는 물건을 교회에 강매하여 들여놓는 장로, 교회의 물건을 마치 제 물건인 것처럼 사용하는 집사, 하다못해 교회의 정수기 물을 통으로 받아다 제 집 식수로 사용하는 성도, 이것은 모두 대적자 사탄의 짓거리를 하고 있는 것임을 알라. 불행하게도 우리 가운데 교회를 훼방할 기회를 노리는 대적자 사탄에게서 먼 사람은 아무도 없다. 우리가 아주 짧은 한 순간이라도 자기의 유익을 위해서 교회를 이용한다면 우리는 벌써 사탄의 편에 서 있는 것이 된다. 그래서 자기가 짐을 지지 않기 위해서 교회에 짐을 지우는 것은 우리가 애써 피해야 할 일이다.

교회와 가장 가까이 있는 중에도 사탄과 가장 가까울 수 있다는 사실은 이해하기 어려운 것인가?

갑절의 존경

5 : 17a 잘 다스리는 장로들은 배나 존경할 자로 알되 말씀과 가르침에 수고하는 이들에게는 더욱 그리할 것이니라

종종 우리는 하나님이 직접 신기한 능력을 베풀기를 즐겨하신다고 생각한다. 그러나 이것은 큰 오해 가운데 하나이다. 성경을 봐도 역사를 봐도 하나님은 직접 능력을 베푸시기보다 대체로 사람을 통해서 일하신다는 것을 어렵지 않게 확인할 수 있기 때문이다. 특히 교회와 관련하여 이런 현상은 두드러지게 나타난다. 하나님께서는 교회를 이끄시기 위하여 처음부터 지금까지 끊임없이 지도자들을 세우셨다. 그런데 교회의 지도자 중에 매우 중요한 위치를 차지하는 것 하나가 장로라는 직분이다. 장로 직분은 하나님께서 교회를 목양하기 위해서 이미 구약시대에 주신 것이지만 신약시대에 와서는 더욱 분명한 성격을 띠게 되었다. 장로 직분은 하나님께서 세우신 것이라는 점에서 교인을 대표하는 것이 아니라 하나님을 대리하는 것이다. 만일에 장로가 교인의 대표자라면 목에 힘

을 줄 수 있겠으나 하나님의 대리자이니 만큼 언제든지 겸손할 수밖에 없다. 그는 제멋대로 행동해서는 안 되고 항상 하나님의 뜻을 사려해야 한다. 오늘날 교회에 수많은 갈등과 혼란이 발생하는 이면에는 이런 간단한 가르침 하나를 제대로 알지 못하는 무지가 있다.

그런데 장로는 하나님에 의하여 세우심을 받았다는 사실에서만 권위를 찾으면 안 된다. 물론 하나님의 세우심에 이미 장로의 기본적인 권위가 보장된다는 것은 맞는 말이다. 하지만 장로는 이런 기본적인 권위에 만족할 것이 아니라 두 배의 존경을 받는 자리로 나아가야 한다. 장로에게는 뉘앙스가 조금 다르기는 하지만 복지부동이란 것이 어울리지 않는다. 장로는 제 자리 걸음과 무관한 사람이다. 장로의 사전에는 자만(自滿)이란 단어가 없다. 장로에게 "그만하면 됐다"는 생각은 금물이다. 전진하지 않는 것도 비상하지 않는 것도 장로가 반드시 피해야 할 사항들이다. 장로는 달려가든지 날아가든지 배나 존경을 받는 사람이 되어야 한다. 사도 바울은 바로 이것을 의도했다. "잘 다스리는 장로들은 배나 존경할 자로 알아라"(17).

그렇다. 장로는 갑절의 존경을 받을만한 사람이 되기 위해서 노력해야 한다. 그런 자격을 갖추기 위해서 부단히 애를 써야 한다. 그런데 사도 바울은 여기에서 어떤 장로가 두 배의 존경을 받기 위해서 노력을 해야 하는지 알려준다. 그것은 "잘 다스리는 장로들"이다. 이 표현은 언뜻 보면 논리적으로 약간 이상한 듯이 보인다. 사도 바울은 장로가 갑절의 존경을 받기 위해서(결과) 잘 다스려야 한다(원인)고 말하지 않고, 잘 다스리는 장로들은(결과) 갑절의 존경을 받기에 합당해야 한다(또 다른 결과)고 말하기 때문이다. 사도 바울의 진의는 장로가 잘 다스리는 사람일 때만 갑절의 존경을 받기 위해 노력하는 것이 의미가 있다는 것이다. 잘 다스리는 장로가 아니면 갑절의 존경을 받기 위해 노력하는 것 그 자체가 무의미하다. 장로의 역할을 제대로 수행하지 못하면서 존경받기만을 구하는 것은 얼마나 어리석은가.

갑절의 존경과 관련해서 사도 바울이 말하는 장로의 역할은 그다지 복잡한 것이 아니다. 오히려 그것은 너무나도 간단해서 우리를 어리둥절하게 만든다. 우리말로는 "다스리다"로 번역된 단어는 점점 여러 가지 파생적인 뜻을 가지게 되었지만 본래는 "앞에 서다"라는 단순한 의미를 가진다. 그러니까 순전히 원래의 의미대로 읽자면 장로의 제일차 역할은 앞에 서는 것이다. 장로는 앞장 서는 사람이다. 장로의 자리는 앞이다. 이것은 장로가 뒷전에 물러서는 것은 적합하지 않다는 것을 가리킨다. 뒷걸음치는 것은 더더욱 안 된다. 장로는 모범적이어야 한다. 장로에게는 선도적인 기능이 중요하다. 이것은 장로가 진취성을 가져야 한다는 것을 의미한다. 장로는 가만 내버려두면 언제나 발동되는 퇴행성과 치열하게 싸워야 한다.

사도 바울은 갑절의 존경을 받을만한 장로의 역할을 설명하면서 한 단어를 덧붙였다. "잘." 이것은 비록 한 단어에 지나지 않지만 무한의 의미를 띠면서 많은 것을 생각하게 만든다. 촌철살인의 단어이다. 과연 우리는 "잘"이라는 단어 앞에서 무사히 견딜 수 있을지.

말씀과 가르침에
수고하는 자

5 : 17b 잘 다스리는 장로들은 배나 존경할 자로 알되 말씀과 가르침에 수고하는 이들에게는 더욱 그리할 것이니라

목회란 무엇인가? 목회 개념은 시대마다 그리고 관점마다 바뀔 수 있는 것일까? 솔직히 말해서 목회는 어느 시대에 전개되며 누가 바라보느냐에 따라 다르게 이해될 수 있고, 또 다르게 이해되어야 한다. 오늘날 어느 목사가 갓 쓰고 집신 신고 목회를 하겠다고 고집한다면 또 성도들이 목사에게 그렇게 목회하기를 요구한다면 그것은 정말이지 시대착오적인 오류에 지나지 않는다. 게다가 최첨단 장비를 갖춘 도시목회에 익숙한 목사가 농촌교회를 섬기면서 겨우 한글을 깨우친 노인들에게 매일 홈페이지에 들어와서 자기의 설교를 다시 들으며 공부하라고 강요한다면 이것은 이만저만한 어불성설이 아니다. 목회는 시대에도 맞아야 하고 대상에도 맞아야 한다. 이런 의미에서 볼 때 분명히 "오늘의 목회"와 "여기의 목회"란 것은 있다.

하지만, 하지만 목회의 이런 현장성에도 불구하고 동서고금을 논할 것 없이 모든 목회에 항상 바탕이 되는 것을 한 가

지 기억해야 한다. 그것은 말씀을 가르치는 것이다. 말씀을 가르친다는 것이 꼭 설교만을 의미하는 것은 아닌 것 같다. 물론 목회에서 설교의 귀중성은 백 번 강조해도 틀림이 없다. 그러나 평범하게 대화를 나누는 자리에서도, 이메일이나 문자 메시지를 보내는 중에도, 심지어는 길을 지나가다가 인사를 나누는 때도 목사에 의해서 말씀이 가르쳐져야 한다. 목회란 시대가 변하고 공간이 달라져도 말씀을 가르치는 것을 근본으로 삼는다. 그러므로 우리는 그것을 목회의 뿌리라고 불러도 괜찮을 것이다.

사도 바울은 잘 다스리는 장로가 갑절로 존경받아야 한다고 말하는 대목에서 이 점을 주지시키고 있다. "말씀과 가르침에 수고하는 이들에게는 더욱 그리할 것이니라(갑절로 존경을 받아야 한다)." 사도 바울의 마음속에는 다스리는 장로와 가르치는 장로가 구분되어 있었던 것이 분명하다. 가르치는 장로란 오늘날로 하자면 목사를 일컫는다. 여기에서 사도 바울이 말씀과 가르침을 왜 나누어 말하는지는 잘 모르겠다. 이 두 단어는 구태여 구별해야 할 필요가 없는 비슷한 말이라는 점을 생각할 때, 혹시 사도 바울에게 같은 말을 되풀이함으로써 강조하려는 의도가 있었던 것이 아닌가 추측하게 된다. 다시 말하자면 사도 바울은 유사한 단어를 두 번 사용하여 가르치는 장로의 근본적인 사명이 무엇인지를 밝혀주고 있다는 것이다.

목사(가르치는 장로)는 교사가 되어야 한다. 그러나 지금은 목사가 교사보다는 연출자의 길을 택하는 경우가 많다. 목사 자신도 그 길을 욕심내고 성도들도 목사에게 그런 길을 가기를 요청한다. 가르치는 사명을 내팽개치고 무대 위에서 공연하듯이 목회하는 목사들도 문제지만, 교사보다는 매니저처럼 행동을 하는 목사를 선호하는 성도들도 잘못이다. 그러다 보니 목회는 어느덧 무대공연이나 사업과 다를 바 없는 것이 되어버리고 말았다. 목사는 연출과 경영을 배우는 데 혈안이 되고, 신자들은 좋은 게 좋은 거니 생각하면서 아무런 비판정신이 없이 텔레비전의 쇼나 연속극을 보듯이 그냥 무심하게 교회생활을 해나간다. 교훈이 없는 목회는 상품이 빠진 상자와 같다.

목회가 이렇게 근본개념에서 벗어나게 된 원인을 시대와 관점의 변화 때문이라고 정당화해서는 안 된다. 말씀을 가르치는 것은 아무리 시대가 변하고 공간이 달라져도 목회에서 빠뜨릴 수 없는 뿌리이기 때문이다. 목회의 현장성은 언제나 이 근거에서만 이야기될 수 있다. 오히려 목사가 목회의 근본개념에서 이탈한 까닭은 말씀을 가르치는 일에 자신감을 잃어버렸기 때문이라고 말하는 것이 정직한 표현이다. 목사가 더 이상 말씀연구에 전념하지 않을 때 역시 말씀을 가르치는 것에도 열심을 내지 않게 된다. "말씀과 가르침에 수고하는 이들"이라는 사도 바울의 진술에는 교육 뿐 아니라 연구에서 나타나는 수고도 포함하고 있다는 것을 잊어서는 안 된다. 연구하는 목사만이 가르치는 목사가 된다.

오늘날 목사와 교회가 존경받지 못하는 것은 연출이 부족해서가 아니라 진리교육이 결핍되었기 때문이다. 말씀을 공부하지 않는 목사와 교회가 존경을 받는다는 것은 꿈에라도 불가능한 일이다.

존경하려는 마음

5 : 17c 잘 다스리는 장로들은 배나 존경할 자로 알되 말씀과 가르침에 수고하는 이들에게는 더욱 그리할 것이니라

하교시간에 중학교에 다니는 여학생 한 무리가 소란을 피우며 우 몰려와 마을버스를 탄다. 버스기사는 출발시간이 지체되자 아이들에게 꾸물거리지 말고 빨리 타라며 짜증 섞인 목소리로 재촉을 한다. 몇몇 여학생이 버스에 올라타 안쪽으로 이동하면서 버스기사에게 들으라는 듯이 입에 올리기에도 민망할 정도로 심한 욕지거리를 해댄다. 언뜻 보기에도 버스기사는 여학생들에게 아버지뻘이나 될 것 같은데. 차안에 있는 어른들 가운데 누구도 나서지 않고, 심지어 버스기사조차 아무런 반응을 보이지 않는다. 그는 다만 너무나 분이 난다는 표시로 차를 험하게 출발시킨다. 이제는 하루에도 여러 차례 이런 일을 만나는 것이 당연지사가 되었다.

존경상실. 이것은 오늘날 우리가 맞닥뜨리고 있는 사회적인 큰 문제들 가운데 선두에 속하는 문제이다. 존경이란 꼭 윗사람에게만 드려지는 것이 아니다. 물론 윗사람은 존경을 받아야 한다. 어떻게 보면 수많은 우여곡절 끝에도 인생을 포기하지 않고 굳세게 살아온 노인들은 무조건 존경의 대상이 된

다. 자기의 분야에서, 그것이 특수한 것이든 평범한 것이든, 최선을 다하여 전문가가 된 사람은 정말로 존경스럽다. 비록 나이가 어리더라도 학문이나 예체능에서 혁혁한 공을 세운 사람에게 존경을 표하는 것은 절대로 잘못이 아니다. 무엇보다도 교사가 존경을 받아야 한다는 것은 두말하면 잔소리가 될 것이다.

하지만 우리 시대에는 이런 사람들에게라도 그렇게 큰 존경을 표시하지 않는다. 게다가 어느덧 시간은 흘러 심지어 목사까지 존경하지 않는 때가 되었다. 목사가 존경을 받지 못하는 것은 일차적으로 목사 자신에게 원인이 있다. 신앙과 인격과 생활에서 존경받을만한 모습을 보이지 않기 때문에 목사가 존경을 받지 못하는 것이다. 그러나 이와 더불어 또 한 가지 놓쳐서는 안될 사실이 있다. 그것은 어느새 신자들마저도 존경을 상실한 시대의 물결에 휩쓸리고 있다는 것이다. 다르게 표현하자면, 신자들도 절대적인 것은 없고 모든 것이 상대적일 뿐이라는 상대화의 정신에 오염되었다.

사도 바울이 "잘 다스리는 장로들은 배나 존경할 자로 알되 말씀과 가르침에 수고하는 이들에게는 더욱 그러할 것이라"고 말한 것은 존경을 상실한 시대를 예견했기 때문이 아닐까. 장로가 존경을 받아야 한다는 말속에는 사람들이 장로를 존경하는 마음을 가져야 한다는 의미도 들어있다. 존경의 조건은 대상에도 관련되지만 주체에도 관련된다. 존경받는 사람에게도 존경의 조건이 필요하고, 존경하는 사람에게도 존경의 조건이 필요하다. 아무리 존경하려고 해도 그 대상이 존경받을 만한 사람이 아니면 존경할 수 없듯이, 아무리 존경받을만한 사람이라 해도 아무도 존경하지 않으면 존경받을 수 없다. 그래서 존경의 대상도 조건을 갖추어야 하듯이, 존경의 주체도 조건을 갖추어야 하는 법이다.

우리는 존경하려는 마음, 존경을 표현하려는 마음을 회복해야 한다. 오래 전 정암 박윤선 박사는 신학교에서 때때로 새파랗게 젊은 목사들이 설교를 해도 맨 앞자리에 앉아 설교를 받아 적으면서 아멘을 연발하곤 했다. 목사들이 설교를 잘했기 때문이 아니며, 정암이 무식했기 때문은 더더욱 아니다. 언젠가 우리가 그에게 물었을 때 그의 대답은 의외로 간단한 것이었다. 설교하는 목사는 무조건 존경받을만한 사람이며, 목사의 설교는 무조건 존경받을만한 것이다! 정암이 설교학 시간에 우리의 습작 설교에 보여준 예리한 비판은 아직도 가슴을 떨게 만든다. 그러나 우리가 너무 심한 것이 아닌가 생각들 정도로 그렇게 난도질하는 정암의 설교비판 앞에 머리를 숙인 까닭은 그가 설교자에 대하여 평소에 보여준 진심 어린 존경 때문이었다.

그렇다. 비판은 나중이고 존경이 먼저다. 존경을 표현하지 않는 사람은 비판을 표현할 자격이 없다. 존경이 빠진 비판은 악마적인 것이다. 존경을 상실한 상대화의 시대에 살고 있는 우리는 조금씩 수치가 증가하는 매연에 오염되듯이 시대정신에 오염되어 존경하려는 마음을 점점 뒤로 하고 비판하려는 마음을 앞에 점점 두고 있다.

소의 입

5 : 18 성경에 일렀으되 곡식을 밟아 떠는 소의 입에 망을 씌우지 말라 하였고 또 일꾼이 그 삯을 받는 것은 마땅하다 하였느니라

터부(taboo)는 교회에도 있다. 요즘 들어 교회에는 말해서 안 될 금기사항들이 더 많이 늘어나는 듯이 보인다. 어떤 교인에게 그의 자녀들이 학교생활이나 결혼생활을 잘하고 있는지 물어보는 것은 일종의 금기이다. 어떤 여신자에게 그녀의 남편이 사회생활에서 성도로서의 품위 있는 모습을 유지하고 있는지 물어보는 것은 더욱 큰 실례이다. 심지어는 교회의 지도자급에 있는 사람들에게 규칙적으로 성경을 읽는지, 기도생활을 잘하는지, 신자의 이런 가장 기초적인 삶에 관해서 물어보는 것도 쉽지 않은 일이다. 신자들의 세계에 숨기고 감추는 것이 더 많아지고, 그러다 보니 다른 사람들이 나의 사생활에 관심을 가지는 것을 점점 더 부담스럽게 여겨진다.

교회에서 말해서는 안 될 금기사항 가운데 가장 큰 것 하나는 목회자의 생활비에 관한 것이리라. 사실 이것은 터부 중의 터부이다. 목회자의 생활비가 얼마나 되는지 아는 신자는 흔하지 않다. 게다가 이런 문제에 관심을 가지는 신자는 겨우 손꼽을 정도이다. 목회자의 경제생활에 얼마나 무관심한지 때때로 성도들은 목회자가 알아서 잘 살겠거니 생각하는 것처럼 보인다. 다시 말해서 하나님께서 목회자의 먹고 마시는 것

을 어련히 책임져주시지 않겠냐는 막연한 확신이 신자들을 붙잡고 있다. 그리고는 애써 이런 문제를 자신의 관심 밖으로 내몰아버린다. 놀랍게도 신자들 가운데는 목회자의 경제적인 삶에 대하여 관심을 가지는 것이 마치 무슨 불경죄라도 짓는 것으로 여기는 사람들도 있다.

그러나 목회자의 생활비는 반드시 꺼내놔야 할 화제이다. 이 문제를 다루기에 앞서 먼저 한 가지 말하고 싶은 것은 목회자가 물질에 대한 자세를 분명히 해야 한다는 것이다. 신자들이 목회자의 생활비에 너무 무심한 것도 문제이지만, 목회자가 자신의 생활비에 너무 욕심을 부리는 것도 문제이기 때문이다. 목회자는 자신의 분수를 지킬 줄 알아야 한다. 많은 경우에 이것이 목회자의 품위를 결정한다. 우리는 많은 목회자들이 물질적인 분수를 넘어섬으로써 그 동안 쌓아온 인격과 권위와 존경을 한꺼번에 허물어버리는 것을 자주 본다. 그래서 물질에 대한 욕심은 목회자가 일생동안 싸워야 할 최대의 적이라고 불러도 과언이 아니다.

어쨌든 목회자의 생활비는 누구나 말하기 싫어하지만 누군가가 끄집어내야 할 주제이다. 경제적인 결핍상태 때문에 제대로 목회하기 어려운 목회자로부터 심지어는 삶을 영위하기조차 힘든 목회자들이 적지 않다. 담임목회자에서 부교역자로 눈을 돌리면 이런 현상은 더욱 심각해진다. 사실 이것은 교회의 규모 때문에 발생하는 문제가 아니라 성도의 의식 때문에 발생하는 문제이다. 위에서도 말한 것처럼 이런 현상이 벌어지는 데는 목회자의 생활비에 대한 신자들의 무관심이 큰 몫을 차지한다. 게다가 요즘 신자들은 너무나도 이기적이고 비희생적이어서 목회자로부터 영적인 유익을 챙기려고 할 뿐 물질로 참여를 하려고 하지 않는다. 이에 더하여 목회자가 적은 생활비로 살수록 더욱 경건하게 보인다고 생각하는 성도들이 있다는 사실에 실소를 금하지 않을 수 없다. 한마디로 말해서 이것은 신자들의 신앙성숙도 문제인 것 같다.

사도 바울은 이 문제를 쉬쉬하며 감추기보다는 솔직하게 양성화시켰다. 사도 바울에 의하면 목회자를 존경한다면 물질로 그 존경심을 표시하라는 것이다. 곡식을 밟아 떠는 소의 입에 망을 씌우면 안 되듯이, 일꾼이 그 삯을 받는 것이 마땅한 것처럼, 목회자가 목회하기에 충분한 생활비를 받는 것은 당연한 일이다. 이런 말을 하는 사도 바울은 물질에 마음을 뺏긴 염치없는 사람이었는가? 그러면 똑같은 말을 하시며(마 10:10), 더 분명하게 "복음 전하는 자들이 복음으로 말미암아 살리라"(고전 9:14)고 말씀하신 예수 그리스도는?

자기를 위해 물질에 욕심을 내는 목회자도 문제이거니와 목회자에 대하여 물질에 야박한 교회도 문제이다. 목회자만 먹여 살리는 교회가 되어서는 안 되겠지만, 목회자도 먹여 살리지 못하는 교회가 되어서도 안 된다. 하지만 요즘 세대에는 목회자의 입이 소의 입보다도 못한 것이 아닌지……

고발

5 : 19 장로에 대한 고발은 두세 증인이 없으면 받지 말 것이요 지역교회는 단순히 주민들의 반대에 부딪혀 자리를 잡는 데 어려움을 겪을 수도 있다. 또한 공간을 빌려 쓰고 있는 교회가 건물주인의 부도와 같은 사회구조적인 문제로 말미암아 위험한 지경에 빠지기도 한다. 더 나아가서 사회의 전반적인 분위기가 기독교에 적개심을 품을 때 교회는 엄청난 타격을 입는다.

물론 보통 지역교회의 위기는 안에서 생긴다. 무엇보다도 교인들이 이단에 말려드는 것은 지역교회를 혼란에 빠지게 만든다. 어떤 식으로든지 신자들 사이에 갈등이 빚어지면 교회에 당파가 만들어져 큰 소용돌이가 일게 된다. 성도들이 세상살이에 재미가 들어 신앙생활을 등한히 하는 것도 교회에서 작은 문제는 아니다.

그러나 교회의 생존을 위협하는 치명적인 문제는 대체로 목회자들에게서 발생하는 것 같다. 자기의 유익만을 구하는 목회자로 말미암아 교회가 당하는 피해는 이미 익히 알려진 일이다. 게다가 목회자에게 이기심에 게으름과 나태까지 겹친다면 교회가 치러야 할 값은 매우 비싼 것이 된다. 목회자의 부도덕한 윤리적인 문제에 관해서는 더 말할 것이 없다. 그것은 거의 죽음에 가까운 것이기 때문이다.

하지만 이런 문제점들과 더불어 목회자에게 성경실력과 신학이 부재하다는 것은 두고두고 말거리가 된다. 왜냐하면 양식을 공급받지 못하는 교회는 먹지 못해 칭얼거리는 아이처럼 되고 말기 때문이다. 목회자가 기름진 양식을 제공하려고 노력하는 대신에 껍질만 그럴싸한 방법론을 추구하기 시작하면 교회는 거의 끝장에 이르렀다고 볼 수 있다.

사도 바울은 장로를 존경하라고 말하는 단락에서 "장로에 대한 고발"이라는 말을 사용했다. 여기에 담겨진 첫째 의미는 간단히 말해서 장로에 대한 고발이 가능하다는 것이다. 사도 바울은 앞으로 목회자들에게 심각한 문제가 발생할 것을 내다보고 있다. 사도 바울이 받은 하나님의 계시에 한 줌이라도 착오가 있을까. 실제로 역사가 풀어져나가는 동안 교회에는 목회자들과 얽힌 비슷한 문제들이 되풀이되었다.

목회자도 고발에 노출되어 있다. 목회자는 아무런 공격도 받지 않는 성역에 살고 있는 것이 아니다. 마치 사람들이 자신의 문제점을 비판하는 것을 보면서 하나님에 대한 권위의 도전이라고 간주하는 목회자가 있다면, 그는 성경을 몰라도 정말 모르고 있는 것이다. 더 세게 말해서 그런 목회자는 이미 성경의 엄중한 가르침을 떠난 사람이 된 것이다.

하지만 장로에 대한 고발과 관련해서 사도 바울이 말하고 싶은 것은 한 가지로 멈추지 않는다. 여기에는 둘째로 고발을 조심하라는 내용이 담겨져 있다. 그래서 사도 바울은 장로에 대한 고발은 "두세 증인이 없으면 받지 말라"고 덧붙인 것이다. 이 표현은 무심코 들으면 안 되고 조금 면밀하게 살펴볼 필요가 있다.

먼저 목회자의 문제점을 지적하는 데 사람의 수는 매우 중요한 역할을 한다. 잘못하면 목소리 큰 사람 한 명이 마구 지껄여댐으로써 교회가 소란스러워질 수 있기 때문이다. "두세"라는 숫자는 꼭 두 사람이나 세 사람을 가리킨다기보다는 최소한의 복수를 의미한다. 목회자의 문제점을 들출 때는 적어도 성도들 사이에 서로 납득할만한 의견일치가 있어야 한다는 뜻이다.

그런데 더 중요한 것은 "증인"이라는 단어이다. 이 단어는 본래 어떤 일에 목숨을 걸 정도로 책임이 있다는 아주 심각한 뜻을 담고 있다. 말하자면 목회자에 대한 고발은 목회자를 골탕 먹이기 위해서 재미 삼아 만우절에 소방차를 부르는 장난하듯이 해서는 안 된다는 것이다. 신자들은 목회자가 자기의 취향에 맞지 않는다고 해서 또는 자신과 사소한 갈등이 있다고 해서 비판을 꾸며내는 것은 더욱 안 될 일이다.

요즘처럼 이름을 감춘 채 인터넷에 마구잡이로 목회자를 공격하는 글을 만방에 공개하는 것은 부패한 인간의 절정적인 모습을 증명하는 것 밖에는 안 된다. 목회자를 비판하기 전에 그 내용이 목숨을 걸만한 일인가 살펴보아야 하며, 더 나아가서는 목숨을 걸고라도 진언할 수 있는가 살펴보아야 한다.

교회를 파멸시키는 직격탄은 목회자에 대한 신망을 깎는 것이라는 사탄의 교활한 수법을 간파하지 못할 바가 없다.

체벌

5 : 20 범죄한 자들을 모든 사람 앞에서 꾸짖어 나머지 사람들로 두려워하게 하라

내 기억 속에 소풍은 즐거운 것만은 아니다. 소풍 가서 어느 시간이 되면 반별로 모여 노래자랑을 했는데, 그것은 나에게 거의 죽음과 같은 시간이었다. 대부분 다른 아이들이 멋들어지게 유행가를 불러 제끼지만 나는 가사와 곡조를 다 외우는 유행가가 없었기 때문이다. 우리 부모님은 자녀들이 유행가 부르는 것을 아주 싫어하셨다.

특히 우리 부모님은 우리가 가벼운 욕설이라도 입 밖에 내놓는 것을 듣는 날에는 시쳇말로 다리몽둥이가 부러질 정도로 매를 치셨다. 그런 행동은 아무짝에도 쓸모없는 부랑자들이나 하는 것이라며 야단을 맞고 또 야단을 맞았다. 그래서 우리 형제들은 장난삼아서라도 욕하는 시늉을 내는 것조차 아예 꿈도 못 꾸어보았다. 유행가도 그렇거니와 재미로 하는 욕이라도 여전히 어색하게 느껴지는 것은 그런 영향 때문이라고 믿는다.

욕하는 것을 가볍게 생각하는 것은 야단을 맞지 않았기 때문이다. 마찬가지로 범죄를 가볍게 생각하는 것은 책망을 받지 않았기 때문이다. 욕하는 것 때문에 크게 야단을 맞아본 사람은 욕하는 것을 두렵게 생각한다. 이와 비슷하게 죄를 짓는 것 때문에 크게 책망을 받아본 사람은 죄를 짓는 것을 두렵게 생각한다.

비록 이것이 범죄를 방지하는 데 소극적인 방법이 될지는

모르겠으나 어느 정도 효과가 있다는 것은 부인할 수 없는 사실이다. 이런 까닭에 범죄의 억제책으로 범죄를 체벌하는 법적인 조치가 여전히 시행되고 있는 것이다. 이것은 사회가 존재하는 한 절대로 사라지지 않을 것이 분명하며, 더 나아가서 사회가 존재하는 한 이런 법적인 조치는 한층 더 많아질 것이 분명하다.

사도 바울은 장로에 대한 송사를 말하면서 "범죄한 자들을 모든 사람 앞에서 꾸짖어 나머지 사람들로 두려워하게 하라"(딤전 5:20)고 말한다. 사도 바울에 의하면 범죄에 대한 책망은 당사자가 다시 범죄하는 것을 두렵게 생각하게 만들 뿐 아니라, 다른 사람들도 범죄를 두려워하는 효과를 일으킨다. 실제로 장로가 범죄를 저질렀든지 아니면 어떤 사람이 결백한 장로를 무고(誣告)하는 범죄를 저질렀든지, 그런 사람을 책망하는 것은 당사자뿐 아니라 주위의 사람들에게 범죄를 두려워하게 만드는 큰 영향을 끼치게 된다는 것이다. 그래서 사도 바울은 책망이 범죄를 예방하는 여러 가지 지름길 가운데 하나라고 생각한다.

사도 바울의 말에 비추어 볼 때 범죄를 책망하지 않는 것은 큰 문제이다. 오늘날 우리가 살고 있는 사회구조는 점점 범죄를 책망하지 않는 분위기로 나아가고 있다. 나나 너나 모두 비슷한 죄를 짓고 있다는 공범의식 때문에 범죄를 책망하지 않은지는 이미 오랜 일이 되었다. 또한 남의 범죄를 책망하다가 도리어 앙갚음을 당할지도 모른다는 공포심이 이런 분위기를 자극한다.

하다못해 범죄를 체벌하면 자신의 인기가 떨어질까 염려하여 범죄행위를 눈감아주는 일이 정치권을 비롯하여 여러 분야에서 버젓이 활보를 하고 있다. 또 어떤 경우에는 자신의 범죄가 폭로되었을 때, 자신이 범죄행위를 눈감아 준 사람들로부터 도움을 받으려는 얄팍한 실리주의 때문에 체벌을 기피하는 경향도 적지 않은 듯이 보인다.

그런데 문제는 이런 현상이 사회에만 팽배해 있는 것이 아니라 교회에도 마찬가지로 심각하게 나타나고 있다는 점이다. 사회는 그렇다손 치더라도 교회마저 범죄를 책망하지 않는 상태로 빠져들었다는 것은 너무나도 한심스러운 것이지 않을 수 없다. 교회도 좋은 게 좋다는 식으로 신자들의 범죄를 덮어버린다.

물론 범죄를 지적 받으면 회개하기는커녕 도리어 교회를 비방하면서 다른 교회로 가버리는 교인들의 저속한 행동 때문에 그럴 수도 있다. 어쨌든 범죄를 책망하지 않으니 교인들마저도 죄를 두려워하지 않는 이상한 속물들이 되어버리고 말았다. 그리고 죄를 두려워하지 않으니 그런 사람들을 성도라고 부르는 것이 부끄러운 일이 되고 말았다.

쌍스러운 행동을 꾸짖지 않는 시대, 범죄를 책망하는 것을 주저하는 시대, 야단치면 도리어 눈에 쌍불을 피고 덤비는 시대, 이런 시대에서 어쩔 수 없이 살아야 한다는 것이 슬프다.

선입견

5 : 21 하나님과 그리스도 예수와 택하
심을 받은 천사들 앞에서 내가 엄히 명하
노니 너는 편견이 없이 이것들을 지켜 아
무 일도 불공평하게 하지 말며

요주의인물이라는 말이 있
다. 이것은 일을 저지를 가
능성이 높은 사람을 가리킬
때 쓰이는 말이다. 혹시나 문제를 발생시키지 않을까 염려하
는 마음으로 그런 사람에게서 눈을 떼지 말고 살펴보아야 한
다는 뜻이다. 특히 이미 말썽을 일으킨 적이 있는 사람은 요
주의인물이 된다. 실제로 사회의 여러 분야에서 심각한 물의
를 빚음으로써 더불어 사는 사람들에게 폐를 끼치는 요주의인
물이 적지 않다. 하지만 여기에 깊이 생각해야 할 점이 있다.

불행하게도 요주의인물이라는 딱지를 받으면 사람들의 선
입견을 벗어나지 못하고 일생동안 편견이라는 눈에 보이지 않
는 감옥에 갇혀 사는 경우도 허다하기 때문이다. 이런 현상은
가정과 같은 아주 작은 사회에서부터 모든 사회에 나타난다.
이것은 사람을 죽이는 가장 잔인한 방식 중에 하나이다.

앞에서 사도 바울은 범죄한 사람들을 모든 사람 앞에서 책
망하여 나머지 사람들이 두려워하게 하라고 말했다. 그런데
사도 바울은 이런 책망의 과정에서 아주 조심해야 할 사항을
한 가지 덧붙이고 있다. 이것은 너무나도 중요한 일이기 때문
에 사도 바울 자신도 매우 엄숙한 마음으로 말을 꺼냈다. "하
나님과 그리스도 예수와 택하심을 받은 천사들 앞에서 내가
엄히 명하노니." 이 구절은 천사들 가운데 선택받은 천사들과
버림받은 천사들이 있다는 것을 이론적으로 설명하기 위해서

개혁신학에서 오랫동안 주목을 받아온 구절이다. 그런데 여기에서 우리가 관심을 두는 것은 사도 바울이 자신의 명령이 매우 엄중한 것임을 보여주기 위해서 하나님과 예수 그리스도뿐 아니라 천사들까지도 동원했다는 점이다. 그만큼 책망의 과정에는 조심해야 할 것이 있다는 의미이다.

사도 바울이 책망의 과정에서 그처럼 조심해야 할 것으로 생각한 것은 도대체 무엇인가? 그것은 선입견을 가져서는 안 된다는 것이다. 책망의 과정에서 반드시 배제해야 할 것은 선입견이다. 이 때문에 사도 바울은 한 문장에서 비슷한 말을 두 번이나 반복해서 이 사실을 강조했다. "너는 편견이 없이 이 것들을 지켜 아무 일도 불공평하게 하지 말라." 여기에 사용된 편견(프로크리마)이라는 말이나 편벽(프로크리시스)이라는 말은 본래 같은 말에서 조금 다르게 파생된 것으로서 둘 다 미리 판단한다는 뜻을 지니고 있다. 간단히 말해서 이 두 단어는 선입견을 의미한다. 이것은 진상을 알아보기도 전에 상대방에 대하여 이미 어떤 부정적인 생각을 품는 것을 가리킨다.

사도 바울은 책망의 과정에서 선입견을 가지는 것을 반드시 피해야 한다고 주의를 주었다. 이것은 잘못된 책망이 되어 사실과 다르게 책망하는 오류를 범할 수 있기 때문이다. 이 뿐 아니라 선입견을 가지면 때때로 불필요한 책망을 하는 실수를 저지를 수도 있다. 선입견에 사로잡힌 책망은 사람에게 엄청 난 상처를 입히고 마침내 회복할 수 없는 좌절에 빠뜨리는 무서운 결과를 초래할 수도 있다. 실제로 이런 오류와 실수는 역사책에서도 수없이 발견되며 또한 우리의 실생활에서도 비일비재하게 반복된다. 때로는 가정에서도, 학교에서도, 심지어 교회에서도 이런 오류와 실수는 다반사로 벌어진다. 우리는 이 문제에 있어서 이미 오랫동안 충분히 경험했음에도 불구하고 또 다시 동일한 오류와 실수를 저지른다. 그만큼 선입견을 배제한 책망이라는 것은 어려운 일이다. 책망하는 것은 반드시 필요한 것이지만, 책망에서 선입견을 버리는 것은 더욱 반드시 필요한 것이다.

지금까지 사도 바울이 디모데에게 주는 목회지도에서 많은 말을 했지만 선입견을 버린 책망을 말할 때만큼 엄숙한 분위기를 자아낸 적은 없다(단지 유사한 예가 딤전 6:13에 한 번 더 나온다). 이것은 선입견을 버리는 것이 얼마나 어려운 일인지 잘 보여준다. 만일 선입견을 버린 사람이 있다면 온전한 사람이라고 부를 수 있으며 인생을 다스릴 수 있는 사람이라고 부를 수 있을 것이다. 특히 목회자가 사람들을 편견 없이 대할 수 있다면 그는 온전한 목회자라고 일컬음을 받을 수 있을 것이다. 가난한 사람과 부유한 사람을, 무식한 사람과 유식한 사람을, 낮은 사람과 높은 사람을 공평히 대할 수 있는 목회자는 그 자체로 이미 성공한 것이다.

경솔한 안수

5 : 22a 아무에게나 경솔히 안수하지 말고 다른 사람의 죄에 간섭하지 말며 네 자신을 지켜 정결하게 하라

지난 주일 나이가 지긋한 성도가 미묘한 표정을 지으며

* 헤게모니 쟁탈전 패권 hegemony 다툼은 모든 시대에 모든 영역에서 나타나기 때문에 역사만큼이나 오래 된 것이며 세계만큼이나 넓은 것이다. 작게는 가정을 비롯해서 직장, 사업, 정당, 국가, 국제사회에서 이런 현상이 나타난다. 따라서 사회가 있는 곳에는 항상 패권 다툼이 있다.

나에게 다짜고짜 의외의 질문을 했다. 궁금했지만 누구에게 딱히 물어보기가 그랬다며 그가 대뜸 던진 질문은 교단분열에 관한 것이었다. 언뜻 보면 난처한 질문이지만 나는 숨길 것도 없고 감출 것도 없이 아는 대로 한국교회의 교단분열사를 한숨에 설명해주었다.

신학적인 갈등이 없었던 것은 아니지만 많은 경우에는 지역감정과 같은, 정말 예수 그리스도를 머리로 하는 교회에서는 나타나서는 안될 요인 때문에 헤게모니 쟁탈전*을 벌이다가 교회가 찢어지는 아픔을 겪었다는 것이 대충 설명의 요점이었다. 이야기가 끝으로 갈수록 말하는 나 자신도 기분이 나빠졌지만, 설명을 듣는 그의 표정은 한없이 어두워졌다. 그가 마지막에 한마디를 했다. "결국은 목사님들 싸움이었군요."

교회를 지키는 것이 목회자의 책임만은 아니리라. 모든 성도가 성경을 제대로 알고 신학에 바로 서 있다면 교회는 웬만해서 흔들리지 않을 것이다. 교회가 안전하기 위해서는 성도들 자신이 깨어있어야 한다. 성도들이 평소에 성경의 가르침을 주도면밀하게 익히며 생활화하고, 바른 신학이 제공하는 교리들을 최소한 요점적으로라도 가슴속에 깊이 새겨두어 항상 반추하는 자세를 갖는 것이야말로 교회를 든든히 세우는 지름길이다.

그렇지 않고 성도들이 노래나 부르고 춤이나 추면서 성경을 가까이 하지 않고 신학을 배우기를 멀리한다면 교회는 끝없이 곤두박질치고 만다. 성도들이 희희낙락하며 아무 생각 없이 반지성화의 대열에 참여하면서 교회가 안전하기를 바라는 것은 얼마나 어리석은 짓인가!

그러나 교회의 안전을 위해서 아무리 성도들의 책임을 따지려고 해도 그보다 목회자들의 책임을 강하게 묻지 않을 수가 없다. 목회자라면 한 성도, 한 성도에게 피와 땀을 다해 정성껏 하나님의 말씀인 성경을 가르치며, 섬세하고 힘 있게 교리를 체계화시켜주고, 깊이 애정 어린 관심을 가지고 일상생활까지 돌봐주어야 한다.

이렇게 하기 위해서는 목회자 자신이 실력향상을 위해서 부단히 노력해야 하지 않겠는가. 무익하다 못해 해악한 것에 한눈을 팔고, 잡기를 배우는 데 소일이나 하면서 교회와 성도를 안전하게 지키겠다는 것은 한마디로 말해서 보통 어불성설이 아니다.

아니, 목회자가 되기를 지망하는 사람에게 이미 최소한 이런 각오가 요구된다. 목회자가 된 후에야 비로소 이런 각오를 갖는다는 것은 너무 늦은 일인지도 모른다. 이 때문에 사도 바울은 디모데에게 경솔히 안수하지 말 것을 당부했던 것이다 (딤전 5:22a). "경솔히"란 본래 시간적인 표현으로서 급한 행동을 가리킨다. 그러므로 사도 바울의 말은 시간적인 여유를 가지고 잘 교육하지 않은 채 함부로 안수를 해서는 안 된다는 뜻이다.

그렇다. 목회자로 세우기 전에 충분한 시간을 들여 성경적인 신학과 경건한 인격을 가르쳐야 한다. 어쩌면 우리가 실수하고 있는 점이 바로 이것일 수도 있다. 목회자가 되기를 지망하는 사람들에게 신학수업과 인격도야와 목회훈련을 더욱 강도 있게 시행해야 하는 것이 아닐까.

물론 경솔히 안수하지 말라는 사도 바울의 권면을 이미 목회자가 된 사람들이 자신들의 기득권을 주장하기 위한 근거로 오용하면 큰일 난다. 경솔히 목회자를 세우는 잘못을 방지하려고 노력할 때, 안수하는 사람들이 자기의 이권을 고집하는 못된 마음을 제거하는 것은 아무리 강조해도 지나치지 않다. 안수를 받으려는 사람이 잘 준비된 모습을 가지는 것도 중요하지만, 이에 못지않게 안수를 하는 사람이 순전한 모습을 가지는 것도 중요하다. 이렇게 안수하는 사람과 안수받는 사람이 다 같이 훌륭한 자세를 지니고 있다면 경솔히 안수하는 일은 자연스레 방지될 것이다.

경솔히 안수하지 말라는 사도 바울의 권면을 뒤집어 생각해보면 교회의 문제가 목회자 때문에 일어날 가능성이 높다는 암시가 들어있는 것이 아닌지 모르겠다. 암시가 아니라 사도 바울 특유의 역설법일 수도 있다. 생각이 여기에 이르니 여러 가지 면에서 가슴이 찔리며 등줄기에 식은땀이 흐른다.

포도주를 조금씩 쓰라

5 : 23 이제부터는 물만 마시지 말고 네 위장과 자주 나는 병을 위하여는 포도주를 조금씩 쓰라

대장암 수술을 하신 윤영탁 교수님에게서 전화가 왔다.

항암치료를 시작한 그 주간 늦은 저녁시간이었다. 그날 통화 내용은 수술과 치료에 관해서는 잠시였고 오랫동안 나의 건강을 염려하는 것으로 이어졌다. 어디에 가면 용한 의원이 있다, 몸의 어느 부분이 불편하면 이런 문제가 생긴 것이다, 음식은 어떤 것을 먹는 것이 좋다, 교수님은 자신의 건강보다는 나의 건강을 걱정하면서 많은 조언을 주셨다. 정작 나는 교수님이 수술을 한 것을 뻔히 알면서도 괜히 귀찮음을 드릴까봐 전화 한 통 제대로 드리지 못했는데. 본래 사랑은 내리 사랑이라던데 옛날에 틀린 것이 하나도 없는 듯하다. 전화기를 붙잡고 있는 시간 내내 죄송한 마음을 금할 수가 없었다.

디모데는 건강이 그다지 여의치 않았던 것 같다. 최소한 그는 두 가지 문제를 가지고 있었다. 하나는 "위장병"이고 다른 하나는 "자주 나는 병들"이었다. 디모데가 천성적으로 이렇게 몸이 약했는지 아니면 목회를 하다 보니 이런 병을 얻게 되었는지는 정확하게 알 수 없다. 디모데가 젊은 사람이었다는 사실을 감안할 때(딤전 4:12) 후자의 경우를 배제할 수 없다. 어쨌든 디모데는 무엇보다도 소화불량으로 고생을 한 것이 분명하다. 사실 오늘날도 건강한 사람이 목회를 하는 중에 여러 가지 스트레스를 받아 몸이 상하는 경우가 종종 발생한다. 특히 이런 현상은 소화기관이 민감해지고 불량해지는 것으로 나타난다.

디모데가 고통을 당했던 또 한 가지 육체적인 고통은 "자주 나는 병들"이었다. 디모데는 위장병 이외에도 건강에 또 다른 어려움을 당하고 있었다. 우리는 이것이 어떤 종류의 질병인지 명확하게 알지 못한다. 단지 사도 바울이 포도주를 쓰라고 권면한 사실로부터 디모데의 "자주 나는 병들"은 대체로 포도주를 약으로 쓰면 효과를 얻을 수 있는 질병들이었을 것이다. 여기에 복수적인 표현이 사용된 것을 보아 여러 가지 질병이 디모데를 괴롭힌 것으로 짐작된다. 디모데는 육체적으로 볼 때 꽤 불리한 상황에 처해 있었던 것이다. 게다가 "자주 나는"이란 표현은 디모데가 시도 때도 없이 질병에 공격을 당했다는 것을 의미한다. 아마도 이런 문제는 디모데의 목회를 심각하게 방해했을지도 모른다.

이런 형편에서 사도 바울은 디모데에게 물만 마시지 말고 포도주를 조금씩 쓰라고 조언했다. 디모데는 소화에 문제가 생기다보니 아무래도 수분이 많이 들어간 음식을 먹었겠고, 또 속이 쓰리다보니 맹물을 많이 마셨을 것이다. 그러나 사도 바울이 보기에 그런 처방은 별로 도움이 되지 않았다. 조금 더 적극적인 대처가 필요했다. 물론 사도 바울이 알려준 포도주 처방이 무슨 대단한 의약처방은 아니다. 포도주를 약간 사용하면 의학적으로 유용한 효과를 얻는다는 생각은 고대세계에서는 상식과도 같은 것이었기 때문이다. 중요한 것은 사도 바울이 디모데의 건강에 깊은 관심을 표명하고 있다는 사실이다. 사랑은 내리 사랑이라는 말이 맞다.

사도 바울은 디모데의 영적 상태만을 주목한 것이 아니다. 그의 생각을 따르자면 영적인 상태가 중요한 것은 사실이나 육체적인 건강도 무시할 일은 아니다. 그래서 사도 바울은 위장병과 그 외에 여러 가지 잦은 질병으로 고생하고 있는 디모데의 건강을 걱정했다. 그러나 사도 바울은 질병이 목회에 방해가 된다고 생각한 것처럼 보이지는 않는다. 왜냐하면 그런 문제 말미암아 목회를 쉬라고 말하기보다는 오히려 적절하게 자가 치료를 할 것을 조언하고 있기 때문이다. 실제로 질병은 잘 관리할 수만 있다면 목회를 방해하는 것이 아니라 도리어 목회는 돕는 것이 된다. 사도 바울이 말하고 싶었던 것은 바로 이 점이다. 여러 가지 질병으로 고생하는 디모데가 혹시라도 목회에 좌절하지 않도록, 역설적으로 질병은 목회의 촉매라는 것을 가르쳐주기 위해서 사도 바울은 애정 어린 조언을 했다. 건강을 위해서 기도하라는 말하는 대신 포도주를 쓰라는 말에 사도 바울의 사도 바울 됨이 있다.

이번 주말에는 잊지 말고 윤 교수님께 어떻게 지내시는지 안부전화를 드려야겠다.

죄와 선행

5 : 24 - 25 어떤 사람들의 죄는 밝히 드러나 먼저 심판에 나아가고 어떤 사람들의 죄는 그 뒤를 따르나니 이와 같이 선행도 밝히 드러나고 그렇지 아니한 것도 숨길 수 없느니라

두 가지 기억이 엇갈린다. 첫째 기억. 우리가 어렸을 때는 고약한 장난질을 서슴지 않고 저질렀다. 어느 날 나를 포함해 동네친구 서너 명이 구멍가게에서 과자봉지를 하나 슬쩍 하기로 모의를 했다. 우르르 가게에 들어가서 이것저것 물어보며 주인아저씨의 주의를 산

만하게 만드는 동안 한 녀석이 과자봉지를 품에 안고 나오는 것이었다. 둘째 기억. 우리 반에는 소아마비로 양손에 목발을 짚어야 하는 친구가 있었다. 지체장애 때문에 그 아이는 책가방을 수레 끌듯이 나를 수밖에 없었다. 그 친구는 마침 우리 집 근처에 살았기 때문에 학교에 오고가는 길에 내가 늘 가방을 들어다주었다.

과자봉지를 훔친 날 저녁에 온 동네가 소란스러웠다. 구멍가게 주인아저씨가 눈을 부라리며 집집마다 찾아와서 우리를 색출해냈기 때문이다. 나는 그 아저씨가 고래고래 소리를 지르면서 친구들을 한 명씩 끄집어내는 소란스러움이 우리 집 쪽으로 다가올수록 방안에 꼼짝도 못하고 앉아서 어떻게 하면 내가 그 현장에 있지 않았다는 것을 증명할까 머리를 짜냈다. 그러나 그날 밤 구멍가게 주인아저씨는 기어코 나를 찾아내고 말았다. 지체장애로 통학하는 데 고생하는 친구의 가방을 거의 매일같이 들어주던 어느 날 종례 후에 담임선생님이 나를 불렀다. 선생님은 정말 인자한 미소를 얼굴에 띠우시고 내 손을 다정스럽게 잡으시면서 언제부터 내가 친구를 도와주었는지 자세히 물어보셨다. 내가 너무나도 당황해서 얼굴이 붉어지며 말을 더듬거리자 선생님은 나의 행실을 이미 다 알고 계셨다는 듯이 칭찬해주셨다.

우리는 우리의 부끄러운 실수가 감추어지기를 얼마나 고대하는가? 그리고 그런 수치스러운 잘못을 저지르는 현장에 있지 않았다는 알리바이를 만들어내기 위해서 온갖 애를 다 쓴다. 그러나 때가 되면 마침내 죄악의 진상은 드러나고 만다. 아무리 숨기려고 해도 숨길 수가 없다. 종종 우리는 우리가 행한 아주 작은 선행이 너무나 보잘것없어서 남에게 알리기는 것은 고사하고 우리 자신마저도 기억 속에 남겨놓지 않는 경우가 많다. 그러나 이것도 때가 되면 반드시 알려지게 된다. 우리의 의도와 상관없이 선행은 칭찬을 받는다.

사도 바울은 죄도 밝히 드러날 것이고 선행도 밝히 드러날 것이라고 말한다. 여기에 사도 바울이 가르치려는 첫째 내용은 결코 비밀이란 것은 없다는 사실이다. 이것은 죄에도 해당되고 선에도 해당되는 말이다. 영원토록 숨길 수 있는 죄는 없다. 죄가 혹시 인간에게는 비밀이 될 수 있어도 하나님께는 아니기 때문이다. 그래서 죄는 아무리 은닉하려고 해도 결국 폭로되고 만다. 이와 비슷하게 선은 우리가 드러내지 않아도 자연히 알려진다. 하나님은 선한 것을 만방에 선포하기를 좋아하시는 분이기 때문에 우리가 행한 선한 일을 그대로 덮어두시지 않는다. 그래서 우리는 우리의 선행을 스스로 드러내려고 할 필요가 없다. 사도 바울은 죄악도 밝히 드러나고 선행도 밝히 드러날 것이라고 말함으로써 분명하게 심판사상을 가르치고 있다. 그래서 사도 바울은 여기에서 "심판에 나아간다"는 용어를 사용한다. 그런데 심판사상과 뗄 수 없는 관계에 있는 것이 보응사상이다. 사실 보응사상은 사도 바울의 신학에서 아주 중요한 근간으로 역할을 담당한다(롬 2:6-11 참조). 다시 말해서 죄든지 선이든지 하나님의 심판에 따라서 가장 적절한 보응을 받게 된다는 것이다.

 죄악도 선행도 밝히 드러날 것이라는 사도 바울의 말 이면에는 종말사상이 있다. 그래서 뒤집어 보면 사도 바울에게는 이런 말로 종말사상을 가르치려는 의도가 있었다는 것을 어렵지 않게 알 수 있다. 사도 바울의 서신 거의 모두에 종말사상이 표현되어 있다는 사실로부터 그 중요성을 의심할 바가 없다. 종말은 반드시 올 것이며, 종말에는 반드시 심판이 있을 것이며, 종말심판에 따라 조금도 틀림없는 보응이 있을 것이다. 구멍가게 아저씨를 골탕 먹이던 일과 지체장애 친구를 돕던 일을 조화시키는 것이 어떻게 가능할까. 나이를 먹을수록 부끄러운 실수가 줄어들고 선행이 늘어나서 이런 부자연스런 조화가 깨지면 좋겠다.

6 장

미래를 준비하라

하나님의 이름을 위하여

6 : 1 무릇 멍에 아래에 있는 종들은 자기 상전들을 범사에 마땅히 공경할 자로 알지니 이는 하나님의 이름과 교훈으로 비방을 받지 않게 하려 함이라

교회는 세상 밖에 존재하지 않는다. 교회가 세상에 속하는 것은 아니지만 그렇다고 해서 세상과 분리되어 있는 것도 아니다. 이 때문에 사도들은 교회가 세상과 야합하려는 시도에 대하여도 경고를 주지만 동시에 세상과 결별하려는 움직임에 대하여도 경고를 준다. 그래서 사도들은 이 세상이나 이 세상에 있는 것들을 사랑하지 말라고 말하면서도 또한 세상의 잡다한 사람들과 사귀지 않으려면 세상 밖으로 나가야 할 것이라고 말한다. 사실 세상과의 관계에 대한 이런 이중적인 사상은 예수 그리스도에게서도 이미 발견된다. 소위 대제사장적 기도라고 불리는 요한복음 17장을 보면 예수 그리스도께서 한편으로는 "내가 세상에 속하지 아니함 같이 그들도 세상에 속하지 않는다"(14,16)고 말씀하면서도 다른 한편으로는 "아버지께서 나를 세상에 보내신

것같이 나도 그들을 세상에 보내었다"(18)고 말씀하신다.

세상은 다양한 체계를 가지고 있다. 그런데 세상의 모든 다양한 체계에서 근간을 이루는 것은 상하관계이다. 높은 사람이 있고 낮은 사람이 있다. 부리는 사람이 있고 부림을 받는 사람이 있다. 명령을 내리는 사람이 있고 명령을 따르는 사람이 있다. 이런 체계는 세상의 어느 한 구석에서만 표현되는 것이 아니라 모든 영역에서 나타난다. 노예제도로 대표되는 주종관계는 이런 체계의 가장 심각한 방식으로서 인류역사에 오랫동안 세력을 떨쳐왔다. 노예제도는 근대에 이르러 비로소 자취를 감추게 되었다. 그러나 이것은 형식적인 현상일 뿐이다. 실제적으로는 주종관계란 것이 지금도 세상의 모든 분야에서 버젓이 활개를 치고 있기 때문이다. 이것은 세상에 낙원이 이루어지지 않는 한, 마지막까지 계속될 현상이다.

교회는 세상 안에 존재하면서 때때로 그 체계를 수용하는 입장을 표명한다. 교회는 세상의 질서를 무조건 파괴하는 것이 아니다. 교회는 심지어 노예제도로 대표되는 상하제도와 같은 악한 체계에 대해서도 긍정적인 태도를 취하는 것처럼 보인다. 본문에서 사도 바울은 상전들을 크게 존경받을만한 사람으로 여기라고 말한다. 사도 바울은 노예제도를 해체해야 한다고 직접적으로 말하지 않는다. 예수 그리스도를 믿는 주인들에게 노예를 풀어주라고 말하지 않으며, 그리스도인인 노예들에게 주인과 싸우라고 말하지 않는다. 그래서 언뜻 보면 사도 바울은 마치 노예제와 같은 악한 사회질서를 옹호하는 것처럼 보인다.

하지만 사도 바울이 신자들에게 노예제도에 항거하라고 말하지 않는 까닭은 영혼에 변화가 없으면 질서에도 변화가 없기 때문이다. 아무리 사회체계를 개혁한다고 해도 영혼이 개혁되지 않으면 금새 허사가 되고 만다. 관건은 제도를 바꾸는 데 있는 것이 아니라 인격을 바꾸는 데 있다. 영혼에 변화가 없는 사회개혁은 썩은 감자에 금박을 올린 것과 같다. 그래서 사도 바울은 제도와 관련된 외형적인 변화보다는 영혼과 관련된 내면적인 변화를 일으키는 데 심혈을 기울였다. 사도 바울은 사람이 하나님의 은혜를 받으면 결국 사회질서가 새로워질 것을 믿었던 것이다. 이렇게 볼 때 세상의 변화는 짧은 시간에 성취될 것으로 생각하지 말고 인내심을 가지고 기다려야 한다.

그런데 사도 바울은 신자들에게 악한 제도에서라도 멋있게 사는 법을 가르친다. 사도 바울은 멍에 아래 있는 종의 위치에서도 행복하게 살 수 있다고 생각한다. 이것은 노예근성을 발휘하라는 말이 아니다. 신자가 심지어 종의 신분을 가지고 있으면서도 행복을 누릴 수 있는 것은 새로운 가치관이 형성되었기 때문이다. 신자는 자신을 위해서 살지 않고 하나님을 위해서 사는 가치관을 가지게 되었다. 그래서 신자는 종으로 살면서도 하나님의 이름을 드러낸다. 만일에 그가 종이 아니었더라면 하나님의 이름을 드러낼 수 없었을지도 모른다. 이런 신기한 삶을 배울 수만 있다면 종의 위치가 그렇게 슬픈 것만은 아니다. 오히려 그런 경우에 종으로 있는 것도 즐거움이 된다. 그리고 가치관이 새롭게 형성된 신자는 자신의 낮은 신분마저도 충분히 화려하게 누린다. 그것은 하나님의 이름을 높이는 또 하나의 길이기 때문이다.

더 잘 섬겨라

6 : 2 믿는 상전이 있는 자들은 그 상전을 형제라고 가볍게 여기지 말고 더 잘 섬기게 하라 이는 유익을 받는 자들이 믿는 자요 사랑을 받는 자임이라 너는 이것들을 가르치고 권하라

신자에게는 자신이 속한 사회를 부요하게 만들 책임이 있다. 사회를 유익하게 만드는 것은 신자의 사회적 영광이다. 신자가 자신의 사회를 부요하게 만드는 것은 매우 중요한 일이다. 그것은 그리스도인의 됨됨이에 대한 증거가 되기 때문이다. 그리스도인은 사회에서 인격을 인정받아야 한다.

그리스도인이 거기에 있기 때문에 사회가 복을 받는 것은 보기에 아주 훌륭하다. 이것은 옛날 하나님이 아브라함에게 약속했던 복이며, 요셉에게서 정말로 멋있게 실현되었던 복이다. 이로 말미암아 하나님이 신자와 함께 하신다는 사실이 분명해진다. 사회에서 신자의 인격은 하나님의 동행을 증거하는 탁월한 도구가 된다.

동료들과 원만한 관계를 유지하는 것, 아랫사람들에게 인정을 베푸는 것, 윗사람을 진심으로 기쁘게 하는 것, 이런 모습은 별거 아닌 것처럼 보이지만 실제로는 사회를 안정시키며 행복하게 만드는 결정적인 요인이다.

우리는 사회의 안정과 불안정이 보통 예상하는 것과는 달리 아주 작은 인간관계에서 비롯된다는 것을 기억해야 한다. 학문과 지식에 세계적으로 명성을 얻은 사람임에도 불구하고 인간관계가 엉망인 까닭에 불쾌감을 조성하고 결국에는 사회를 불안하게 만드는 사람을 나는 본 적이 있다.

신자에게 사회를 행복하게 만들 책임이 있다면 같은 신자를 행복하게 만들 책임이 있다는 것은 말할 필요가 없다. 한 그리스도인으로 말미암아 그의 동료 그리스도인이 유익을 얻는 것은 정말로 귀중한 일이다. 그가 더욱 힘 있게 하나님의 영광을 위해 살 수 있을 것이기 때문이다.

그는 다른 그리스도인의 도움과 협력으로 사회적으로 안정될 뿐 아니라 주님의 일을 더 활발하게 할 수 있는 기회와 여유를 얻게 된 것이다. 게다가 이것은 그에게 힘을 실어준 신자에게도 언젠가는 매우 유익한 반대급부를 제공할 것이라는 점에서 그리 나쁜 일이 아니다.

그런데 사도 바울은 한 걸음 더 나아가서 신자인 종에게 신자인 주인을 더 잘 섬겨야 한다고 가르쳤다. 그리고 디모데도 이런 가르침을 계승해야 한다고 말한다. "너는 이것들을 가르치고 권하라". 사실 주인도 종도 모두 신자인 경우에 종이 눈가림만 하는 요령을 필 수 있는 가능성이 높다. 종은 같은 신자인 만큼 주인이 잘 봐주겠거니 짐작하면서 일을 엉터리로 해치울 수 있다는 것이다.

요즘도 그런 신자들이 없지 않은 것 같다. 어느 사업에서 경영주나 윗사람이 신자인 경우 거기에 근무하는 그리스도인이 같은 신앙을 가지고 있다는 핑계로 업무를 대충하는 사례들이 종종 발견되기 때문이다.

사도 바울은 믿는 상전이 있는 종들은 그 상전을 형제라고 가볍게 여기지 말라는 주의를 주었다. 그것은 결국 신자인 주인의 사업을 불리하게 만드는 결과를 초래할 것이며, 그리고 마침내는 그렇게 경솔히 행동한 종 자신도 파멸에 빠지는 무서운 결말을 맞이하고야 말 것이기 때문이다. 그래서 사도 바울은 믿는 종들이 믿는 상전을 더 잘 섬겨야 한다고 권면했다. 사도 바울에 의하면 믿는 종들이 믿는 주인을 잘 섬겨야 할 이유는 유익을 받는 자들이 믿는 자요 사랑을 받는 자이기 때문이다.

신자인 종이 신자인 주인을 잘 섬겨 유익을 얻게 하면, 신자인 주인은 하나님에 대한 믿음이 더욱 강해지고 하나님의 사랑을 더욱 크게 느끼게 된다. 믿는 주인은 믿는 종의 섬김으로 말미암아 하나님을 더 사랑하고 하나님의 사랑을 받고 있다는 것을 확인한다. 이때 신자인 종은 주인의 믿음과 사랑을 더욱 굳게 만드는 도구가 된 것이다. 이것은 신자인 종의 영광이다. 그는 비록 종이지만 믿는 주인을 더욱 큰 믿음과 사랑으로 인도하는 영광스러운 인도자이다.

더 나아가서 믿는 종에게는 믿는 상전이 하나님을 잘 믿고 있으며 하나님의 사랑을 많이 받고 있다는 것을 세상 사람들에게 확증시켜줄 의무가 있다. 신자인 종이 신자인 상전을 잘 섬겨 유익을 얻게 하면, 하나님이 신자인 상전을 사랑하고 있다는 것을 세상에 보여주는 계기를 만드는 것이 된다. 그는 결국 믿는 주인에 대한 하나님의 사랑을 세상에 증명하는 통로인 셈이다. 그는 사회적으로는 비천해도 영적으로는 너무나도 존귀하다.

바른 교훈을 따르지 아니하면

6 : 3 - 5 누구든지 다른 교훈을 하며 바른 말 곧 우리 주 예수 그리스도의 말씀과 경건에 관한 교훈을 따르지 아니하면 그는 교만하여 아무 것도 알지 못하고 변론과 언쟁을 좋아하는 자니 이로써 투기와 분쟁과 비방과 악한 생각이 나며 마음이 부패하여지고 진리를 잃어 버려 경건을 이익의 방도로 생각하는 자들의 다툼이 일어나느니라

나무벽돌 쌓기 놀이는 정말 손에 땀을 쥐게 할 정도로 긴장감을 발동시킨다. 바닥 위에 여섯 켜, 일곱 켜를 쌓을 때까지는 그래도 자신만만하게 나무벽돌을 올려놓지만, 열 켜 이상만 쌓아도 다음 나무벽돌을 올려놓을 때는 손에 힘을 빼고 가만히, 함박눈송이가 살포시 땅에 닿듯이 하지 않으면 큰일 난다. 하지만 쌓는 것은 문제가 아니다. 나무벽돌을 다 쌓은 후에 가운데서 하나씩 빼내는 게임을 하는 시간이 되어, 상대방이 고약한 자리에서 나무벽돌을 빼내 아슬아슬한 상황을 만들어내면, 꼬집어 주고 싶을 정도로 얄밉다는 생각을 하면서 호흡마저 정지하고 살며시 나무벽돌 하나를 꺼내보지만 공든 탑은 속절없이 무너지고 만다.

나무벽돌을 하나 잘못 빼면 열 층, 스무 층으로 쌓은 탑이

한꺼번에 와르르 무너져 내리고, 산간마을 창문에 쳐둔 방충망이 찢어지면 온갖 벌레와 나방이 삽시간에 방안으로 쏟아져 들어오며, 원두커피 기계의 필터가 찢어지면 찌꺼기로 머물러 있던 가루 녹은 잔재물이 커피 물과 뒤섞여버린다. 이런 현상은 마음에도 마찬가지로 일어난다. 사랑하고 이해하는 마음을 걷어버리면 시기하고 원망하고 배척하는 마음이 걷잡을 수 없이 침노한다. 청결하고 정숙한 마음이 상실되는 순간 곧바로 방탕, 패륜, 음란이 엄습한다. 칭찬하고 격려하는 마음을 잃어버리자마자 욕설, 저주, 악담을 일삼게 된다. 건전한 것 하나를 따르지 않는 것은 불결한 것 열을 따르는 것이 되고 만다.

사도 바울은 이 사실을 너무나도 잘 알고 있었다. 예수 그리스도의 말씀은 건전한 말씀이다. 그 말씀 안에 머물면 영혼이 건강해지기 때문이다. 예수 그리스도의 말씀으로 우리의 영혼은 치료받고 양육되며 강해진다. 그런데 예수 그리스도의 말씀은 영혼을 건강하게 만들 뿐 아니라 생활에도 건강함을 가져다준다. 왜냐하면 그 말씀은 경건을 일으키는 교훈이기 때문이다. 예수 그리스도의 말씀을 따를 때 우리는 경건한 삶을 생산하고 유지하며 발전시킬 수 있다. 그래서 사도 바울은 예수 그리스도의 말씀을 가리켜 건전한 말씀과 경건에 관한 교훈이라고 부르기를 주저하지 않았던 것이다.

그런데 사도 바울은 사람들이 건전한 말씀이자 경건을 일으키는 교훈인 예수 그리스도의 말씀을 따르지 않고 다른 교훈을 따르는 순간 엄청나게 악한 결과가 수없이 벌어진다고 경고하고 있다. 한 가지 건전함을 따르지 않는 것은 열 가지 불결함을 따르는 것이 된다는 말이다. 예수 그리스도의 말씀을 따르지 않는 사람은 교만하여 아무 것도 알지 못하고 변론과 언쟁이라는 병을 앓는 자가 된다. 주님의 말씀에 일치하지 않는 것은 교만과 무지와 논쟁을 일으키는 좋지 않는 결과를 초래한다. 이것은 주님의 말씀을 따르지 않는 것이 얼마나 나쁜 현상을 만들어내는지 잘 보여주는 가르침이다.

그러나 악한 결과는 여기에서 끝나는 것이 아니다. 교만과 무지와 논쟁은 고작해야 일회전에 지나지 않는다. 왜냐하면 사도 바울은 교만과 무지와 논쟁으로부터 또 다시 투기와 분쟁과 비방과 악한 생각과 다툼이 나온다고 말하기 때문이다. 말하자면 이것은 예수 그리스도의 말씀을 따르지 않는 결과의 이회전이라고 부를 수 있다. 갈수록 태산이라는 표현처럼 주님의 말씀을 따르지 않는 결과가 더욱더 심각해진다.

사도 바울은 특히 마지막에 언급한 다툼에 관해서 자세히 설명한다. 다툼은 마음이 부패한 사람들, 진리를 잃어버린 사람들, 그리고 경건을 이익의 방도로 생각하는 사람들의 전유물이라는 것이다. 아마도 사도 바울은 다툼으로 말미암아 사람들은 그 마음이 부패하고, 진리를 상실하고, 경건을 이익의 방도로 간주하는 왜곡을 야기한다고 말하고 싶었던 것 같다. 이것은 예수 그리스도의 말씀을 따르지 않을 때 일어나는 악한 결과의 삼회전이다.

나무벽돌 쌓기 놀이에도 영적 교훈이 들어있다. 마치 나무 벽돌을 하나 잘못 **빼낼** 때 공든 탑이 산산조각으로 무너지듯이, 경건을 일으키는 예수 그리스도의 건전한 말씀을 따르지 않는 것은 영혼을 순식간에 깡그리 망가뜨리는 두려운 일에 봉착하게 만들기 때문이다.

자족하는 경건

6 : 6 그러나 자족하는 마음이 있으면 경건은 큰 이익이 되느니라

나는 독일에서 십 년을 살았다는 단순한 이유 때문에 유대인 학살에 무지 큰 관심을 가지고 있다. 내 주위에 살고 있던 독일인들은 모두 친절하고, 점잖고, 단정한 사람들이었다. 그런데 어떻게 그들의 아버지들과 어머니들은 다른 민족을 가스실에 처넣고 그 사체의 살과 **뼈로** 비누를 만들 생각을 했을까. 나는 지금 막 아우슈비츠 수용소의 일화를 적은 책을 읽었다. 책장을 덮으며 무겁고 씁쓸한 마음을 지울 수가 없다. 만행을 주저하지 않고 해치우는 학대자들의 악질적이며 비인간적인 모습이 마치 내가 스스로 경험한 것처럼 뇌리에서 연출되기 때문이다. 인간이 인간 아닐 수 있다는 것을 역사가 증명해준 셈이다.

그런데 인간이 인간 아닐 수 있다는 것이 절명의 공간에서 죽임을 바로 눈앞에 두고 있는 사람들에게서도 나타난다는 사실에, 책읽기를 끝낸 마음이 또한 심하게 착잡해진다. 동료에 대한 증오, 눈치 보기, 도둑질, 비열함, 요령 피우기, 냉정

함…일일이 다 열거할 수 없는 이런 행위들이 일상화된다. 어쩌면 이것들은 모두 수용소 안에서 살아남기 위한 동물적인 마지막 행동일 수도 있다. 빵 같지도 않은 빵을 배급받는 수용소의 포로들에게 매일같이 동일한 현상이 반복된다고 책은 말한다. 서로서로 옆의 사람이 받은 빵이 더 커 보여 내 빵과 네 빵을 바꾸고, 불과 몇 초도 안 되어 교환을 후회하면서 다시 바꾸기를 여러 차례하고 나서야 비로소 환상에서 깨어난다는 것이다. 자족은 없다.

인간이 자족할 수 없는 존재라는 사실은 상황과 아무런 관련이 없다. 이것은 우리가 자주 기만당하는 것 가운데 하나이다. 우리는 환경이 바뀌면 만족할 수 있을 것이라고 생각한다. 그러나 그것은 진실이 아니다. 인간이란 존재는, 가장 불행하다고 생각되는 상황에서 자족하지 못하는 것은 두말할 필요가 없고, 가장 행복하다고 여길 수 있는 상황에서도 늘 무엇인가 부족하여 불행하기 때문이다. 환경이 인간을 바꾸지 못한다. 그만큼 인간의 속 깊은 곳에는 웬만한 외부적인 요인으로 고치기 어려운 불만이 꽉 웅크리고 있다. 환경의 변화는 이런 내재적인 불만을 파내거나 해소하기에 힘이 딸린다.

관건은 영혼의 변화이다. 영혼에 하나님과의 단절에서 하나님과의 연결로 변화가 일어날 때 드디어 철옹성 같던 불만이 깨지고 지극히 사소한 것에도 만족하며 감사하게 된다. 이것은 땅의 세계에서 하늘의 세계로, 육의 세계에서 영의 세계로, 사람의 세계에서 하나님의 세계로 이동한 것이기 때문이다. 이렇게 되면 땅과 육과 사람의 세계에서 벌어지는 환경의 악화에도 아랑곳하지 않는다. 그러므로 "어떠한 형편에도 나는 자족하기를 배웠다"(빌 4:11)는 사도 바울의 말은 결코 거짓이 아니다. 만일에 진정으로 영혼에 변화를 겪었으면서도 자족하는 마음이 생기지 않는다면 그것이 거짓이다.

그래서 자족에 바탕을 둔 경건이야말로 진정한 경건이다. 바로 앞 절과 비교해보면 거짓 경건도 있는 것이 분명하다. 이익의 방도가 되어버린 경건이 거짓 경건이다. 이것은 신자가 항상 경계해야 할 대상 제1호이다. 사실 이처럼 무섭고 악한 것이 다시없다. 거짓 경건은 밤톨의 속살을 모조리 파먹고 껍데기만 덩그러니 남겨놓는 벌레 같기 때문이다. 거짓 경건으로 말미암아 신앙은 속이 텅 빈 강정처럼 되고 만다.

이에 반하여 사도 바울은 자족을 동반하는 경건은 큰 유익이 된다고 말한다. 비록 여기에 그 유익이 무엇인지 구체적으로 언급되지는 않았지만 그 내용을 짐작하지 못할 정도로 어렵지는 않다. 그 유익이란 물질에 묶이지 않는 것이며, 육체에 속박되지 않는 것이며, 사람에게 매이지 않는 것이다. 바꾸어 말하자면 자족을 동반하는 경건의 유익은 영혼이 자유롭게 되는 것이며, 영원을 미리 맛보는 것이며, 성령과 진리 안에서 하나님을 즐기는 것이다.

인간과 비인간의 경계선은 그다지 굵지 않다. 초가에 살면서도 만족하는 사람과 보좌에 앉아서도 불만 하는 사람을 볼 때, 그 경계선이 항상 환경에 의해서 그어지는 것이 아님은 틀림없다. 사람 됨과 사람 아니 됨은 영혼의 문제, 아니 자족하는 영혼의 문제이다.

요람에서 무덤까지

6 : 7 우리가 세상에 아무 것도 가지고
온 것이 없으매 또한 아무 것도 가지고
가지 못하리니

요람과 무덤은 누가 봐도 극과 극의 차이를 가지고 있다. 요람은 생명이 나타나는 곳이며, 무덤은 죽음이 자리하는 곳이다. 요람에는 기쁨이 있고, 무덤에는 슬픔이 있다. 요람이 연두색이라면 무덤은 검은색이다. 그래서 어떤 특별한 경우가 아니고는 아기가 출생하는 곳에서 눈물을 흘리거나 사람이 죽은 자리에서 미소를 짓는 것은 매우 큰 실례가 된다. 이것은 무슨 철학적인 사색을 거쳐야 비로소 깨달을 수 있는 어려운 일이 아니다. 아기가 출생한 집에 심방을 하고 장례에 참석을 해보면 어렵지 않게 알 수 있는 일이기 때문이다. 요람과 무덤의 극단적인 대비는 일상에서 흔히 마주칠 수 있는 것이다.

그러나 요람과 무덤이 언제나 차이가 나는 것만은 아니다. 이 둘 사이에는 비슷한 점도 많이 있다. 일반적으로 요람과 무덤이 모두 그리 넉넉한 공간이 아니라는 것부터 그렇다. 특별한 경우에 요람과 무덤이 예상을 뒤엎는 크기를 가질 수 있겠으나 보통은 사람의 몸 하나 누일 자리에 지나지 않는다. 요람이 크다고 해서 훌륭한 사람이 되는 것도 아니며, 무덤이 크다고 해서 사후세계가 보장되는 것도 아니다. 이런 이유 때문에 요람을 보석으로 꾸미는 것도 부질없는 일이고, 무덤을 호화스럽게 만드는 것도 무의미한 일이다. 사람들은 때때로 허망한 것을 추구하기 위해서 너무나 많은 물질과 시간을 허비한다.

그런데 요람과 무덤의 유사점 가운데 가장 대표적인 것은 요람에 누이는 아기가 아무것도 가져오는 것이 없고, 무덤에 누이는 사람이 아무것도 가져가는 것이 없다는 사실이다. 사도 바울이 이렇게 말했다. "우리가 세상에 아무것도 가지고 온 것이 없으매 또한 아무것도 가지고 가지 못하리라." 이것은 일찍이 욥이 고백했던 말이기도 하다(욥 1:21). 그리고 이것은 조금씩 다른 표현으로 변형되기는 하지만, 종교를 가지고 있는 사람들, 세상에 현자라고 불리는 사람들, 인생을 노래하는 사람들이 수없이 반복했던 말이다. 사람들은 이 말 앞에서 좌절하기도 하고 또 이 말 앞에서 위로를 받기도 했다.

세상에서 이 말은 대체적으로 인생이 허망하다는 것을 나타내기 위해서 사용된다. 그래서 많은 사람들이 이 말을 종교의 기본적인 체계로 삼거나, 철학의 한 사상으로 만들거나, 시나 노래로 지으면서 인생이 보잘것없다는 것을 표현했다. 언뜻 보면 사도 바울의 말도 그런 부류에 속하는 것처럼 생각된다. 물론 사도 바울에게 인생이 참으로 허망하다는 생각이 전혀 없는 것은 아니다. 특히 하나님을 떠난 인생이 헛된 것이라는 생각은 사도 바울의 신학 가운데 매우 중요한 위치를 차지한다. 신앙 밖에 있는 인생은 아무리 외면적으로 화려하게 보인다 할지라도 낮에 베인 풀처럼 허무한 것에 지나지 않는다.

하지만 사도 바울이 여기에서 이 말을 사용한 것은 인생의 허무함을 가리키기 위한 것이 아니다. 사도 바울은 자족하는 마음이 경건에 큰 유익이 된다는 사실을 설명하면서, 자족하는 마음의 근거를 제시하기 위하여 이 말을 사용하고 있는 것이다. 왜 신자들이 자족하느냐 하면 세상에 아무것도 가지고 온 것이 없고 아무것도 가지고 갈 것이 없기 때문이다. 이 사실을 잘 알면 신자는 자족하는 사람이 될 수 있다. 가져온 것이 없으니 세상에 사는 동안 부족할 것이 없고, 가져갈 것이 없으니 인생의 과정에서 불만할 것이 없다. 그리스도인이 자족하는 이유는 여러 가지가 있겠지만 그 가운데 출생과 사망을 이해하는 인생관이 한 가지 중요한 이유가 된다.

그리스도인은 자유인이다. 예수 그리스도께서 그리고 그의 사도들이 여러 차례 가르쳐준 그리스도인 됨에는 자유의 사상이 핵심을 이루고 있다. 그리스도인이 자유하다는 것은 물질 소유와 관련해서 보면 자족의 사상에 깊이 뿌리박고 있다. 그리스도인은 세상에 가져온 것도 없고 세상에서 가져갈 것도 없다는 것을 알고 있기에 자족하며, 자족하는 마음을 가지고 있기에 물질에 매이지 않으며, 물질에 매이지 않기 때문에 자유하다. 그리스도인은 요람을 벗어날 때도 자유하며 무덤에 들어갈 때도 자유하다. 요람에서 무덤까지 그리스도인은 자유인이다.

양식과 의복

예수 그리스도의 부활 사건에는 궁금한 것들이 많다. 그것은 미증유의 놀라운 사건임에도 불구하고 복음서들이 말을 절제하고 있어서 세부사항으로 들어가면 궁금증이 더욱 심해진다. 아리마대 요셉은 십자가에서 내린 예수 그리스도의 몸을 세마포로 싸서 무덤에 안치시켰다. 그런데 부활의 아침에 소식을 전해들은 베드로가 무덤에 달려가 보니 예수 그리스도의 몸은 사라지고 세마포만 덩그러니 남아있었다. 부활하신 주님은 무슨 옷을 입으셨을까? 선악을 알게 하는 나무의 열매를 따먹고 자신의 벌거벗은 모습을 발견한 아담이 하나님에게서 옷을 받았던 것처럼 주님께서도 하나님이 준비하신 옷을 입었을 것이다. 이 땅에 계시는 동안 무엇을 먹을까 무엇을 입을까 염려하지 말라 너희 하늘 아버지께서 이 모든 것이 너희에게 있어야 할 줄 아시느니라고 가르치셨던 주님께서 부활의 자리에서 친히 이것을 증명하신 것이다.

먹을 것과 입을 것이 인생의 기본요소라는 사실을 아무도 부정할 수 없다. 성경도 이 두 가지 인생의 기본요소에 관해서 처음부터 끝까지 꾸준히 언급을 한다. 예를 들어 애굽에서 나온 후에 불신으로 말미암아 사십 년 동안 광야를 걸어야 했던 이스라엘에게 하나님은 만나를 먹이시고 의복이 해어지지 않게 하셨다(신 8:3-4). 물론 거기에는 특별한 교훈이 들어 있지만 일차적으로 하나님께서 사람에게는 먹을 것과 입을 것이 필요하다는 사실을 인정하셨음을 의미한다. 영광의 세계에서 신자들이 누릴 삶에 관한 요한계시록의 설명을 들어보면 다 깨달을 수 없음에도 불구하고 고개를 끄떡이게 하는 부분이 있다. 거기에서 우리는 생명나무의 열매를 먹고 흰옷을 입을 것이다.

그러나 양식과 의복이라는 기본요소는 대부분의 사람에게 자주 걸림돌이 된다. 첫째로 사람들은 먹을 것과 입을 것 때문에 치사해진다. 사람들은 배를 채우기 위해서 그리고 몸을 감싸기 위해서 굴복하고 아첨한다. 사십 일을 주야로 금식하신 주님께서 사탄의 시험을 물리친 것은 이런 인간의 치사함에 대한 거절이기도 했다. 또 사람들은 제대로 먹지 못하고 제대로 입지 못하는 이들을 무시하고 경멸한다. 야고보서가 편지를 쓰면서 거칠게 몰아붙였던 부자들의 모습이 바로 이런 것이었다.

그런데 양식과 의복은 또 다른 면에서 걸림돌이 된다. 많은 사람들이 먹을 것과 입을 것의 부족함을 인생의 가난이라고 생각한다. 그래서 잘 먹지 못하고 잘 입지 못하면 그것을 수치와 부끄러움으로 여긴다. 만일 그렇다면 광야생활을 했던 세례자 요한은 세상에서 가장 불행한 사람들 가운데 속할 것이다. 반대로 어떤 사람들은 먹을 것과 입을 것의 풍족함에서 인생의 부요를 발견한다. 이런 사람들은 온갖 권모술수를 다 사용해서라도 잘 먹고 잘 입는 것이야말로 행복이라고 간주한다. 그래서 이런 사람들은 고급한 음식을 먹고 비싼 의복을 입는 것을 영광스럽게 생각하며 과시한다. 그러나 이것이 인생의 속임수이다. 우리는 늘 여기에서 속는다.

사도 바울은 먹을 것과 입을 것이 있으면 족한 줄로 알 것이라고 말한다. 이것은 한편으로는 먹을 것과 입을 것이 너무 없을 정도가 되어서는 안 된다는 의미도 담고 있지만, 다른 한편으로는 먹을 것과 입을 것에 매여 살면 안 된다는 의미도 담고 있다. 사도 바울은 이 말로 단순히 신자들이 사치를 멀리하고 검소하게 살아야 한다는 교훈을 주거나 매사에 물건을 아껴 쓰는 절약정신을 불러일으키는 교훈을 주려는 것이 아니다.

사도 바울이 말하려는 것은 신자들이 양식과 의복에 매인 인생을 살아서는 안 된다는 것이다. 인간은 먹을 것과 입을 것에 의해서 평가되는 존재가 아니다. 이 두 가지가 인생을 유지하는 데 필요한 기본요소라는 점은 맞지만 그렇다고 해서 이것들로 인간의 모든 것을 판단해서는 안 된다. 사람의 진정한 의미는 음식과 의복 밖에 있다. 하나님께서 범죄한 아담에게 가죽옷을 입혀주셨을 때나 타락한 이스라엘 백성에게 만나를 내려주셨을 때나 다 같이 알려주시고자 했던 것은 사람이 하나님의 은총 속에서 살 때 그리고 하나님을 말씀을 따라 살 때 진정한 존귀함을 얻는다는 사실이었다.

부자가 되려 하는 자들

6 : 9 부하려 하는 자들은 시험과 올무와 여러 가지 어리석고 해로운 욕심에 떨어지나니 곧 사람으로 파멸과 멸망에 빠지게 하는 것이라

미디어는 인간의 확장(extensions of man)이다. 이것은 1964년에 미디어 연

구의 선구자인 마셜 맥루언 박사가 세상에 제출한 유명한 책의 제목이며, 동시에 그의 주장의 요점이다. 맥루언 박사의 주장은 여러 가지 점에서 맞다. 미디어가 인간의 확장이란 정의에 타당성이 있다는 것은, 예를 들면, 미디어가 내 지식을 멀리 있는 남에게 전달하거나, 남의 지식을 멀리 있는 내게 전달하는 것을 가능하게 만든다는 사실에서 그렇다. 미디어는 손을 뻗는 것, 발로 걸어가는 것, 동물이나 기계를 타고 가는 것의 효과적 확장이다. 그러나 미디어가 인간의 확장이라는 말은 물리적인 확장에만 해당되는 것이 아닌 것 같다. 그것은 심리적 기능의 확장이기도 한데, 심지어 죄의 확장이기도 하다. 불행하게도 미디어는 좋은 것 뿐 아니라 아주 나쁜 것까지도 너무나 강력하게 보급한다. 미디어가 죄의 확장이란 말에 기분이 나쁘다면 잠시 양보하기로 하고, 때때로 곧잘 욕심의 확장이 된다는 점만을 주지시키고자 한다.

한동안 "부자 되세요"라는 말이 유행한 적이 있다. 그 유행어는 부자의 "부" 자를 길게 발음함으로써 코믹한 분위기를 고조시키면서 삽시간에 사람들의 입을 장악했다. 내가 알기로는 이 말이 어떤 텔레비전 광고의 한 토막이었던 것으로 기억된다. 그러나 이 말이 미디어를 통해서 광고된 후에 순식간에 퍼져나가 우리나라뿐 아니라 세계 어디에서나 우리말을 쓰는 사람이라면 누구나 이 유행어를 마치 인사말처럼 사용했다. 그래서 사람을 만났을 때, 사람과 헤어질 때 "안녕하세여", "안녕히 가세여"라는 인사 대신에 "부자 되세요"라는 말을 하는 상황이 벌어졌다. 심지어 목사들까지 그런 유행어를 사용하는 것으로 무슨 재치 있는 사람임을 증명하는 것처럼 생각했는지 설교를 하는 중에 몇 번이고 그 말을 써먹는 생각 머리 없는 일을 저질렀다.

물론 그런 유행어가 히트를 친 까닭은 단순히 인간의 확장이라는 미디어의 역할 때문만은 아닐 것이다. 이미 인간의 내면 가장 깊은 밑바닥에는 부자가 되고 싶은 마음이 꿈틀거리고 있는데 미디어가 그것을 풀어준 것일 뿐이다. 인간은 자고로 부자가 되고 싶어 한다. 이것은 모든 인간에게 공통되는 소망이다. 사람들이 재물이 많으면 행복할 것이라는 소박한 생각 때문에 부자가 되고 싶어 한다. 우리는 재물이 많으면 하고 싶은 것을 마음대로 할 수 있을 것이라고 믿는다. 이런 믿음 때문에 사람들은 새벽부터 밤늦게까지 재물을 모으는 데 열심을 낸다. 우리는 부지런함을 칭찬해야 한다. 근면함은 훌륭한 것이다. 그런데도 불구하고 부자가 되는 일을 무조건 잘하는 일이라고 말하기가 어렵다.

사도 바울은 그 이유를 제시한다. 부자가 되려고 하면 반드시 거쳐야 할 무서운 문들이 있다는 것이다. 사도 바울은 그것을 이렇게 열거했다. "시험과 올무와 여러 가지 어리석고 해로운 욕심." 부자가 되려고 하는 사람은 때때로 악한 사업인 줄 뻔히 알면서도 모른 척하며 손을 대려는 시험을 만나고, 시도하면 정신적으로 육체적으로 그밖에 여러 가지 차원에서 반드시 엄청난 고통을 수반하게 될 사업에 말려들고, 욕심을 낼수록 손해를 가져다 줄 일에서 벗어나지 못하는 어리석음을 저지른다. 이것은 부자가 되려는 사람들이 거의 언제나 당면하는 문제점들이다. 미안한 말이지만 이런 무서운 관문들을 정직하게 통과하는 것은 불가능하다. 그래서 청렴한 부자라는 말은 정당성을 가질 수가 없는 것이다.

사도 바울은 이런 통과절차 앞에서 부자가 되려는 사람들이 도달하는 지점이 어디인지 알려준다. 시험과 올무와 욕심은 사람들을 파멸과 멸망으로 떨어뜨린다. 결과론적으로 볼 때 사업에 실패한 사람들은 열 명에 열 명이 이구동성으로 이 사실을 증언할 것이다. 그들은 만일에 악한 사업을 모른 채 하지 않았더라면, 고통을 가져다 줄 일에 말려들지 않았더라면, 손해를 야기할 일에 욕심을 내지 않았더라면, 지금도 재미있게 사업을 하고 있을 것이라고 말하겠지만, 때는 이미 늦었다. 그러므로 그런 늦은 때로 빠져드는 길은 처음부터 피하는 것이 옳다.

돈을 사랑함

6 : 10 돈을 사랑함이 일만 악의 뿌리가 되나니 이것을 탐내는 자들은 미혹을 받아 믿음에서 떠나 많은 근심으로써 자기를 찔렀도다

최근에 출판된 책에서 미래학자인 자크 아탈리는 세계의 역사에서 오랫동안 추구되던 부의 창조가 기독교의 등장으로 말미암아 더 이상 축복이 아닌 것이 되었고, 상업적 체제의 근간을 이루는 자유와 개인주의가 후퇴했으며, 진보는 아무런 득이 되지 못하는 현상

이 일어났다고 주장한다. 이런 주장은 기독교에 관하여 적어도 두 가지를 생각하게 만든다. 그 가운데 한 가지는 미래학자가 보기에도 기독교는 일반적인 인간정신과 현저하게 다르다는 사실이다. 기독교의 등장은 물질만능주의로 흐르던 세계의 역사에 찬물을 끼얹는 것이었다. 그만큼 기독교는 새로운 정신이라는 말이다. 그러나 위의 주장에는 허구가 숨어있다. 왜냐하면 기독교의 물질관을 아주 잘못 이해하고 있기 때문이다.

기독교의 물질관을 몇 마디로 정리하기에는 쉽지 않지만 그 핵심은 의외로 간단하다. 기독교는 절대로 부를 부정하지 않는다. 무엇보다도 기독교는 하나님이 우리에게 모든 것을 후히 주시어 누리게 하시는 분임을 믿기 때문이다(딤전 6:17). 또한 그것은 예수 그리스도의 주변에도, 그리고 이후에 사도들의 협력자들 가운데도 풍부한 재물을 가지고 있는 사람들이 다수 있었다는 사실로부터 쉽사리 증명할 수 있다. 나아가서 기독교는 재물을 필요악으로 간주하지 않는다. 기독교의 가르침은 모든 사람이 자기의 손으로 성실하게 일하여 재물을 얻는 것을 선이며 복이라고 말한다. 이 때문에 사도 바울은 성도들에게 자기들의 손으로 수고하여 일할 것을 권면했고(살전 4:11), 일하지 않고 게으름을 부리고 말썽을 피우는 것을 도리어 악한 것으로 간주했다.(살후 3:11).

그런데 여기에서 주의해야 할 것은 기독교의 물질관이 이기적이 아니라 이타적이라는 사실이다. 예수 그리스도께서 비유를 베풀어 어리석은 부자를 비판했을 때 말씀하시고 싶었던 것은 부자가 "자기를 위하여" 재물을 쌓아두었다는 점이다 (눅 12:21). 사도 바울이 돈을 사랑하는 것은 일만 악의 뿌리가 된다고 말하는 까닭은 돈을 탐내는 사람들이 "자기를" 찌른다는 사실 때문이다(딤전 6:10). 세상과 역사의 비극은 이기적인 부의 추구에서 시작된다. 그래서 기독교가 거절하는 것은 "부"가 아니

*연보는 기독교인이 재물을 사용하는 방식에는 여러 가지가 있는데, 그 가운데 가난한 사람들을 위해서 물질을 내놓는 것을 연보라고 부른다. 예를 들면, 예루살렘과 유대의 교회들이 기근으로 어려움을 당했을 때 마게도냐 지역의 여러 교회들이 경제적으로 힘든 중에도 연보를 해서 도왔다(고후 8-9장 참조).

라 "이기적인 부"이다. 사도 바울이 돈을 사랑함을 비판하는 것은 오직 자기만을 위하여 물질을 추구하는 인간의 이기적 정신을 비판하는 것이다.

기독교가 가르치는 부의 사상은 나의 부로 끝나는 것이 아니라 남의 부로 연결된다. 그래서 엄격하게 말하자면 기독교는 이기적 부가 아니라 이타적 부를 추구하며, 개인의 부가 아니라 전체의 부를 추구한다. 예수 그리스도는 이것을 가장 명확하게 보여주신 모범이다(고후 8:9). 그리스도께서 부하지 않다면 우리를 부요하게 하실 수 없고, 그리스도께서 부요함을 나누지 않는다면 우리는 부요해지지 않는다. 이와 마찬가지로 우리가 부요하지 않다면 다른 이를 부요하게 할 수가 없고, 우리가 부요함을 나누지 않는다면 다른 이는 부요해지지 않는다. 바로 여기에서 기독교의 연보*와 구제라는 것이 성립된다. 연보와 구제는 재물을 가지는 것을 전제하면서 동시에 재물을 나누는 것을 전제한다(행 20:34f.; 엡 4:28).

게다가 기독교의 물질관은 언제나 하나님과의 관계에서 형성된다. 그래서 우리는 이것을 가리켜 신론적인 물질관이라고 부를 수 있다. 다시 어리석은 부자의 비유로 돌아가 보면 예수 그리스도께서 지적하고자 했던 것이 바로 이 점이다("하나님께 대하여 부요하지 못한 자," 눅 12:21). 사도 바울이 돈을 사랑함이 믿음에서 떠나는 결과를 일으킨다고 말한 것도 같은 맥락에서 이해할 수 있다. 기독교가 물질관에서 문제시 삼는 것은 하나님보다 재물을 중시하는 생각이다(딤전 6:17). 신앙으로 재물을 다스리지 않고 재물로 신앙을 억누르는 것이 문제라는 말이다. 따라서 성경은 하나님에 대한 신앙으로 재물에 대한 마음을 지도할 것을 심각하게 가르친다.

진정한 자유는 물질을 가지고 있을 때 그것에 매이지 않고 다스리는 것이며, 진정한 개인주의는 남의 가치를 고양함으로써 나의 가치를 인식하는 것이다.

하나님의 사람

6 : 10 돈을 사랑함이 일만 악의 뿌리가 되나니 이것을 탐내는 자들은 미혹을 받아 믿음에서 떠나 많은 근심으로써 자기를 찔렀도다

사도 바울은 그리스도인을 부를 때 다양한 표현법을 사용한다. 신자라고 부르고, 성도라고 부르며, 사랑받은 자, 신령한 자, 그리고 형제라는 호칭을 쓴다. 그런데 사도 바울은 디모데에게 쓴 첫 번째 편지의 마지막 단락에 이르면서 디모데를 향해서 "하나님의 사람"이라고 부른다. 이 명칭은 사도 바울이 흔히 사용하지 않

는 명칭이다. 사도 바울은 디모데를 향하여 하나님의 사람이라고 불렀을 때 무엇을 생각했을까?

무엇보다도 사도 바울은 디모데를 높이려고 했다. 하나님의 사람이라는 명칭은 높임말이다. 구약성경에 보면 하나님의 사람이라는 명칭은 특별한 사람들에게 사용되었다. 이 명칭은 우선 모세에게 사용되었다(신 33:1; 대상 23:14). 다윗 왕도 하나님의 사람으로 인정되었다(대하 8:14; 느 12:24,36). 엘리야와 엘리사도 하나님의 사람이라고 불렸다(왕상 17:18; 왕하 4:9). 그런데 사도 바울은 이처럼 특별한 사람들에게 사용되던 하나님의 사람이라는 명칭을 서슴지 않고 디모데에게 붙여주었던 것이다.

사실상 디모데는 하나님의 사람이라고 불리기에 부족한 면을 많이 가지고 있었다. 디모데는 신체적으로 보면 몸이 연약한 사람이었다(딤전 5:23). 나아가서 디모데는 연령적으로 보면 아직 나이가 어린 사람이었다(딤전 4:12). 디모데는 영적인 면에서 보면 아직도 경건에 이르기를 연습해야 할 사람이었다(딤전 4:7). 그런데도 사도 바울이 디모데를 하나님의 사람이라고 부른 까닭은 일차적으로 디모데가 지도자 모세와 같은 뛰어난 인물, 다윗 왕과 같은 위대한 인물, 선지자 엘리야나 엘리사와 같은 신령한 인물이 될 가능성을 발견하였기 때문이다.

사도 바울 자신도 주님으로부터 이런 은혜를 획득하였다. 주님께서는 죄인 중의 괴수로서 비방자요 박해자요 폭행자였던 바울을 충성스럽게 여기시어 심지어 복음을 전하는 존귀한 사도의 직분까지 맡기셨다(딤전 1:13). 사도 바울은 주님께서 자신에게 보여주셨던 그 마음을 그대로 디모데에게 표현했던 것이다.

주님께서는 하나님의 사람이라는 명칭을 우리에게도 주시기를 기뻐하신다. "너희는 택하신 족속이요 왕 같은 제사장들이요 거룩한 나라요 그의 소유가 된 백성이니"(벧전 2:9). 주님께서는 우리를 디모데처럼 하나님의 사람으로 높이 평가하신다. 주님은 우리를 존귀하게 생각하신다. 우리는 존귀한 신분을 가지고 있다.

디모데가 과연 하나님의 사람이라고 불린다면 그 명칭에 걸맞게 살아야 한다. 사도 바울은 하나님의 사람에게는 첫째로 피해야 할 것이 있다고 말한다. "너 하나님의 사람아 이것들을 피하라"(11상). 사도 바울은 가장 먼저 디모데가 돈을 사랑하는 것을 피해야 한다고 가르쳤다. "돈을 사랑함이 일만 악의 뿌리"(딤전 6:10)가 되기 때문이다. 돈이 적다고 해서 하나님을 섬기기 어려운 것이 아니며, 돈이 많다고 해서 하나님을 더 잘 섬기는 것도 아니다.

둘째로 사도 바울은 하나님의 사람에게는 따라야 할 것이 있다고 말한다. "의와 경건과 믿음과 사랑과 인내와 온유를 따르며"(11하). 여기에 나오는 단어들은 모두 그리스도인의 성품을 묘사하는 핵심적인 단어들이다. 이러한 성품들을 가지면 그리스도인은 영광스러운 사람이 된다. 사도 바울은 이것들을 "따르라"고 말했을 때, 그것들을 머릿속에서 빙빙 맴돌게 만들어서는 안 되고 생활가운데 실천에 옮기라는 뜻으로 말하고 있는 것이다. 그리스도인의 성품을 형성하려면 노력과 수고가 필요하다는 말이다.

하나님의 사람이라는 명칭은 그에 합당한 생활을 불러일으킨다. 또한 하나님의 사람으로서 합당한 생활은 이 명칭을 한껏 자랑스럽게 만든다. 그래서 하나님의 사람이 아닌 자는 이에 합당한 생활을 할 수 없으며, 합당한 생활을 하지 않으면서 하나님의 사람이라는 명칭을 소유할 수가 없다. 디모데는 사도 바울이 구태여 하나님의 사람이라는 명칭을 사용하고 있는 이유를 명심해야 할 것이다. 신자는 범인처럼 살다가 범인처럼 죽어서는 안 되며, 하나님의 사람으로 살다가 하나님의 사람으로 인생을 마쳐야 할 것이다.

피避와 추追

6 : 11 오직 너 하나님의 사람아 이것들을 피하고 의와 경건과 믿음과 사랑과 인내와 온유를 따르며

믿음의 성패는 일상에서 결판이 난다. 우리에게는 무슨 신기한 현상을 체험할 때 믿음이 강화되고, 그렇지 못할 때 믿음이 상실된다고 생각하는 경향이 짙다. 그래서 많은 목회자들이 은근히 이런 생각을 조장하고, 또한 적지 않은 신자들이 뭔가 특별한 것을 맛보고 싶어 안달을 한다. 물론 어떤 놀라운 일들을 경험한 결과 신앙이 더욱 견고하게 확립되는 경우가 있다는 사실을 부인해서는 안 된다. 하지만 우리의 믿음이 훌륭해지느냐 아니면 망가지느냐 하는 것은 훨씬 더 일상적인 생활에서 벌어진다는 점에 주의해야 한다. 매일같이 반복되는 삶에서 신앙이 독실하게 자라기도 하고 형편없이 무너지기도 한다. 이 때문에 날마다 만나는 삶의 현장을 믿음의 현장이라고 말할 수 있는 것이다.

사도 바울은 신앙의 이런 일상성을 설명하기 위해서 "피하

다"라는 말과 "따르다"라는 말을 사용한다. 피(避)와 추(追)는 우리가 일상생활에서 한시도 따돌릴 수 없이 필연적으로 반복하는 두 가지 행위이다. 바꾸어 말해서 우리의 삶은 어떤 것을 피하거나 어떤 것을 따르는 것으로 이루어진다. 우리는 일상생활 가운데 무엇인가를 멀리하고 무엇인가를 가까이하는 것을 수없이 반복한다. 우리는 둘 중에 하나를 선택한다. 그러나 피하는 행위와 따르는 행위는 서로 간에 너무나 순간적으로 교체되기 때문에 어떤 때는 이 둘이 섞여 있는 것처럼 보이기도 한다. 무엇을 피하는 것은 다른 것을 따르는 것이며, 무엇을 따르는 것은 다른 것을 피하는 것이라는 말이다.

사도 바울은 믿음의 길에서 성공하려면 피하는 법을 배워야 한다고 말한다. 피(避)는 우리가 이미 일상생활 가운데 익숙하게 연습한 방법이다. 사도 바울은 "이것들"을 피하라고 지시한다. "이것들"이란 이미 앞에서 언급한 다른 교훈(3), 교만과 변론과 언쟁(4), 투기와 분쟁과 비방과 악한 생각(4), 그리고 돈을 사랑함(10) 같은 것을 가리킨다. "이것들"은 우리가 매일같이 끊임없이 마주치는 문제들이다. 우리의 주위에는 "이것들"이 짙은 안개처럼 빽빽하게 포진해 있다. 우리의 귀는 계속적으로 다른 교훈을 듣고, 우리의 마음은 쉴 새 없이 교만과 투기와 악한 생각에 공격을 받으며, 우리의 입은 틈만 나면 변론, 언쟁, 비방을 내뱉기에 알맞다. 사도 바울은 바로 "이것들"에 직면한 우리에게 아주 간단히 "피하라"는 대처방법을 제시한다. 어찌 보면 이것은 너무나 간단해서 과연 이런 방법으로 "이것들"을 극복할 수 있을까 하는 의구심이 들기도 한다.

바로 이런 의구심을 깨뜨리겠다는 듯이 사도 바울은 또 하나의 처방을 내밀었다. 그것은 "따르라"는 제안이다. 피하는 것은 결국 따르는 것으로 연결되어야 한다. 추(追) 역시 우리가 일상생활에서 많이 연습한 방법이다. 사도 바울에 의하면, 우리가 따라야 할 것은 "의와 경건과 믿음과 사랑과 인내와 온유"이다. 사도 바울이 여기에 열거한 여섯 가지 단어는 우리의 일상에 들어와 살이 되어버린 하늘세계의 신비들이다. 그것들은 출처가 하나님인 것임은 분명하지만 그렇기 때문에 우리의 현실과 동떨어진 것이 아니다. 본래는 하나님께 속해 있던 그것들이 이제는 모두 우리의 현장에 들어와서 우리의 삶을 변화시켰다. 따라서 우리는 매일같이 지속적으로 의와 경건과 믿음과 사랑과 인내와 온유를 따라야 한다.

우리는 인생의 처음부터 마지막까지 무엇인가를 따르고 무엇인가를 피한다. 갓난아기였을 때 우리는 먹고 싶은 것에는 떼를 쓰면서 달라붙고 먹기 싫은 것에는 악을 쓰면서 거절했다. 소년시절 우리는 재미있는 것을 열심히 했지만 재미없는 것 앞에서는 미련 없이 줄행랑을 쳤다. 나이가 많은 사람이 되어서도 무엇인가를 따르고 무엇인가를 피하는 것은 여전히 계속된다. 우리는 피하는 것과 따르는 것을 일생동안 충분히, 정말 충분히 연습했다. 그런데 이상하게도 우리는 이렇게 많이 연습한 피함과 따름을 신앙의 길에서는 잘 실천하지 않는다. 게다가 더 이상한 것은 따라야 할 것은 피하고, 피해야 할 것은 따르는 기괴한 행위를 전혀 스스럼없이 저지른다는 것이다.

미덕목록

6 : 11c 오직 너 하나님의 사람아 이것들을 피하고 의와 경건과 믿음과 사랑과 인내와 온유를 따르며

윤리에서 실패하고도 살아남을 수 있는 종교는 세상천지 어디에도 없다. 어떤 종교든지 도덕의 실패는 바로 그 종교의 실패를 의미하기 때문이다. 이런 의미에서 종교의 생명력은 윤리의 강도에 달려있다고 해도 지나친 말이 아니다. 종교는 종교다운 고상함과 우아함을 보이기 위해서도 그렇지만, 그보다도 더 근본적으로 그 종교가 생존하고 번식하기 위해서 반드시 윤리를 동반해야 하는 법이다. 종교에서 윤리가 뜻하는 바는 장식이 아니라 생존이라는 말이다. 이렇게 볼 때 종교적 윤리라는 말이나 윤리적 종교라는 말은 별거 아니라는 듯이 절대로 가볍게 여겨서는 안 된다.

수평적인 차원에서 보면, 초기 기독교가 성공할 수 있었던 것도 이런 방식으로 이해할 수 있다. 윤리를 무시한 기독교라는 것은 처음부터 지구상에 존재하지 않았다. 윤리는 초기 기독교에 내재한 본질의 일면이었다. 우리는 이 사실을 초기 기독교가 윤리를 무한적으로 강조했다는 것에서 어렵지 않게 규명할 수 있다. 초기 기독교가 성공할 수 있었던 배후에는 하나님의 은혜와 성령의 능력이 있었기 때문에 윤리만을 유일한

조건이라고 말하기는 어렵다. 그럼에도 불구하고 윤리를 소유하고 윤리를 교육한 것이 초기 기독교의 성공요소 가운데 하나라고 말해도 큰 잘못은 아닐 것이다.

초기 기독교의 윤리 강조는 신약성경에 여기저기 등장하는 윤리목록들을 볼 때 어렵지 않게 입증된다. 신약성경의 윤리목록은 두 가지가 있다. 첫째는 신자들이 따라야 할 덕목들을 열거하는 미덕목록이며, 둘째는 신자들이 피해야 할 악행들을 열거하는 악덕목록이다. 신약성경에 분포되어 있는 윤리목록은 초기 기독교가 윤리를 얼마나 중시했는지 분명하게 설명해주는 귀중한 자료이다. 이렇게 명확한 윤리목록들을 제시받음으로써 초대교회의 신자들은 쓸데없이 힘과 시간을 소모하는 논쟁을 벌이지 않고 세상에서 바로 윤리적인 삶을 실천에 옮길 수가 있었던 것이다.

사도 바울은 디모데에게 미덕목록을 한 가지 제시하였다. "의와 경건과 믿음과 사랑과 인내와 온유". 이런 덕목은 신자가 예수 그리스도를 주님으로 받아들이지 않은 세상 사람과 질적으로 얼마나 다른지 쉽게 보여줄 수 있는 내용이다. 세상 사람은 의롭지 않고, 경건하지 않으며, 하나님에 대한 믿음이 없고, 예수의 사랑을 알지 못하며, 성령의 열매인 인내나 온유를 가지고 있지 않다. 이런 세상에서 신자는 미덕목록을 따름으로써 신자의 품위를 증명하고 세상과의 차별을 증명한다. 그러나 신자가 이런 덕목을 따르는 것은 단순히 세상 사람과의 차별화 때문만은 아니다.

신자가 이런 덕목을 따르는 것은 자신이 고백하는 신앙과 자신이 신앙하는 신학은 반드시 일상생활로 표현되어야 한다고 생각하기 때문이다. 신학은 윤리의 나무이며, 윤리는 신학의 열매이다. 초기 기독교의 신자들에게는 신학과 윤리가 분리되어 있지 않았다. 신학은 신학대로 따로 놀고, 윤리는 윤리대로 따로 노는 그런 기독교는 아예 없었다. 윤리는 신학에 뿌리를 내리고, 신학은 윤리로 꽃피는 것, 그것이 초기 기독교의 진정한 모습이었다. 그러므로 초대교회의 윤리는 철저하게 신학적인 윤리였고, 초대교회의 신학은 철저하게 윤리적인 신학이었다. 초기 기독교의 능력은 신학과 윤리의 동반성에서 표출된 것이다.

오늘날 현대 기독교에서 최악의 취약점은 윤리를 상실했다는 데 있다. 목회자도 성도도, 교회도 교회와 관련된 기관들도 그렇다. 부끄럽게도 기독교의 이름을 붙이고 있는 어디 한 곳에서도 고귀한 도덕성 때문에 칭찬을 받는 곳을 발견하기가 어렵다. 우리에게는 신학도 없고, 윤리도 없다. 지금 기독교는 스스로 펜을 꺼내들고, 표준으로 삼아야 할 윤리목록을 작성해야 할 때가 아닌가? 그리고 윤리목록을 지키기 위해 각고의 노력을 기울이면서 과시와 사치와 오만과 욕심과 아집, 이런 것들을 내버려야 할 때가 아닌가? 우리는 윤리적 신학과 신학적 윤리를 회복해야 한다. 초기 기독교의 성공은 우리에게 도외시할 수 없이 중요한 교훈이다. 현대의 기독교가 윤리에서 실패한다면, 그것은 머지않아 기독교 그 자체의 실패가 될 것임을 명심해야 한다.

영생을 취하라

6 : 12 믿음의 선한 싸움을 싸우라 영생을 취하라 이를 위하여 네가 부르심을 받았고 많은 증인 앞에서 선한 증언을 하였도다

신학자들이 만들어낸 용어 가운데 "초기 가톨릭주의" (Early Catholicism)라는 말이 있다. 이것은 기독교의 초기 역사를 해석하는 한 가지 방식에서 나온 전문어이다. 신약성경 기록이 막 종료될 시기에 초기 기독교인들은 예수 그리스도의 재림이 늦어진다는 사실을 인식하고는 현실에 대응하기 위해서 세계의 교회를 강력한 조직으로 묶어야 할 필요를 느끼게 되었다는 것이다. 이렇게 하여 어느덧 1세기 말의 기독교는 종말 공동체에서 현실 공동체로 탈바꿈했다고 한다. 초기 기독교에 정말로 중요한 것은 종말이 아니라 현실이라는 생각이 강하게 작용했다는 주장이다. 초기 가톨릭주의 이론에 따르면 세계에 흩어진 교회는 점점 집중화되고, 조직화되고, 현실적이 되었다. 그러다가 마지막에는 로마 가톨릭* 과 같은 작품이 생산되었다는 것이다.

이 그럴듯한 해석방식에는 여러 가지 문제점이 있다. 여기는 그것들을 제시할 자리가 아니기 때문에 더 이상 이야기할 수 없다. 단지 이 주장을 바라보면서 말하고 싶은 것은, 이 주장이 초기 기독교의 상황보다는 현재 기독교의 상황을 설명하는 데 더 어울리는 것이 아닌가 하는 생각이 든다는 것이다. 아이러니하게도 이 이론의 시각으로 들여다보면 현대의 기독

교를 평가하는 데 큰 도움을 얻는다. 초기 기독교의 모습을 설명하기 위하여 개발된 이론이 현대 기독교의 모습을 파악하는 데 더 잘 맞는다는 것은 이상한 현상이 아닌가? 그만큼 현대 기독교는 가톨릭주의의 원단(元旦)으로 너무나도 열심히 돌아가고 있다는 뜻이다.

*로마 가톨릭 보통 교황을 정점으로 중세 시대를 지배했던 기독교의 한 형태를 말한다. 교황주의, 사제주의, 수도원제도, 성모/성인/성상 숭배, 행위구원 등으로 특징을 이룬다. 16세기에 이르러 종교개혁의 결정적인 도전을 받았다. 참조).

오늘날 기독교에 이런 귀환성이 너무나 강하고 다양해서 작은 지면에 일일이 다 적는다는 것은 처음부터 불가능한 일이다. 성직자주의는 언제나 우리가 경계해야 할 큰 위험요소이다. 목회자가 경건보다는 외형으로 일반 신자들과 구별되려는 마음을 가지는 것, 그렇게 하기 위해서 성경적 교훈과 가르침을 버리고 계급과 조직을 강화하여 왕처럼 군림하는 것, 이런 것들은 매우 위험한 발상이다. 한 교회가 제도적으로 수하에 여러 교회를 거느리는 것, 정당성이 없는 온갖 기막힌 수단을 다 동원해서 자식에게 목회를 세습하게 하는 것, 이것도 역시 모두 성직자주의의 일환이다.

이와 연관해서 더 생각해 볼 것은 기독교가 물질주의의 지독한 감염에서 도무지 벗어나지를 못하고 있다는 점이다. 그러다 보니 기독교는 필요한 교회건물에 불필요한 고가의 실내장식을 더하느라 열을 올리고, 세상에서 경제적으로 성공하는 것이야말로 하나님의 축복 중에 축복인 것처럼 자랑한다. 물질주의는 결국 실적위주의 선교를 낳는다. 실적을 요구하는 본국 교회의 눈을 의식하여, 선교사들이 한 달, 두 달 길지도 않은 기간 동안 자신이 행한 세세한 일들을 보고하려고 며칠이나 끙끙대며 문서를 작성하는 것은 바람직한 일이 아니다. 세속의 물결이 기독교의 중심에서 범람하고 있다.

오늘날 기독교가 침몰하는 현장에는 꼭 신비주의가 있다. 신비주의는 영적 몰입을 바탕으로 하는 신비한 체험이 바로 기독교 신앙의 핵을 형성한다고 강변한다. 심지어 아말감으로 때운 치아가 성령의 능력을 받으면 금니로 변한다는 괴상한 가르침이 인기를 얻는다. 현대 기독교는 신비주의의 유혹에 약하다. 그래서 기독교는 미신과 크게 다를 바 없는 종교로 타락하고 있다. 어디엔가에서는 주기도문을 만 번 외우면 무엇이든 소원 성취하지 못할 것이 없다는 설교가 버젓이 행해 졌다니 정말 가소로운 일이지 않은가.

따지고 보면, 이런 현상들이 발생한 까닭은 기독교가 현실에 지나치게 목을 매고 있기 때문이다. 사도 바울은 "영생을 취하라"고 권면함으로써 기독교의 본질이 여전히 현실 저 너머에 있다는 진리를 설파하였다. 영생이란 이미 현실적으로 누릴 수 있는 것이긴 하지만, 그럼에도 불구하고 그 뿌리는 사람들의 "여기"에 있지 않고 하나님의 "저기"에 있다. 현실은 영원에 의하여 해석될 때만 참된 가치가 있다. 본래 이것이 기독교가 줄곧 가르쳐온 진실이다. 그러나 현대의 기독교는 현실에 골몰하여 영원을 잊어버렸으니 무엇인들 제대로 책임질 수 있겠는가?

선한 고백

6 : 12b 믿음의 선한 싸움을 싸우라 영생을 취하라 이를 위하여 네가 부르심을 받았고 많은 증인 앞에서 선한 증언을 하였도다

소명을 너무 사역과 관련해서만 이해하려는 시도는 문제가 있다. 하나님께서 어떤 일을 맡기시기 위하여 사람을 부르시는 것은 사실이다. 그래서 어떤 사람에게는 전도가 소명이며, 어떤 사람에게는 구제가 소명이다. 우리는 주위에서 흔히 치유사역을 소명으로 받았다거나 찬양사역을 소명으로 받았다고 말하는 사람들을 본다. 하지만 소명이란 근본적으로 영생을 위한 부르심이다. 여기에 복음의 요점이 들어있다. 만일에 영생에 부르심을 이해하지 못한 채 소명을 사역과 연관시켜 생각한다면 그것은 기초를 놓지 않고 집을 짓는 것과 비슷한 현상이 되고 만다. 하나님의 부르심은 근본적으로 전도를 위한 것도 아니고 구제를 위한 것도 아니다. 영생을 위한 부르심 없이는 그런 모든 것이 처음부터 아예 무의미하고 불가능하기 때문이다.

영생을 위한 부르심을 이해하는 사람은 영생에 대한 신앙을 고백한다. 오늘날 현대교회에서 나타나는 치명적인 문제 가운데 하나는 영생에 대한 신앙고백이 희미하다는 것이다. 좋게 표현해서 희미하다는 말이지, 사실은 그런 고백이 부재하다고 말해도 잘못이 아닐 정도이다. 슬픈 일이지만 영생에 대한 설교도 없고 영생에 대한 찬송도 없다. 설교자들은 이 땅에서의 성공과 행복을 말하느라고 분주하고, 신자들은 이 땅에서 뭔가 신비한 것을 체험하고 싶다는 노래를 부르느라고 바쁘다. 많은 사람들이 촛불을 보느라 햇빛을 놓치는 것처럼

현세의 웰빙에 몰두하다가 영생의 영광을 느끼지 못한다. 가로등 밑을 떠나지 않으면 달의 찬연한 빛을 맛보지 못하듯이 영생을 알려면 일시의 그늘에서 떠나야 하는 법이다.

영생이란 무엇인가? 그것은 하나님께 속한 것이며 하늘에 속한 것이다. 영생은 하나님과 영원히 함께 있는 것을 가리킨다. 우스갯소리겠지만 어떤 이는 하나님과 영원히 함께 있으면 지겹지 않겠느냐고 말하는데, 이것은 사랑하는 사람과 오래 있으면 지겹다고 말하는 것과 다를 바가 없다. 그런 사람은 사랑할 자격이 없다. 아마도 이런 사람은 시편기자에게서 무릎을 꿇고 공손히 한 수 배워야 할 것이다(시 16:11). 또한 영생은 하나님을 영원히 아는 것이다(요 17:3). 사도 바울이 다른 데서 고백했던 것처럼, 신자는 영생의 세계에서 온전한 지식으로 인한 끊임없는 즐거움을 맛본다(고전 13:12). 달리 말하자면, 영생은 하나님의 은혜를 영원히 누리는 가장 큰 기쁨의 연속이다.

영생에 대한 신앙을 고백하는 사람은 그 신앙을 간직하려다가 이 세상에서 조금 잘못되는 것도 두려워하지 않는다. 그런 신자는 영생에 대한 고백 때문에 금생에서 희생하는 것도 감수한다. 또 다른 곳에서 사도 바울이 말했던 것처럼, 신자는 하나님께서 지으신 집, 손으로 지은 것이 아닌 집, 하늘에 영원한 집이 있는 줄 알기 때문에 땅에 있는 장막 집이 무너지는 것을 무서워하지 않는다(고후 5:1). 그런 신자는 하나님의 영광을 위해서 인간의 자존심을 버리며, 하나님의 이름을 위해서 자신의 이름을 포기하며, 영생의 즐거움을 위해서 금생의 기쁨을 양보한다. 사도 바울이 디모데에게 영생을 위하여 부르심을 받았다는 것을 상기시키고 디모데가 많은 증인들 앞에서 영생을 위하여 선한 신앙고백을 한 것을 칭찬하면서 가슴 속에 두었던 이야기는 대략 이런 것이었으리라. 그리고 사도 바울이 이런 말을 하면서 끝끝내 입 밖에 내지 않은 또 다른 이야기가 있었다면, 그것은 영생을 고백하는 사람이 이 세상에서 보여야 할 품위에 관한 것이라 생각된다. 영생을 고백하는 신자는 아무 것도 없지만 모든 것을 가진 자이며, 부요에도 가난에도 처할 수 있기에 능력주시는 자 안에서 모든 것을 할 수 있는 사람이다. 그렇기 때문에 영생을 고백하는 신자는 마음이 너그럽고 넉넉하며, 생각이 여유롭고 부드럽다.

보석을 가진 사람은 잡석을 놓고 싸우지 않으며, 하늘을 소유한 사람은 땅을 위해서 다투지 않는다. 왕궁을 얻은 사람은 모래성 때문에 근심하지 않으며, 하나님을 만난 사람은 세상 때문에 낙심하지 않는다. 내일을 아는 사람은 오늘에 매이지 않으며, 영생을 고백하는 사람은 금생 때문에 쩨쩨하지 않다.

본디오 빌라도를 향하여

6 : 13 만물을 살게 하신 하나님 앞과 본디오 빌라도를 향하여 선한 증언을 하신 그리스도 예수 앞에서 내가 너를 명하노니

정치에서 최고의 권력을 행사하는 사람이 종교적인 진리를 귀담아 듣는다는 것은 쉬운 일이 아니다. 그런 사람에게 진리란 단지 자신의 권좌를

*유대교의 종파들 사두개파는
제사장 가문의 사람들로 구성되는
기득권층을 말하는데 유대를 식민
통치하는 로마에 적극적으로 동
조했다. 바리새파는 대체로 평민
이 속한 종파로 성결을 강조하면
서 스스로 구별된 자들로 자처했
다. 엣세네(쿰란)파는 로마제국 아
래서 부패한 유대교에 염증을 느
끼어 신랄하게 비판하면서 광야로
탈출하여 새로운 거룩한 공동체를
건설했다. 엣세네파는 신약성경에
언급되지 않는다.

정당화하는 데 필요한 여러 가지 도구들 가
운데 하나에 지나지 않기 때문이다. 그가
종교의 필요성을 느낀다면, 그것은 단지 정
치를 위해서 그럴 뿐이다. 이런 모습은 실
제로 역사상에 자주 발견된다. 예를 들면
그것은 우리 땅을 강점했던 일제가 기독교
를 회유하면서 보여주었던 모습이다. 독일
의 정권을 장악한 히틀러가 나치에게 충성
을 다짐한 "독일 기독교"(Deutsche Christen)에 대하여 가
졌던 자세도 이와 크게 다를 바가 없다.

아마도 본디오 빌라도라는 이름을 들을 때 순간적으로 떠
오르는 의문은 막강한 정치적인 실력을 가지고 있는 사람이
과연 순전한 마음으로 종교적인 진리에 귀를 기울일 수 있을
까 하는 것이다. 이런 생각이 거북스럽지 않은 까닭은 구태여
로마의 역사서까지 들춰보지 않았더라도 간단히 복음서를 통
해서 빌라도가 어떤 인물인지 잘 알고 있기 때문이다. 빌라도
는 티베리우스 황제 아래서 주후 26년부터 36년까지 유다의
총독으로 재직했다. 그 때는 유대교* 안에 바리새파, 사두개
파, 엣세네(쿰란)파 등등 다양한 갈래들이 생겨 제각기 목소
리를 내던 시기였다. 따라서 유다를 관할하던 본디오 빌라도
는 이런 종파들의 설교를 귀가 따갑도록 들었을 것이다.

특히 본디오 빌라도가 세례자 요한을 거쳐 예수 그리스도와
동시대를 살았다는 사실은 정치와 종교가 해후할 때 어떤 결

과가 벌어지는지 보여주는 가장 좋은 예가 된다. 비록 많은 내용은 아니지만 복음서에 의하면, 예수 그리스도는 빌라도의 법정에서 분명하게 진리를 밝히셨다. 이렇게 하여 빌라도는 그리스도에 대한 그리고 하나님의 나라에 관한 진리를 들을 수 있는 기회를 접했던 것이다. 빌라도가 여태까지 들었던 말 중에 이보다도 더 귀중한 말은 없었다. 하지만 사람의 몸을 가지고 오신 하나님의 아들이 바로 곁에서 생생한 음성으로 들려주는 그 놀라운 진리를 최고의 정치 권력자는 아낌없이 내버렸다. 왜냐하면 예수 그리스도의 진리란 것이 정치적인 목적에 그다지 영양가가 있는 것으로 여겨지지 않았기 때문이다. 지금도 반복되는 현상이지만, 권력자에게는 진리라도 잘 듣지 않는 경향이 있다.

그런데 뒤집어 생각해보면, 예수 그리스도의 말씀은 우리를 아연하게 만든다. 보통은 권력에 아부하는 것이 인간의 본성이지 않은가. 정도야 어떻든지 간에 사람들은 정치를 쥐락펴락하는 세도가에게 빌붙으려고 하는 법이다. 그런 인물 앞에 설 때 웬만한 강심장을 가진 사람이 아니면 자신이 믿는 종교적인 진리라도 슬며시 감추고 귀를 즐겁게 하는 말을 골라낸다. 정치 앞에서 진리는 왜곡되기 싶다. 그러나 예수 그리스도의 길은 이런 일반적인 모습과 현저하게 달랐다. 그분은 당시의 최고 실세인 본디오 빌라도 앞에서 선한 고백을 당당하게 증언하셨다. 그것은 정치가 진리보다 앞서는 것이 아니라 진리가 정치보다 앞선다는 것을 밝힌 순간이었다.

사도 바울은 예수 그리스도께서 본디오 빌라도 향하여 제출한 것이 다름 아닌 선한 고백이었다고 요약한다(13). 예수 그리스도의 선한 고백은 땅의 세계보다 하늘의 세계가 상위한다는 진리를 가르치는 것이다. 땅의 정치는 하늘의 진리를 수용할 때 생명력을 가진다. 왜냐하면 진리를 수용한 정치만이 더러운 흙탕물에서 벗어나 맑고 잔잔한 호수로 나아갈 수 있기 때문이다.

어찌 세상의 정치에서뿐이겠는가. 세상의 정치에서도 진리가 선도적인 역할을 해야 한다면, 교회의 정치에서는 더더욱 그러해야 할 것이다. 지역교회에서 담임목사가 진리를 아랑곳하지 않고 신자들을 향해 무소불위의 권력을 휘두르고, 몸집이 큰 교회가 작은 교회들을 향해 진리에서 벗어난 횡포를 부리는 것은 예수 그리스도의 방식을 전혀 알지 못하는 행위이다. 이런 오류를 피하기 위하여 우리는 끊임없이 예수 그리스도에게로 돌아가야 한다. 최고의 권력자 앞에서도 진리를 말하는 정신으로, 그리고 진리로 정치를 선도하는 정신으로.

예수께서 나타나실 때까지

6 : 14 우리 주 예수 그리스도께서 나타나실 때까지 흠도 없고 책망 받을 것도 없이 이 명령을 지키라

해아래 새것이 없다는, 삶에 대한 전도서 식의 평가는 초대기독교인들에게도 강한 인상을 심어주었다. 인생에 변화가 있더라도 그것은 허무한 것이며, 순환이 있더라도 그것은 식상한 것이다. 삶이란 비슷

한 요철의 반복이며 평범한 굴곡의 연속이다. 인생에서 모든 게 그렇고 그렇다. 이런 입장은 신약성경의 기자들이 부와 가난에 대하여 말할 때 아주 선명하게 나타난다. "낮은 형제는 자기의 높음을 자랑하고, 부한 자는 자기의 낮아짐을 자랑하라"(약 1:9-10). 심지어 부한 자를 포함하여 모든 육체는 풀과 같고 그 영광은 풀의 꽃과 같다고 말할 때(약 1:10; 벧전 1:24) 전도서 식의 견해는 절정에 달하는 것처럼 보인다. 부하다는 것 그 자체도 그저 그런 것일 뿐이다.

하지만 부요함이란 것은 그저 그런 것일 뿐 아니라 인생에 엄청난 손해를 끼치는 독소적인 성분도 가지고 있다. 사도 바울은 디모데에게 보내는 첫째 편지의 끝부분에서 부에 관한 문제를 꽤 끈질기게 다루면서 이 사실을 강하게 표명하였다. 이미 앞에서 사도 바울은 부하려 하는 자들에게 재물이란 시험과 올무에 떨어뜨리며 파멸과 멸망에 빠뜨리는 것이라고 경고하면서 돈을 사랑하고 탐내는 마음에 주의를 주었고(9-10), 다시 뒤에서 부한 자들에게 마음을 높이지 말고 재물에 소망을 두지 말라고 말하면서 오직 모든 것을 후히 주시어 누리게 하시는 하나님께 마음과 소망을 둘 것을 권면한다(17). 부요함이란 그저 그런 게 아니라 때때로 삶을 치명적으로 망가뜨리는 무서운 세력이라는 말이다.

그래서 결코 안정되지 않은 재물의 부요함에 의존해서 사는 것은 매우 불안한 삶이다. 사도 바울이 부의 문제를 다루는 이유가 보통 그것이 인생에서 가장 의존할만한 것으로 간주될 수 있기 때문이라는 사실을 감안한다면, 재물의 부요함을 의존하는 것이 불안하다는 말은 곧 이 세상에 존재하는 무엇을 의지해서 사는 것이 불안하다는 말로 바꾸어 이해할 수 있다. 그렇다. 세상에 존재하는 어떤 것도 참된 안정을 줄 수 없다. 오히려 세상에 있는 것을 의지하면, 불 속에서 꺼낸 숯 조각을 잡는 것처럼 손이 더럽혀지고, 상한 갈대를 잡는 것처럼 손에 상처를 입는다.

그러므로 사도 바울은 진정으로 의존해야 할 대상이 세상 밖에 있다고 말한다. 그분은 다시 오시는 예수 그리스도이시다. 사도 바울은 예수 그리스도의 나타나심을 전심을 다해 기다린다. 그가 예수 그리스도의 나타나심을 대망하는 데는, 그 이유만은 아니지만, 재물의 부요함이 가장 신뢰할만한 것이라고 믿는 세상에 대한 불신이 작용하였기 때문이다. 그렇다. 세상 밖에서 다시 오시는 예수 그리스도에게서만 참된 안정을 발견할 수 있다. 재림하실 예수 그리스도를 소망하며 신앙하는 것만이 비바람에도 흔들리지 않는 산성과 같은 것이며, 폭풍우에도 요동하지 않는 요새와 같은 것이다.

게다가 예수 그리스도의 재림을 확신할 때, 거기에서부터 신자의 윤리가 출발한다. 그런 든든한 믿음에 의하여 신자는 흠도 없고 책망 받을 것도 없는 삶을 견지할 수 있기 때문이다. 그래서 재림에 대한 신앙은 현실적인 윤리의 동인이다. 예수의 재림이 신자의 현재를 결정한다. 윤리는 신앙의 열매이다. 재림을 믿는 것에서 삶에 대한 새로운 인식이 발생하며, 삶의 새로운 시도가 착수된다. 이렇게 볼 때, 재림신앙은 삶의 대변혁이라고 부를 수 있다. 사도 바울 자신이 항상 새롭고 항상 역동적이었던 것도 이런 재림신앙을 가지고 있었기 때문이리라.

분명히 신자는 삶이란 것이 그렇고 그런 것이며, 삶에 가장 큰 유익을 줄 수 있다고 믿어지는 것조차도 도리어 큰 해악이 된다는 것을 알고 있다. 그래서 신자는 세상에 있는 것을 의존하는 것이 아니라 다시 오시는 예수 그리스도를 대망한다. 그리고 신자는 재림신앙을 가지고 있는 까닭에, 그렇고 그런 세상이라도, 심지어는 가장 믿을만한 것까지도 손해꺼리가 되는 세상이라도 도피하지 않고 고스란히 받아들이는 것이며, 그리고 예수 그리스도께서 나타나실 때까지 이 세상에서 흠도 없고 책망 받을 것도 없이 거룩한 명령을 지키는 것이다.

하나님은…

6 : 15 - 16 기약이 이르면 하나님이 그의 나타나심을 보이시리니 하나님은 복되시고 유일하신 주권자이시며 만왕의 왕이시며 만주의 주시요 오직 그에게만 죽지 아니함이 있고 가까이 가지 못할 빛에 거하시고 어떤 사람도 보지 못하였고 또 볼 수 없는 이시니 그에게 존귀와 영원한 권능을 돌릴지어다 아멘

날씨는 점점 차가와지는데 정계는 점점 뜨거워진다. 대통령 선거철이 다가오면서 후보들 사이에 그리고 그들을 제각기 밀고 있는 정당들 사이에 정책대결로 불이 붙을 정도로 열기가 달아오른다. 아마도 그 싸움은 상대방을 쓰러뜨리려는 흑색선전으로 발전할 경우에 더욱 가열될 것이 분명하다. 대통령 선거를 코앞에 두고 있는 지금, 재미있는 말을 들

었다. 어느 정당에 소속된 국회의원들이 그 정당에서 출마하는 대통령 후보를 잘 알기 위해서 머리를 싸매고 과외공부를 한다는 이야기이다. 다른 정당 사람들이 그 후보를 꺾기 위해 온갖 흠집을 찾아내서 공격을 할 것이 뻔하기 때문에, 그것을 방어하려면 먼저 그 후보의 문제점을 숙지해야 한다는 것이 바로 그 이유다.

세상에서 정치를 하는 사람들도 자신들이 지지하는 대통령 후보를 정확하게 알아야 한다고 생각하는데, 신자들은 자신들이 믿고 있는 하나님이 어떤 분인지 정확하게 알지 못한다면 그게 말이 되겠는가? 하지만 불행한 것은 그게 말이 된다는 사실이다. 기독교를 자기가 믿는 종교라고 표방하는 사람들 가운데 하나님을 제대로 알지 못하는 경우가 이루 셀 수 없이 많기 때문이다. 교회에 다니고, 예배에 참석하고, 대단한 직분을 맡아 봉사하고, 기독교와 관련된 사회사업에 열심을 내는 많은 사람들이 하나님을 아는 일에는 별 관심이 없다. 교회 다니는 것이 재미있고, 예배에 참석하는 것에 만족하고, 직분을 감당하는 것이 감사하고, 기독교 사회사업을 하는 것을 영광스럽게 여길 뿐, 더 이상은 아니다. 그들에게는 하나님 지식이 없다.

사도 바울은 디모데에게 보내는 편지의 첫 부분에서 하나님이 어떤 분인지 말한 적이 있다. "영원하신 왕 곧 썩지 아니하고 보이지 아니하고 홀로 하나이신 하나님께 존귀와 영광이 영원무궁하도록 있을지어다 아멘"(1:17). 그런데 사도 바울은 이 편지를 마무리하는 끝 부분에 이르러 다시 비슷한 용어들을 사용하여(사실은 조금 더 확대된 방식으로) 하나님이 어떤 분인지 말한다. "하나님은 복되시고 유일하신 주권자이시며 만왕의 왕이시며… 오직 그에게만 죽지 아니함이 있고 … 어떤 사람도 보지 못하였고 또 볼 수 없는 이시니 그에게 존귀와 영원한 권능을 돌릴지어다 아멘"(6:15-16).

사도 바울이 첫 부분에서처럼 끝 부분에서 다시 한 번 비슷하게 하나님에 대하여 되풀이하는 데는 이유가 없지 않다. 한마디로 말해서 우리가 믿는 하나님이 어떤 분인지 정확하게 알아야 한다는 것이다. 사도 바울이 여기에 하나님을 설명하기 위해서 제시한 내용은 아마도 초기 기독교가 예배에서 아니면 입교식에서 개인의 신앙고백으로 암송하던 하나님 찬양시였을 것으로 추정된다. 이 단락에 열거된 여러 가지 표현법은 그 하나하나가 모두 중요하다 못해 장중하고 엄숙한 것이다. 그래서 이 하나님 찬양시는 한 단어, 한 단어 그리고 한마디, 한마디가 엄청난 신학을 함의하고 있다. 초기 기독교에는 하나님 지식이 있었다.

하나님 지식이 하나님을 믿어야 할 이유이다. 하나님을 정확하게 알수록 하나님을 확실하게 믿는다. 그래서 하나님을 알지 못하면서 하나님을 믿는다고 말할 수가 없다. 신자들에게 믿음이 독실하지 않은 이유는 하나님을 제대로 알지 못하기 때문이며 하나님을 분명히 아는 일에 게으르기 때문이다. 또한 하나님 지식이 하나님을 전해야 할 이유이다. 하나님을 아는 사람은 하나님을 전하지 않고는 못 배긴다. 그 사람은 하나님을 전하지 않을 때 속이 새까맣게 타버리고 입이 바싹바싹 메마른다. 신자들이 하나님을 전하지 않는 까닭은 하나님에 대하여 무지하기 때문이며 하나님을 더욱 모르는 상태로 빠져들고 있기 때문이다.

하나님 지식이 악을 멀리할 뿐 아니라 악과 싸워야 할 이유이며, 하나님 지식이 선을 가까이 하고 선을 베풀어야 할 이유이다. 우리는 일일이 다 거론할 수 없는 모든 이유 때문에 하나님을 알아야 한다. 그렇지 않을 때, 옛날 호세아 선지자가 말했던 것같이, 하나님을 아는 지식이 없는 백성은 망한다(호 4:1,6). 그래서 호세아 선지자는 힘주어 외쳤던 것이다: "그러므로 우리가 여호와를 알자 힘써 여호와를 알자"(호 6:3).

가까이 가지 못할 빛

6 : 15 - 16 기약이 이르면 하나님이 그의 나타나심을 보이시리니 하나님은 복되시고 유일하신 주권자이시며 만왕의 왕이시며 만주의 주시요 오직 그에게만 죽지 아니함이 있고 가까이 가지 못할 빛에 거하시고 어떤 사람도 보지 못하였고 또 볼 수 없는 이시니 그에게 존귀와 영원한 권능을 돌릴지어다 아멘

부모의 은덕을 기리는 노랫말을 듣거나 스승의 은혜에 감사하는 시를 읽다보면 부모와 스승을 묘사하기 위해서 무진장 애쓴 흔적들을 발견하게 된다. 보통 말로 그들의 사랑과 노고를 설명하는 것은 너무나 죄송한 일이기에 주로 등장하는 단어들이 하늘, 태산, 바다, 이런 것들이다. 아마도 이런 현상은 추상적인 개념들을 정의하고자 할 때도 동일하게 나타나는 것 같다. 예를 들어 화가가 열정을 그리려면 붉은 색

을 많이 사용하고, 순결을 표현하려면 대체로 흰 색으로 꾸미는 것이 당연한 일이겠지만, 색깔만 가지고는 만족하지 못해 화폭에 어떤 무늬를 그려 넣기 위해 엄청나게 고뇌한다.

하나님을 설명하는 것은 그 무엇보다도 어렵다. 그래서 성경의 기자들까지도 이 어려움을 감당하기 힘들다는 듯이, 자주 우주의 신묘불측한 현상을 가지고 하나님을 묘사한다. 하나님은 홀로 하늘을 펴시고 땅을 그 자리에서 움직이시며, 해를 명령하여 뜨지 못하게 하시고 별들을 흑암에 가두신다(욥 9:6-8). 하나님은 눈을 양털같이 내리시고 서리를 재 같이 흩으시며 우박을 떡 부스러기 같이 뿌리신다(시 147:16-17). 특히 욥기 38장에서 41장을 죽 읽으면 하나님의 위용 앞에 그만 숨이 턱 막히는 것을 느끼게 된다. 욥 자신의 말을 인용하자면, 손으로 입을 가릴 뿐이다(욥 40:4).

이런 어려움은 사도 바울에게도 예외가 아니었을 것이다. 만일 그에게 하나님의 지혜가 주어지지 않았더라면 하나님을 설명하기 위해서 일획도 긋지 못했을 것이다. 하나님의 계시를 따라서 사도 바울은 한 단어, 한 단어 그리고 한마디, 한마디가 엄청난 신학을 함의하고 있는 여러 가지 장중하고 엄숙한 표현을 열거하여 하나님을 묘사한다.

사도 바울은 가장 먼저 하나님이 복되시고 유일하신 능력자이심을 선언한다. 하나님에게는 능력이 있다. 그런데 하나님의 능력은 그 자체가 복스러운 것이며, 다른 어떤 것이 견줄 수 없는 것이다. 하나님은 능력을 가지고 있기에 복을 주실 수 있고 자신만이 유일하신 하나님임을 입증하실 수 있다. 따라서 세상의 모든 것은 하나님으로부터 복을 얻고 오직 하나님을 의존할 때 능력을 받는다.

또한 사도 바울에 의하면 하나님은 만왕의 왕이시며 만주의 주이시다. 시간과 공간을 막론하고 모든 왕들과 모든 주들은 하나님 앞에서 왕이 아니며 주가 아니다. 모든 왕들은 아무리 잘 다스려도 하나님처럼 다스릴 수 없고, 모든 주들은 아무리 잘 통치해도 하나님처럼 통치할 수 없다. 하나님의 왕권과 주권만이 영원과 시간에서 그리고 초월과 내재에서 완벽하게 유효하다. 따라서 하나님의 다스림과 통치를 받을 때 모든 것은 안전하고 안정된다. 하나님의 왕권과 주권을 떠나는 것은 그 자체가 파멸의 길이며 패망의 삶이다.

더 나아가서 사도 바울은 하나님을 죽지 아니함을 가지신 유일한 분이며 가까이 가지 못할 빛에 거하시는 분이라고 정의한다. 하나님께는 모든 것이 가능하지만 절대로 불가능한 두 가지 "안 됨"이 있다. 첫째로 하나님께는 죽는 것이 안 된다. 하나님은 죽는 것이 가능하지 않다. 왜냐하면 하나님만이 영원한 자존자이시기 때문이다. 따라서 하나님께만 진정한 생명이 있고, 하나님이 관련하는 모든 것은 생명을 얻는다. 둘째로 하나님께는 접근하는 것이 안 된다. 누구도 하나님께 가까이 가는 것은 불가능하다. 왜냐하면 하나님은 최상의 광명자이시기 때문이다. 하나님은 가장 밝은 빛을 소유하고 계시므로 모든 것은 하나님과 관련할 때 빛을 얻는다.

마지막으로 하나님은 어떤 사람도 보지 못하였고 또 볼 수 없는 분이시다. 하나님과 관련하여 두 가지 "못함"이 있다. 첫째는 과거와 이전에 아무도 하나님을 보지 못한 것이고, 둘째는 현재와 미래에 아무도 하나님을 보지 못할 것이다. 그러므로 오직 하나님께서 자신을 보여주실 때만 보일 뿐이다. 그래서 하나님의 계시를 떠나서는 하나님에 대하여 아무 것도 알 수가 없는 것이다.

성경 이상으로 하나님을 묘사하는 것은 우리에게 불가능한 일이다. 그러면 다시 하나님을 묘사하지는 못할망정, 이미 알려진 설명마저 도외시하다니, 그게 말이 되는가.

하나님의 반대편

6 : 17 네가 이 세대에서 부한 자들을
명하여 마음을 높이지 말고 정함이 없는
재물에 소망을 두지 말고 오직 우리에게
모든 것을 후히 주사 누리게 하시는 하나
님께 두며

유쾌한 일은 아니지만 나의
입장과 정면으로 부딪히는
반대편은 꼭 있다. 그 반대편
의 성격이 고집스럽거나 그가 제시하는 논리가 치밀하거나 그
편에 많은 사람이 가담되어 있을 때는 불쾌함을 넘어 곤혹스
러움을 느끼게 된다. 가장 화가 나는 경우는 나와 절친한 친구
가 반대편의 손을 번쩍 들어줄 때이다. 이때는 속이 상할 정도
가 아니라 뒤집어지고 눈알이 튀어나온다.

그래서 우리는 우리 편 사람이 반대편에 서서 거드는 절망
적인 상황이 벌어지지 않도록 열심히 단속을 한다. 반대편이
어떤 문제점을 가지고 있는지 자세하게 일러주고, 우리가 추
구하는 것은 무엇인지 강도 있게 알려준다. 이렇게 할 때 사람
들은 반대편으로 가는 것을 그치고 우리 편에 견고하게 자리
잡는다.

사도 바울도 우리가 반대편으로 가는 오류를 범하지 않도

록 주의를 준다. 사도 바울에 의하면 이런 오류는 특히 이 세상에서 부한 사람들에게 쉽게 발생할 수 있다. 그래서 사도 바울은 우리들에게, 특히 부한 사람들에게, 두 가지를 하지 말라고 강조한다. 첫째는 높게 생각하지 말라는 것이며, 둘째는 재물의 불안정함에 소망을 두지 말라는 것이다.

높게 생각하는 것은 교만을 의미한다. 사도 바울은 유대인들(참감람나무)의 꺾임을 본 이방인들(돌감람나무)이 교만하면 똑같이 꺾임을 당할 것 이라고 말할 때 비슷한 용어를 사용했다(롬 11:20). 또한 높게 생각하는 것은 자의(自意)를 가리킨다. 사도 바울은 신자들이 서로를 위한 생각을 가져야지 자기에게서만 나오는 생각을 가져지면 공동체가 파괴될 것이라고 말할 때 이와 비슷한 용어를 사용했다(롬 12:16).

사도 바울은 재물을 불안정한 것으로 간주한다. 재물은 풀의 꽃같이 지나간다(고전 7:31; 약 1:10-11). 그래서 불안정한 재물에 소망을 두는 것처럼 불안한 일이 없다. 재물에 소망을 두는 것은 흔들리는 물 위에 발을 딛는 것과 다를 바 없고, 흩어지는 바람을 손으로 낚아채는 것과 다를 바가 없다.

사도 바울은 이렇게 두 가지를 하지 말라고 말한 다음에 한 가지를 해야 한다고 역설한다. 오직 하나님께 소망을 두라는 것이다. 사도 바울은 "…하지 말고 …하라"는 구조를 사용해서 하나님의 반대편이 무엇인지 명확하게 보여준다. 하나님의 반대편은 첫째로 재물의 불안정함에 소망을 두는 것이며, 둘째로 높게 생각하는 것이다.

사도 바울은 우리가, 특히 부한 사람들이, 하나님의 반대편에 서는 치명적인 오류를 범하지 않도록 주의를 주고 있다. 만일에 우리가 아주 짧은 시간이라도 하나님의 반대편에 선다면 사도 바울의 속은 뒤집어지고 그 눈알이 튀어나고야 말 것이다. 그래서 사도 바울은 먼저 하나님의 두 가지 반대편에 들어있는 문제점이 무엇인지 소상하게 일러주고, 이어 우리 편인 하나님이 어떤 분인지 설득력 있게 제시하는 것이다.

우리 편인 하나님은 무엇보다도 "주시는" 하나님이다. 하나님의 첫째 특징은 자신의 것을 수여하시고 허락하기를 기뻐하신다는 사실에 있다. 하나님은 이기적인 사람들처럼 자기의 것을 꽉 움켜쥐고 있는 분이 아니다. 하나님은 손을 벌리고 팔을 펴기를 좋아하신다.

나아가서 하나님은 "모든 것"을 주신다. 하나님은 심지어 자기의 아들까지도 아끼지 않고 내주셨다. 하나님의 주심에는 희생적인 성격이 들어있다. 그렇기 때문에 하나님은 그 아들과 함께 모든 것을 우리에게 주시는 것이다. 하나님의 주심은 총체적 수여라는 말이다.

게다가 하나님은 "후히" 주신다. 사실 이 단어의 뿌리는 앞에 나온 "부한 자들"과 "재물"이라는 단어와 동일하다. 이것은 하나님이야말로 참으로 사람을 부자로 만들 수 있고 물질을 부요하게 만들 수 있다는 것을 의미한다.

하나님께서 우리에게 모든 것을 후히 주시는 목적은 매우 간단하다. 그것은 "누리게" 하기 위함이다. 하나님은 우리가 모든 것을 후히 받아 누리기를 바라신다. 우리는 하나님이 주시는 모든 것을 누리고, 그렇게 하여 하나님 자신을 누려야 한다. 사람의 중요하고 가장 고상한 목적은 바로 하나님을 누리는(enjoy) 것이기 때문이다. 그러므로 우리는 이 최고의 목적에 도달하기 위해서 하나님 편에 서자.

하나님답게 사는 것

6 : 18 선을 행하고 선한 사업을 많이 하고 나누어 주기를 좋아하며 너그러운 자가 되게 하라

예수 그리스도의 성탄에 대한 초기 기독교 교부들의 사색은 깊은 우물에 두레박을 내리듯 한없이 깊었고, 그들은 그런 사색을 통해서 성육신 신학을 굵은 가래떡처럼 뽑아냈다. 거기에서 기독론은 말할 것도 없고 장엄한 구원의 이론이 선명하게 형성되었다. 아마도 성탄의 의미를 찾는 데 압권은 아들을 내주신 하나님의 행위라고 생각해 볼 수 있다. 예수 그리스도의 성육신은 하나님이 역사를 통틀어 보이신 최대의 선행이기 때문이다. 하나님은 아들을 주심으로써 죄로 말미암아 철저하게 난파하여 비참하게 가난한 인간의 문제에 적극적으로 참여하셨다. 성탄은 인간을 향한 하나님의 극한 자선이며, 하나님의 올인(다 걸기)이다. 그러므로 바로 여기에 하나님의 성품이 가장 높게 표현되었다. 하나님께서 아들을 보내신 것은 하나님의 하나님다움의 절정이다.

사도 바울은 디모데를 통하여 부자들에게 주는 권면에서 하나님다운 삶을 요구하고 있다. 사도 바울은 부자들이 꼭 그

렇게 하기를 바라는 마음에서 같은 말을 두 번씩 반복한다. 이것은 굉장한 강조이다. 첫째 짝은 "선을 행하다"와 "선한 사업을 많이 하다[선한 사업에 부요하다]"이다. 둘째 짝은 "나누어주기를 좋아하다"와 "동참하는 자가 되다"이다. 사도 바울의 권면을 가만히 들여다보면 첫째 짝에서도, 둘째 짝에서도 앞의 요구보다 뒤의 요구가 더 강해진 것을 느낄 수 있다. 사도 바울은 아주 간단한 점층법을 사용해서 부자들이 하나님의 심정을 가지고 멋지게 살 수 있는 길을 알려주었다.

사도 바울은 부자들이 무엇보다도 선행을 추구하기를 권면한다. 이것은 소극적인 면에서 보면 신자들이 악행을 멀리해야 한다는 요구이다. 신자들은 악을 멀리하고 선을 가까이 해야 한다. 악행을 거절하지 않으면서 선행을 추구하는 것은 서로 모순적이어서 아예 말이 되지 않는다. 그런데 선을 행하라는 사도 바울의 권면은 이런 소극적인 차원을 넘어 삶 그 자체가 선행이어야 한다는 적극적인 요청을 담고 있다. 어떻게 보면 신자는 선을 행하는 것이 아니라 선으로 사는 것이다. 신자에게 선행은 삶의 일부가 아니라 삶 그 자체이며, 일이 아니라 삶이다. 하지만 사도 바울의 권면은 이보다 더욱 강렬하다는 데 주목해야 한다. 왜냐하면 그는 신자들이 선한 사업에 부요하기를 요구하고 있기 때문이다. 이것은 선행이 증가되고 확대되기를 요청하는 것이다. 재물에 부요하기 위해서는 투자를 해야 하듯이, 선행에 부요하기 위해서도 투자를 해야 한다. 신자는 자동적 선행에서 능동적 선행으로 전진해야 한다.

이렇게 사도 바울은 선행의 개발과 진흥을 권면하고 있다.

또한 사도 바울은 부자들이 나누어주기를 좋아하는 사람들이 되기를 권면한다. 재물을 무조건 움켜쥐고만 있는 것은 신자의 삶이 아니다. 성숙한 신자는 깨끗하게 벌어서 아름답게 나눈다. 따라서 신자에게는 정직한 수입도 중요하지만 박애적인 지출도 중요한 것이다. 이것은 신자가 평소에 나누어주는 삶을 실천해야 한다는 것을 의미한다. 그러나 사도 바울의 권면은 여기에서 멈추지 않고 한 걸음 더 나아간다. 그것은 연약한 사람들의 삶에 동참하라는 것이다. 나누어주는 것이 물질에 관련된 것이라면, 동참하는 것은 인격에 관련된 것이다. 물질적인 구제는 있지만 인격적인 관계가 없다면 크게 잘한 것이라고 볼 수 없다. 그래서 가난한 사람들에게 물질을 나누어줄 뿐 아니라 연약한 사람들과 인격적인 관계를 맺는 것이 요구된다.

선을 행하는 것 그리고 선한 사업에 부요한 것, 나누어주기를 좋아하는 것 그리고 동참하는 자가 되는 것, 이것은 하나님의 성품을 고스란히 따온 것이다. 하나님은 그의 아들 예수 그리스도를 이 땅에 보내어 성육신하게 하심으로써 이런 성품을 절정에 다다르도록 보여주셨다. 만일에 신자들이 선을 행하고 선한 사업에 부요하며, 나누어주기를 좋아하고 동참하는 자가 된다면, 그것은 바로 하나님의 절친한 친구가 되는 것이다. 그것이야말로 사람보다도 못한 삶을 추구하는 이 세상에서 하나님처럼 사는 것이기 때문이다. 우리가 목적하는 것은 사람답게 사는 것이 아니라 하나님답게 사는 것이다.

미래의 사람으로 사는 것

6 : 19 이것이 장래에 자기를 위하여 좋은 터를 쌓아 참된 생명을 취하는 것이니라

기독교는 모든 면에서 균형을 보여준다. 특히 신앙과 행위의 관계에서 그렇다. 기독교에서는 믿음에 대한 강조와 행위에 대한 강조가 서로 충돌하지 않는다. 둘 중에 어느 하나만을 중시하는 것은 기독교의 길이 아니다. 그래서 누구는 믿음만 주장했다느니 누구는 행위만 고집했다느니 말하는 것이나, 누구에게는 행위에 대한 역설이 결핍되었다느니 누구에게는 믿음에 대한 생각이 부족했다느니 말하는 것은 모두 잘못이다. 솔직히 말하자면 이런 발상과 발언은 무식의 소치이다. 어떻게 믿음 없이 행위가 있겠으며, 행위 없이 믿음이 있겠는가. 이렇게 볼 때 어느 누가 행위를 의미 있는 것으로 말한다고 해서 오해할 것은 조금도 없다. 오히려 행위의 가치를 밝힐수록 더욱 옳은 일이 된다.

이것이 사도 바울의 심정이었다. 사도 바울은 바로 앞에서 선한 행위, 선한 사업, 나누어주는 것, 가난한 사람들의 삶에 동참하는 것, 이런 일들의 의미를 아주 강하게 밝혀주었다. 그런데 이제 이 내용을 마치려는 순간에 선행이 어떤 성격을 가지고 있는지 놀라운 말로 설명하고 있다. "이것이 장래에 자기를 위하여 좋은 터를 쌓아 참된 생명을 취하는 것이니라." 선행에 대한 사도 바울의 교훈을 하나씩 뜯어내보면 놀라지 않

을 수가 없다.

무엇보다도 사도 바울은 선행을 좋은 터라고 부른다. 사실 터라는 표현은 사도 바울이 여러 차례 사용한 용어이다. 이 용어는 대단히 깊은 신학을 설명하고자 할 때 사용되었다. 예를 들면 예수 그리스도가 교회의 터가 된다고 말할 때(고전 3:10-11), 교회는 사도와 선지자의 터 위에 세워진다고 말할 때(엡 2:20) 이 단어를 사용했다. 그런데 이렇게 신학적으로 중요한 말을 사도 바울이 선행의 의미를 밝힐 때도 사용했다는 것은 의미심장하다. 터는 받쳐주는 기반이며 움직이는 반경이다. 터가 있을 때 지지의 기반을 얻고 행동의 영역을 얻는다. 선행은 신자의 고상한 품격을 드높이는 토대이며, 신자의 풍요한 활동을 넓히는 터전이다. 선행을 발판으로 삼아 신자는 멋있는 인격을 향상시킬 수 있고, 선행을 울타리로 삼아 신자는 뽐내는 생활을 확장시킬 수 있다.

더 나아가서 사도 바울은 선행은 미래의 보장이 된다고 말한다. 많은 사람들이 미래에 대한 근심, 걱정, 염려, 두려움을 가지고 살아간다. 그들은 미래에 대한 불안을 이기기 위해서 다양한 투자를 한다. 적금을 들고, 보험을 붓고. 투기를 한다. 그러나 이런 것들은 진정한 미래보장이 되지 않는다. 좀과 녹이 해하며 도둑과 사기꾼이 들기 때문이다. 그래서 주님은 낡아지지 않는 하늘의 주머니를 만들라고 일러주셨던 것이다. 그것은 다름 아닌 구제이다(눅 12:33). 진정으로 미래를 보장

받기 원한다면 선행에 참여하라는 것이다. 그런데 사도 바울이 말하는 미래는 함축적으로 내세를 가리키기도 한다. 이렇게 볼 때 내세는 선행과 결코 무관한 것이 아니다. 선행은 믿음의 표현이며, 믿음은 선행의 원인이다. 그러므로 이런 선행은 내세를 보장받는 것과 깊은 관련이 있다. 예수 그리스도의 양과 염소 비유가 보여주듯이 종말심판에서 행위를 따진다는 것은 우연한 일이 아니다(마 25:31-46). 심판의 보좌 앞에서 자기의 행위를 따라 책들에 기록된 대로 심판을 받게 될 것임을 명심해야 할 것이다(계 20:12).

이런 의미에서 선행은 참된 생명을 취하게 한다고 말할 수 있다. 사도 바울이 마지막으로 말하는 것은 선행이 참된 생명으로 인도한다는 사실이다. 참된 생명이란 표현은 진정한 인생의 가치를 경험한다는 의미일 수도 있고, 진정한 생명(영생)을 획득한다는 의미일 수도 있다. 후자가 우세하지만 전자도 무시할 수 없다. 그래서 선행으로 신자는 현실적으로는 최고의 삶을 누리는 효과를 얻으며 미래적으로는 영원한 생명을 누리는 효과를 얻는다.

선행은 신자를 안정된 사람으로 만들어주며, 미래의 사람으로 살게 하며, 진정한 가치를 지닌 사람이 되게 한다. 이 사실을 몰랐다면야 어쩔 수 없겠지만, 이 말씀을 배우면서도 이 길을 가지 않는다면 그처럼 큰 어리석음이 있겠는가.

마지막 말을 준비하며

6 : 20 - 21 디모데야 망령되고 헛된 말과 거짓된 지식의 반론을 피함으로 네게 부탁한 것을 지키라 이것을 따르는 사람들이 있어 믿음에서 벗어났느니라 은혜가 너희와 함께 있을지어다

사람은 마지막 말을 준비하며 살아야 한다. 이것은 지혜 가운데 하나이다. 우리는 유명한 사람들의 마지막 말들을 많이 기억하고 있다. 철학자, 정치가, 종교가, 그리고 특히 우리와 같은 색깔을 띤 위대한 신앙인들이 남긴 마지막 말들은 가만히 생각해보면 의미가 매우 깊다. 그들이 의도적으로 그런 말을 준비해두었는지는 모르겠지만 심금을 울리는 바가 없지 않다. 위대한 사람들은 언제 마지막 말을 해도 어차피 유명한 것으로 회자된다. 그러나 갑남을녀에게는 그렇지 않다. 이 해설의 마지막 회를 쓰는 나도 마찬가지이다. 따라서 평범한 사람들은 평소에 마지막 말을 준비해두는 것이 지혜일 것이다.

사도 바울은 디모데에게 보내는 편지를 마무리하고 있다. 이 편지의 끝에서 사도 바울이 말하고 싶은 것은 무엇인가? 애석하게도 이 서신의 마지막 말은 따뜻하고 부드러운 내용을 담고 있지 않다. 사도 바울 이미 시작된 배도의 시대를 직시하면서 "망령되다", "헛된 말", "거짓된 지식" 같은 상당히 경직된 단어들을 열거한다. 그만큼 벌써 진리로부터 벗어난 이론들과 진리를 대적하는 이론들이 판치고 있다는 것을 의미한다. 게다가 더욱 문제가 되는 것은 진리에서 이탈하는 사람들과 진리를 대적하는 사람들이 많아졌고 그러다보니 심지어는 믿음에서 벗어난 사람들도 적지 않게 되었다는 것이다.

불행하게도 이런 현상은 역사에 끊임없이 반복적으로 나타난다. 매 시대에 진리를 거스르는 대표적인 사람들이 등장했고, 그들의 이름은 역사의 여러 페이지에 어두운 색깔로 적혀 있다. 이것은 그 자체가 아프게 찌르는 가시처럼 기독교에 경각심을 불러일으킨다. 그런데 오늘날에는 이런 현상이 절정에 달한 것처럼 보인다. 우리 시대는 오래 전부터 절대를 버리고 상대를 택했다. 그래서 현금을 살고 있는 많은 사람들은 모든 것을 상대적으로 이해한다. 이렇게 상대주의가 횡행하는 시대에 진리에서 이탈할 뿐 아니라 진리를 대적하는 경향은 모든 영역과 계층에서 대단한 인기를 얻고 있다.

그래서 오늘날 반기독교적인 책들은 언제나 베스트셀러가 된다. 이런 책들이 잘 팔리는 이유는 여러 가지로 추정할 수 있다. 첫째로 안티기독교 문서는 기독교에 회의를 품고 있는 사람들에게 짜릿한 맛을 주기 때문에 인기가 높다. 이런 책들은 기독교에 대하여 어중간한 태도를 취하고 있는 사람들에게 호기심을 자극하기에 충분하다. 그래서 그들은 진상을 알아보기 위해서 이런 책들에 손을 댄다. 바른 신앙을 가지고 있는 신자들은 반기독교적인 서적에 기록된 내용을 비판하고 대항하기 위해서 구독할 수밖에 없다. 이런저런 이유로 반기독교적인 서적은 베스트셀러가 된다.

반기독교적인 서적들은 성경에 합리적이지 않은 내용들이 들어있다고 비판한다. 과학에 비추어, 또는 논리적으로 성경에 문제가 있다고 비판한다. 이와 같은 비판은 결국 신의 절대성과 존재를 부인하는 길로 치달린다. 절대적인 신이 존재한다면 어떻게 성경에 모순적인 내용들이 기록될 수 있냐는 논리이다. 반기독교적인 문서들이 반드시 지적하는 것은 예수 그리스도의 역사성이다. 그분이 역사의 한 공간에 살았다 할지라도 하나님의 아들로 인정할 수 없다는 것이다. 종합해서 말하자면 기독교를 공격하는 문서들은 기독교의 정통성에 치명적인 시비를 건다. 절대를 상실한 시대에는 온갖 상대적인 이론들이 난무한다. 이겨내야 한다.

사도 바울은 이미 시작된 배도의 시대에서, 그리고 앞으로도 계속될 배도의 시대를 내다보면서 디모데에게 마지막 권면을 한다. "부탁한 것을 지키라." 사도 바울이 부탁한 것들은 앞에서 자세히 진술한 것들을 가리킨다. 사도 바울이 부탁한 것이 우리의 정통이다. 그것이 우리의 전통이 되어야 한다. 그러므로 우리는 끊임없이 사도 바울로 돌아가야 한다. 사도 바울이 돌아갔던 예수 그리스도에게로 돌아가야 한다. 그것만이 정통이며 전통이다.